青年は創り続ける

――自民党静岡県連青年部・青年局の挑戦

自民党静岡県連青年部・青年局編

ラグーナ出版

はじめに

杉森賢二

平成23年3月11日、日本列島を揺るがした東日本大震災の影響で、被災地のみならず、日本中が大きなダメージを受けました。国の経済規模を示す名目国内総生産（ＧＤＰ）は４７１兆円と前年より11兆円も落ち込み、経済が伸び悩む状況の中、国民の願いと期待を受け、「日本を取り戻す」というスローガンのもとに民主党から自民党に政権が移り、第二次安倍政権が誕生しました。東北の復興と同時に掲げた「活力ある日本の再生」で日本経済の姿は大きく変わり、安倍政権の経済政策「アベノミクス」による経済最優先の経済戦略が実行され、円安・株高効果で震災前を上回る経済規模に成長していきました。ＧＤＰは、平成26年に４８６兆円へ、翌年には４９９兆円まで回復しました。しかし、首都圏一局集中の経済成長が目立ち、地方への経済効果がなかなか浸透していないのが現状です。

そこで、地方を元気にするための新たな政策「地方創生」が掲げられ、各地方自治体が意見やアイデアを持ち寄り、それぞれの地域が独自で地域を組み立てていく経済戦略が展開されました。地方の現状や課題を細部まで知っているのは地域住民であり、地方財政において、いかに自分たちが地域のためにお金を自由に使えるようになるかが国や地方も模索している現状だといえるでしょう。そうした地方創生の課題に対し、地域の隅々まで現状を把握し、客観的に考え判断しながら未来に向けた政策を掲げていくのが私たちの使命である、との強い想いから今回の提言が生まれました。

若者の政治参加やまちづくりへの積極的な参画で、経済的にも環境的にも豊かな地域の将来を創ることが可能となるはずです。誰かがやればいい、自分には関係ないといった非主体的な考えや国政からのやらされ感に支配されたり、また単に専門のコンサルタント会社へ丸投げするだけでは、まちづくりの実感が得られず、理想とは違った姿になる恐れがあるでしょう。私たちは自由民主党に所属し、志をともにする20～40代の党員や若手地方議員の自発的な集まりで、地域の問題や近況などを伝えあい、想いや政策の実現に向けて日々街頭で訴えています。また、若者の積極的な政治への参加を目的として、毎年県内で公募提案型政策コンテストも開催しています。毎年大学生から新社会人までの数十名の応募者の中から書類選考し、決勝まで残った8名が、決勝大会で熱いプレゼン発表を繰り広げます。グランプリの政策提言や決勝に残った政策提言は、実際に県議会や市町議会の一般質問で青年部青年局の議員が提言を行い、実現に向けて取り組んでいきます。私たちは、国が掲げる「地方創生」「1億総活躍社会の実現」に向け、県民のみなさんにもっと政治や地域政策に興味を持ち参加してもらうきっかけになればと、「静岡県の現状や課題の整理」「将来を担うメンバーの想いや政策提言」をここに綴りました。

静岡県は、富士山を仰ぎ、駿河湾を見渡す素晴らしい自然環境で住みやすい地域です。しかし、「人口流出動向」（総務省、平成26年人口動態調査）は、前年比約2万人減の380万3481人で、北海道に次いで人口減少全国ワースト2位となっています。(1) 静岡県の魅力を広域に情報発信することももちろん大事なことですが、それとともに、財政の見直しや、医療福祉、子育て、教育、空港の利便性や観光、自然エネルギー活用など、それぞれの分野で課題に対する政策提言を掲げ、実際に取り組んでいくことが必要と考えます。

この本では、最初に「ランキングデータ分析――数字が示す静岡県のすがた」で、各分野の中で静岡県が今どのような状況にあるのかをデータをもとに説明します。そして、総論「青年の力、都市の可能性、この国の未来」では、静岡の現状と未来図から見た全体的な課題と展望を整理し、各論の「静岡創生！　未来に向けた私たちの政策提言」では、個別の課題を追究し、改善策を盛り込んだ政策提言を行います。静岡の将来のために、地域でともに改善に取り組んでくださる関係者の方の、参考になれば幸いです。

引用文献

1．「平成26年人口動態調査」総務省　http://www.soumu.go.jp/menu_news/s-news/01gyosei02_03000062.html

青年は創り続ける——目次

■ランキング

「ランキングデータ」分析

数字が示す静岡県のすがた

杉山康弘

地理的・環境的・社会資本（インフラ施設）の優位性

静岡県は、明治9年8月21日、当時韮山《にらやま》県の一部となっていた伊豆地方と浜松県を合併し、今の静岡県の形・大きさ①となった。県土の総面積に占める可住地面積割合②と森林面積割合③を見ても、開発可能な平野部と自然環境豊かな山林野のバランスに恵まれている。日照時間④・快晴日数⑤も全国有数、降雪に見舞われることもなく⑥、寒暖差の少ない気候⑦、豊かな水資源⑧、日本一の富士山、豊富な温泉源泉数⑨など、数々の自然環境による優位性を持っている。

また、東に首都東京と関東圏、西に名古屋圏さらには関西圏に通じる主要道東海道沿線という恵まれた立地条件は、陸路に国道1号線と2本の高速道路の主要道路網⑩、ＪＲ東海道線と東海道新幹線⑪の鉄道網、空路に富士山静岡空港、海路に15港湾の海上輸送網⑫と49漁港⑬という社会インフラも整備されている。

問題意識

我々、自由民主党静岡県支部連合会に所属する若手党員の問題意識の発端は、平成26年（２０１４年）１月31日の静岡新聞朝刊「静岡県人口流出超過６８９２人　全国ワースト２位」（総務省統計局、２０１３年住民基本台帳人口移動報告）にある。

正直、この記事は衝撃であった。

先にも記したとおり、地理的・環境的・社会資本（インフラ施設）に優位性を持つ静岡県は自然環境に恵まれ、産業・雇用も安定し、経済的に豊かな、全国各地と比較してみても人が羨む、人が集まる自治体だと信じて疑わなかった。

なぜ人口流出超過？

しかも北海道に次ぐ全国ワースト２位とは？

いったい何が起こっているのか？

そもそも何が原因で、どこに問題があったのか？

「ランキングデータ」分析

人口動態にみる高齢化と少子化の現実は、国内人口の自然減を引き起こしており、これは何も静岡県に限ったことではない。

静岡県の現状の合計特殊出生率[14]や平均初婚年齢[15]、未婚率[16]は、全国に比べれば必ずしも突出して悪い数字だとは言えないが、そもそも低出生率、晩婚化・未婚化が進行しており、これが改善されないことには根本的な人口減少を食い止めることはできない。

また、人口流出超過は、転入人口より転出人口が多いことによる社会減である。

したがって、この社会減の現状から、静岡県が人の集まる「魅力ある県」、「住みやすい県」、「暮らしやすい県」であるかどうか疑われているといえる。

ただし、「魅力ある県」、「住みやすい県」、「暮らしやすい県」を考える時には、そこには各々さまざまな評価基準があることと思う。

今回のデータランキングでは、県市町による行政の政策的歳出と産業力による雇用・所得・生計の維持状況が、他都道府県と比べ、「魅力ある県」、「住みやすい県」、「暮らしやすい県」といえるか、という視点に基づき編集させていただいた。

数字が示す静岡県のすがた

結果的に、この第1章では衝撃的な数字が並んでいる。

問題点を正確に認識するために、原因を追究していくために、課題を明確化するために、あえて厳しい数字を拾い、それを並べている。

一般的に静岡県は、[1]多くの指標で「全国の3パーセント」、「全国第10位」という数字になることが多い。

しかしそれは、面積や人口[17]という規模を背景とした総数で、単純に総数だけからは見えてこない「対比率」の現実を見落とすことになる。

あるいは、かつては確かに全国有数の数字を誇っていた指標であっても、近年の非常に厳しい地域間競争の結果、静岡県の優位性が薄らいでいる現実も直視しなければならない。

もちろん、数字の抽出の仕方によって、見方と見せ方が変わることは理解しておかなければならないことで、この「数字が示す静岡県のすがた」だけが全てではないことも自戒しつつ、でも見えてくる「数字が示す静岡県のすがた」は、確かに少なくない問題点・課題を浮かび上がらせ、再認識させてくれるに十分なものであった。

この現状分析から先にこそ、我々がなすべきことがあると強く感じている。

※静岡県の数値と順位

（1）総面積7，779㎢（全国13位）
（2）可住地面積割合35・4％（全国第20位）
（3）森林面積割合62・6％（全国第30位）
（4）年間日照時間2，215時間（全国第7位）
（5）年間快晴日数51日（全国第2位）
（6）年間雪日数3日（全国第44位）
（7）最高気温30・9℃（全国21位）、最低気温2・2℃（全国37位）、年平均気温16・6℃（全国12位）
（8）年間降水量2，374㎜（全国第9位）、河川総延長4，041・0Km（全国第7位）
（9）温泉源泉数2，274箇所（全国第3位）

(10) 東名高速道路に16インターチェンジ（ＩＣ）と４スマートインター（ＳＩＣ）、第２東名高速道路に10（ＩＣ）と３（ＳＩＣ）
(11) 東海道線に40駅、東海道新幹線駅に６駅
(12) 国際拠点港湾１港、重要港湾２港、地方港湾12港
(13) 第１種漁港34港、第２種漁港９港、第３種漁港４港、第４種漁港２港
(14) 合計特殊出生率１・53（全国第15位）
(15) 平均初婚年齢（夫）30・８歳（全国第38位）、（妻）29・０歳（全国第29位）
(16) 未婚率（30～34歳男性）45・７％（全国第27位）、（25～29歳女性）54・８％（全国第６位）
(17) 総人口３，７０５，３５２人（全国第10位）

【参考文献】

1. 「統計でみる都道府県のすがた２０１６」総務省統計局　http://www.stat.go.jp/data/k-sugata/
2. 「１級河川の河川延長等調」国土交通省　http://www.mlit.go.jp/statistics/details/river_list.html
3. 「平成26年度温泉利用状況」環境省自然観光局　https://www.env.go.jp/nature/onsen/data/riyo_h26.pdf
4. 「路線マップ」ＮＥＸＣＯ中日本　www.c-nexco.co.jp/
5. 「ＪＲ東海の路線図」ＪＲ東海　http://railway.jr-central.co.jp/route-map/
6. 「静岡県の港湾一覧」静岡県交通基盤部港湾局　https://www.pref.shizuoka.jp/kensetsu/ke-410/ourport.html
7. 「静岡県内漁港一覧」静岡県交通基盤部港湾局　https://www.pref.shizuoka.jp/kensetsu/ke-430/gyokoitiran.html
8. 「少子化の現状」静岡県健康福祉部こども未来局こども未来課　https://www.pref.shizuoka.jp/kousei/ko-130/sub1-1.html
9. 「人工推計」総務省統計局　http://www.stat.go.jp/data/jinsui/

【えっ!! 静岡県から人がいなくなる!?】

《総人口・男・女》

統計年度：H26年（2014）10月1日				
出典・引用元：総務省統計局「人口推計年報」				
順位	都道府県名	総人口（人）	男（人）【順位】	女（人）【順位】
第1位	東京都	13,389,725	6,607,863【第1位】	36,781,862【第1位】
第2位	神奈川県	9,096,022	44,548,264【第2位】	4,547,758【第3位】
第3位	大阪府	8,835,525	4,256,050【第3位】	4,579,475【第2位】
第4位	愛知県	7,455,351	3,724,719【第4位】	3,730,632【第4位】
第5位	埼玉県	7,238,933	3,621,640【第5位】	23,617,293【第5位】
第10位	静岡県	3,705,352	1,824,413【第10位】	1,880,939【第10位】

※静岡県の面積は、7,778.70㎢で全国13位。人口密度は476.3人/㎢で全国13位。

《人口動態統計による出生数・死亡数》

統計年度：H26年（2014）		
出典・引用元：厚生労働省大臣官房統計情報部「人口動態統計（確定数）の概況」		
都道府県名	出生数（人）【順位】	死亡数（人）【順位】
東京都	110,627【第1位】	111,014【第1位】
神奈川県	72,996【第2位】	74,383【第3位】
大阪府	69,968【第3位】	81,657【第2位】
愛知県	65,218【第4位】	62,425【第4位】
埼玉県	55,765【第5位】	61,271【第5位】
静岡県	28,684【第10位】	38,343【第10位】

※平成26（2014）年の全国での出生数は1,003,532人。40年前の昭和49（1974）年の出生数は、2,029,989人。全国的に、この40年間で産まれてくる赤ちゃんの数は半減しています。
※少子化・高齢化社会の進展により、全国的に急激な人口の自然減少が起こっています。

≪人口動態統計による人口転出超過数≫

統計年度：H27年度（2015）				
出典・引用元：総務省統計局「住民基本台帳人口移動報告」				
順位	都道府県名	平成27年（2015）転出超過数（人）	平成26年（2014）転出超過数（人）【順位】	平成25年（2013）転出超過数（人）【順位】
ワースト5	静岡県	6,206	7,240【ワースト2位】	6,892【ワースト2位】
ワースト4	青森県	6,560	6,460【ワースト4位】	6,056【ワースト3位】
ワースト3	新潟県	6,735	5,518【ワースト6位】	5,132【ワースト8位】
ワースト2	兵庫県	7,409	7,092【ワースト3位】	5,214【ワースト5位】
ワースト1	北海道	8,862	8,942【ワースト1位】	8,154【ワースト1位】

※平成25年、平成26年の2年続けての人口転出超過数ワースト2位は静岡県にとって衝撃でした。
※人口の自然減に対して、転入人口より転出人口が超過している社会減の原因は？
※気候・風土・地理的条件に恵まれた静岡県に、今、一体何が起こっているのでしょうか?

【えっ!! 静岡県って健全経営!?】

《財政力指数（県財政）》

統計年度：H24年度（2012）

出典・引用元：総務省地方財政状況調査関係資料「都道府県決算カード」

順位	都道府県名	H24年度（2012）財政力指数	（参考）標準財政規模（千円）	（参考）歳入総額（千円）	（参考）歳出総額（千円）
第1位	愛知県	0.926	1,298,578,783	2,146,263,556	2,129,036,653
第2位	神奈川県	0.900	1,341,813,429	1,929,001,739	1,891,542,643
第3位	東京都	0.864	2,947,394,657	6,232,984,462	6,041,778,635
第4位	千葉県	0.745	1,001,100,717	1,613,020,140	1,591,143,285
第5位	埼玉県	0.733	1,128,436,359	1,633,973,624	1,624,765,586
第7位	静岡県	0.667	717,726,881	1,128,493,749	1,106,829,105

※財政力指数とは、自治体の財政力を示す指標であり、基準となる収入額を支出額で除した数値です（歳入総額÷歳出総額ではありません）。1.0であれば収支バランスがとれていることを示しており、1.0を上回れば基本的に地方交付税交付金が支給されません。かつて東京都と愛知県だけが1.0を上回る都道府県でしたが、ついに東京都も愛知県も1.0を下回りました。

《県財政における地方税の割合（対歳入決算総額）》

統計年度：H24年度（2012）

出典・引用元：総務省「統計でみる都道府県のすがた2015」統計局「付2都道府県別統計表及び男女別統計表索引 」

順位	都道府県名	地方税割合（対歳入決算総額）（%）	地方税額（千円）【順位】
第1位	東京都	68.30	4,257,082,000 【第1位】
第2位	神奈川県	52.75	1,017,495,000 【第2位】
第3位	愛知県	43.73	938,569,000 【第4位】
第4位	埼玉県	43.55	711,642,000 【第5位】
第5位	千葉県	39.56	638,179,000 【第6位】
第6位	静岡県	38.73	437,027,000【第10位】

※県財政における地方税収には、個人・法人県民税、法人事業税、地方消費税、自動車税、軽油取引税、県たばこ税、不動産所得税等があります。

《県財政における地方債現在高の割合（対歳出決算総額）》

統計年度：H24年度（2012）

出典・引用元：総務省「統計でみる都道府県のすがた2015」

順位	都道府県名	地方債現在高の割合（対歳出決算総額）（%）
ワースト5	富山県	234.6
ワースト4	広島県	234.6
ワースト3	静岡県	236.9
ワースト2	北海道	237.3
ワースト1	奈良県	237.4

※一般単独事業債(829,865,853千円)、臨時財政対策債(747,670,711千円)、公共事業等債(518,961,379千円)、減収補填債特例分（昭和50年・平成14・19～25年度分）（111,199,507千円）が大部分を占めています。

※歳出に占める地方債残高が多いのは、富士山静岡空港や様々な公共施設の建設による県債発行が続いているから？

【えっ!! 静岡県の行政コストって!?】

《人口１人の当たり住民税（県・市町村財政合計)》

統計年度：H25年度（2013）		
出典・引用元：総務省「統計でみる都道府県のすがた2016」		
順位	都道府県名	住民税（人口１人当たり）（千円）
第1位	東京都	218.8
第2位	神奈川県	142.3
第3位	愛知県	134.4
第4位	千葉県	122.1
第5位	大阪府	121.5
第7位	静岡県	115.1

※個人住民税にはいくつか種類があり、通常は前年の所得金額に応じて課税される「所得割」と、所得金額にかかわらず定額で課税される「均等割」を合算して納めます。
※静岡県では、平成18年4月1日より森林（もり）づくり県民税400円も徴収しています。

《人口１人当たり固定資産税（県・市町村財政合計)》

統計年度：H25年度（2013）		
出典・引用元：総務省「統計でみる都道府県のすがた2016」		
順位	都道府県名	固定資産税（人口１人当たり）（千円）
第1位	東京都	105.5
第2位	愛知県	78.8
第3位	福井県	76.2
第4位	静岡県	75.3
第5位	大阪府	71.6

※１人当たりの固定資産税が高いということは、全体的に地価（評価額）が高いということ。
※東海道沿線という東西交通の要諦としての長い歴史が、高めの地価・不動産評価額になってきたのではないでしょうか？

《人口１人当たりの歳出決算総額（県・市町村財政合計)》

統計年度：H25年度（2013）		
出典・引用元：総務省「統計でみる都道府県のすがた2016」		
順位	都道府県名	歳出決算総額（人口１人当たり）（千円）
第43位	静岡県	677.6
第44位	愛知県	663.1
第45位	千葉県	598.9
第46位	神奈川県	580.9
第47位	東京都	553.6

※この人口1人当たりの歳出決算総額の見方は、県民一人一人の行政コストは低く（安く）済んでいると見るべきで、順調な経済活動と適切な人口規模を有していないと人口1人当たりの行政コストは高くなってしまいます。
※因みに、人口1人当たりの歳出決算総額全国第一位は岩手県の1,652.2千円で静岡県より2.4倍の高コストということ。

【えっ!! 静岡県の地方公務員って!?】

《県職員数（普通会計）》

統計年度：H27年度（2015）4月1日
出典・引用元：総務省「地方公共団体定員管理関係データ」

順位	都道府県名	職員数（普通会計）合計（人）	一般行政職（人）	教育関係（人）	警察関係（人）
第1位	東京都	147,776	18,304【第1位】	64,123【第1位】	46,614【第1位】
第2位	大阪府	82,542	7,481【第5位】	51,745【第2位】	2,316【第2位】
第3位	神奈川県	73,009	7,132【第6位】	48,722【第3位】	17,155【第3位】
第4位	北海道	71,332	12,841【第2位】	46,570【第5位】	11,921【第8位】
第5位	愛知県	69,427	8,377【第3位】	46,694【第4位】	14,356【第4位】
第10位	静岡県	37,541	5,607【第12位】	24,944【第10位】	6,990【第11位】

※県職員数は、人口規模が大きかったり、面積が広い都道府県が上位に来ます。

《県職員平均給与月額（一般行政職）》

統計年度：H27年度（2015）4月1日
出典・引用元：総務省「地方公共団体定員管理関係データ」

順位	都道府県名	H27年度(2015)県職員平均給与月額（円）	平均給与月額（円）	諸手当月額（円）	平均年齢（歳）
第1位	東京都	454,843	318,500【第45位】	136,343【第1位】	41.6【第46位】
第2位	滋賀県	446,258	336,700【第19位】	109,558【第3位】	43.1【第33位】
第3位	神奈川県	442,252	339,400【第13位】	102,852【第4位】	43.0【第36位】
第4位	愛媛県	440,987	346,600【第 2 位】	94,387【第6位】	44.8【第 4 位】
第5位	大阪府	438,804	326,900【第39位】	111,904【第2位】	42.6【第40位】
第6位	静岡県	438,248	339,300【第14位】	98,948【第8位】	42.5【第41位】

※県職員給与の算出の仕方には、いろいろなありますが、今回は一般行政職の平均給与月額と諸手当月額の計。
※一般行政職員の平均年齢は42.5歳で高い方から第41位。逆に言えば全国7位の若さで平均給与月額は全国第6位の高額であるということ。

《県財政における人件費の割合（対歳出決算総額）》

統計年度：H24年度（2012）
出典・引用元：総務省「統計でみる都道府県のすがた2015」統計局「都道府県別統計表及び男女別統計表索引」

順位	都道府県名	人件費割合（対歳出決算総額）（%）	人件費（千円）【順位】
第1位	神奈川県	39.57	748,556,000【第 3 位】
第2位	埼玉県	38.51	625,672,000【第 6 位】
第3位	千葉県	36.61	582,550,000【第 7 位】
第4位	滋賀県	35.02	166,276,000【第31位】
第5位	奈良県	34.47	158,510,000【第34位】
第6位	静岡県	33.32	368,773,000【第10位】

※県職員数が一定規模あって、職員給与が高額であれば当然こうなりますね。

【えっ!! 静岡県の社会福祉政策って!?】

《民生費（人口１人当たり）（県・市町村財政合計）》

統計年度：H25年度（2013）
出典・引用元：総務省「統計でみる都道府県のすがた2016」

順位	都道府県名	民生費 （人口１人当たり）（千円）	（参考） 県財政における民生費割合 （対歳出決算総額）（%）【順位】
第43位	茨城県	166.4	13.81【第19位】
第44位	岐阜県	166.0	13.24【第28位】
第45位	埼玉県	154.0	17.34【第５位】
第46位	千葉県	153.8	14.76【第14位】
第47位	静岡県	152.8	14.26【第18位】

※目的別歳出決算額から民生費とは、社会福祉費、老人福祉費、児童福祉費、生活保護費に関する財政支出です。
※静岡県の平成25年度民生費は、161,575,559千円（全国第11位）（総務省「地方財政状況調査関係資料、平成25年度都道府県決算状況調」）ではありますが、人口１人当たりで見てみると…。えっ!! 全国で最も少ない？

《社会福祉費（人口１人当たり）（県・市町村財政合計）》

統計年度：H25年度（2013）
出典・引用元：総務省「統計でみる都道府県のすがた2016」

順位	都道府県名	社会福祉費 （人口１人当たり）（千円）	（参考） 県財政における社会福祉費割合 （対歳出決算総額）（%）【順位】
第43位	愛知県	44.4	4.88【第８位】
第44位	富山県	42.5	3.11【第41位】
第45位	埼玉県	41.8	5.96【第３位】
第46位	千葉県	41.4	5.31【第６位】
第47位	静岡県	41.4	4.73【第９位】

※社会福祉費とは、障害者等の福祉対策や他の福祉に分類できない総合的な福祉政策に要する経費です。
※民生費が全国ワースト１なので当然なのですが、人口１人当たりの社会福祉に関する財政支出も全国ワースト１。

《老人福祉費（65歳以上人口１人当たり）（県・市町村財政合計）》

統計年度：H25年度（2013）
出典・引用元：総務省「統計でみる都道府県のすがた2016」

順位	都道府県名	老人福祉費 （65歳以上人口１人当たり） （千円）	（参考） 県財政における老人福祉費割合 （対歳出決算総額）（%）【順位】
第43位	静岡県	170.3	6.68【第10位】
第44位	栃木県	170.2	5.09【第36位】
第45位	神奈川県	164.6	7.61【第３位】
第46位	埼玉県	149.5	6.92【第７位】
第47位	千葉県	145.7	6.22【第17位】

※老人福祉費の主な内容は、高齢者の生活支援対策、老人保護措置費、福祉センターなどの施設の建設・管理、老人クラブ活動への補助金、老人福祉に関わる職員の人権費などです。

【えっ!! 静岡県の児童福祉環境って!?】

《児童福祉費（17歳以下人口１人当たり）（県・市町村財政合計）》

統計年度：H25年度（2013）			
出典・引用元：総務省「統計でみる都道府県のすがた2016」			
順位	都道府県名	児童福祉費 （17歳以下人口１人当たり） （千円）	（参考） 県財政における児童福祉費割合 （対歳出決算総額）（%）【順位】
第43位	岐阜県	337.4	2.65【第24位】
第44位	千葉県	336.0	2.81【第22位】
第45位	埼玉県	335.6	3.73【第３位】
第46位	福島県	333.6	4.00【第２位】
第47位	静岡県	317.8	2.45【第28位】

※児童福祉費とは、子供への福祉に関わる費用であり、児童手当、児童扶養手当、民間の保育園への助成、児童福祉に関わる職員の人権費などです。

《特別支援学校費<公立>（児童・生徒１人当たり）（県・市町村財政合計）》

統計年度：H25年度（2013）		
出典・引用元：総務省「統計でみる都道府県のすがた2016」		
順位	都道府県名	特殊学校費〈公立〉 （児童・生徒１人当たり） （千円）
第43位	栃木県	5,311.0
第44位	愛知県	5,210.3
第45位	岐阜県	5,132.3
第46位	茨城県	5,076.8
第47位	静岡県	4,710.0

※静岡県の特別支援学校費自体は、21,576,566千円（全国第10位）（総務省「地方財政状況調査関係資料、平成25年度都道府県決算状況調」）ではありますが、県・市町村財政合計の児童・生徒１人当たりに換算すると全国最少額になってしまいます。

《母子自立支援員の人数（人口10万人当たり）（県・市町村財政合計）》

統計年度：H25年度（2013）		
出典・引用元：総務省「統計でみる都道府県のすがた2016」		
順位	都道府県名	母子自立支援員数 （人口10万人当たり） （人）
第43位	茨城県	0.89
第44位	青森県	0.83
第45位	埼玉県	0.79
第46位	神奈川県	0.65
第47位	静岡県	0.54

※福祉事務所に配置された母子自立支援員は、母子家庭や寡婦の福祉に関して、母親の就職、子どもの教育、母子福祉資金・寡婦福祉資金の貸付などに対しての相談・指導を行っています。

【えっ!! 静岡県は子育て世代に優しくない!?】

《幼稚園在園者数・園数》

統計年度：H27年（2015）5月1日			
出典・引用元：文部科学省大臣官房調査統計企画課「学校基本調査報告書」			
都道府県名	在園者数（人）【順位】	園数（園）【順位】	（参考）幼稚園費（児童1人当たり）（千円）【順位】
東京都	165,348【第1位】	1,010【第1位】	82.3【第38位】
神奈川県	129,500【第2位】	688【第3位】	34.9【第46位】
埼玉県	106,391【第3位】	590【第5位】	43.7【第45位】
大阪府	102,095【第4位】	693【第2位】	151.9【第28位】
愛知県	92,332【第5位】	502【第7位】	78.4【第40位】
静岡県	52,466【第10位】	448【第10位】	221.0【第21位】

※幼稚園の在園者数は、当然人口規模の大きい都道府県が上位に来ています。

《幼稚園費（児童１人当たり）（県・市町村財政合計）》

統計年度：H25年度（2013）				
出典・引用元：総務省「統計でみる都道府県のすがた2016」				
順位	都道府県名	幼稚園費（児童1人当たり）（千円）	（参考）在園者数（人）【順位】	（参考）園数（園）【順位】
第1位	島根県	756.1	2,210【第47位】	20【第47位】
第2位	徳島県	591.0	6,798【第38位】	161【第25位】
第3位	滋賀県	548.9	15,934【第22位】	160【第26位】
第4位	奈良県	506.0	14,983【第25位】	186【第21位】
第5位	沖縄県	455.5	17,006【第21位】	272【第14位】
第21位	静岡県	221.0	52,466【第10位】	448【第10位】

※《幼稚園在園者数・園数》と《幼稚園費（児童1人当たり）（県・市町村財政合計）》の関係性を見比べてみると……。
※園児が少ないと、1人当たりの幼稚園費も高額になります。でも、『園児が通園出来る距離』のことを考えると何処まで合理化・効率化してよいのでしょうか……。

《保育所数（0～5歳人口10万人当たり）》

統計年度：H25年度（2013）			
出典・引用元：総務省「統計でみる都道府県のすがた2016」、厚生労働省大臣官房統計情報部「福祉行政報告例」			
順位	都道府県名	保育所数（0～5歳人口10万人当たり）（所）	保育所総数（所）【順位】
第43位	奈良県	267.3	197【第46位】
第44位	大阪府	260.4	1,262【第2位】
第45位	静岡県	251.7	515【第14位】
第46位	神奈川県	247.9	1,244【第4位】
第47位	千葉県	247.1	809【第9位】

※総務省「統計でみる都道府県のすがた2016」、厚生労働省大臣官房統計情報部「福祉行政報告例」
※静岡県は、公的な子育て環境が充実しているとは言い難いのでは!?

【えっ!! 静岡県の教育現場は!?】

《小学校児童数・学校数・教員数》

統計年度：H27年（2015）5月1日			
出典・引用元：文部科学省大臣官房調査統計企画課「学校基本調査報告書」			
都道府県名	児童数（人）【順位】	小学校数（校）【順位】	教員数（人）【順位】
東京都	592,158【第1位】	1,351【第1位】	33,191【第1位】
神奈川県	466,464【第2位】	889【第5位】	25,081【第3位】
大阪府	449,927【第3位】	1,027【第3位】	27,436【第2位】
愛知県	415,182【第4位】	980【第4位】	23,331【第4位】
埼玉県	376,578【第5位】	820【第6位】	20,282【第5位】
静岡県	197,424【第10位】	514【第12位】	11,409【第10位】

※小学校の児童数は、当然人口の多い都道府県が上位に来ます。

《公立小学校費（児童１人当たり）（県・市町村財政合計）》

統計年度：H25年度（2013）		
出典・引用元：総務省「統計でみる都道府県のすがた2016」		
順位	都道府県名	公立小学校費（児童１人当たり）（千円）
第43位	大阪府	623.5
第44位	静岡県	597.3
第45位	愛知県	579.6
第46位	埼玉県	564.6
第47位	神奈川県	554.7

※学校教育費とは、消費的支出（人件費、教育活動費、管理費、補助活動費、所定支払金）、資本的支出（土地費、建築費、設備・備品費、図書購入費）、債務償還費などの学校教育活動のために支出された公立学校の経費。
※児童数が多くなれば、1人当たりの金額は低くなるのはわかりますが……。

《国公私立小学校「国語A」テスト》

統計年度：H25年度（2013）			
出典・引用元：文部科学省			
順位	都道府県名	平均正答数（問）	平均正答率（%）
第43位	山梨県	10.8	60.1
第44位	島根県	10.8	59.9
第45位	滋賀県	10.6	58.8
第46位	沖縄県	10.5	58.3
第47位	静岡県	10.4	57.7

※この結果は、静岡県内の教育関係者にとって大きな衝撃でした。
※必ずしも、学校教育費との直接的な因果関係があるとは言いませんが……。

【えっ!! 静岡県で将来の夢は叶う!?】

《中学校生徒数・中学校数・教員数》

統計年度：H27年（2015）5月1日			
出典・引用元：文部科学省大臣官房調査統計企画課「学校基本調査報告書」			
都道府県名	生徒数（人）【順位】	中学校数（校）【順位】	教員数（人）【順位】
東　京　都	310,874【第1位】	815【第1位】	19,586【第1位】
大　阪　府	244,705【第2位】	531【第3位】	17,086【第2位】
神奈川県	235,344【第3位】	476【第4位】	14,669【第3位】
愛　知　県	216,944【第4位】	443【第6位】	13,686【第4位】
埼　玉　県	195,156【第5位】	449【第5位】	12,377【第5位】
静　岡　県	104,951【第10位】	259【第10位】	7,049【第10位】

※中学校の生徒数は、当然人口の多い都道府県が上位に来ます。

《公立中学校費（生徒１人当たり）（県・市町村財政合計）》

統計年度：H25年度（2013）		
出典・引用元：総務省「統計でみる都道府県のすがた2016」		
順位	都道府県名	公立中学校費（生徒１人当たり）（千円）
第43位	沖　縄　県	726.5
第44位	静　岡　県	714.3
第45位	埼　玉　県	712.8
第46位	神奈川県	681.6
第47位	愛　知　県	681.3

※生徒数が多くなれば、1人当たりの金額は低くなるのはわかりますが……。中学校でもやはり……。
※目的別歳出決算額から教育費全体を見ると、静岡県の人口１人当たりの教育費は117.3千円の全国第41位（ワースト7位）。

《大学収容力指数（高卒者のうち大学進学者数）》

統計年度：H25年度（2013）		
出典・引用元：総務省「統計でみる都道府県のすがた2016」		
順位	都道府県名	【大学収容力指数】（高卒者のうち大学進学者数）
第43位	静　岡　県	52.7
第44位	福　島　県	47.6
第45位	三　重　県	45.0
第46位	長　野　県	44.9
第47位	和歌山県	41.7

※大学収容力指数とは、高校を卒業し大学進学を希望する生徒数に対する県内の大学定員数の割合。
※静岡県は、人口規模・児童・生徒数に反し大学定員数が少ないので、大学進学者は高校卒業と同時に半数が県外に出て行ってしまっているといえます。

【えっ!! 静岡県ってホントに豊か!?】

《産業別県内総生産（名目）》

統計年度：H24年度（2012）

出典・引用元：内閣府経済社会総合研究所「県民経済計算年報」

順位	都道府県名	県内総生産（百万円）	（参考）第1次産業（百万円）【順位】	（参考）第2次産業（百万円）【順位】	（参考）第3次産業（百万円）【順位】
第1位	東京都	91,908,868	49,212【第38位】	10,845,660【第2位】	80,967,530【第1位】
第2位	大阪府	36,843,044	39,513【第45位】	6,517,923【第3位】	29,815,042【第2位】
第3位	愛知県	34,359,161	169,042【第8位】	12,917,495【第1位】	21,039,536【第4位】
第4位	神奈川県	30,257,823	60,548【第34位】	6,489,352【第4位】	23,490,954【第3位】
第5位	埼玉県	20,374,018	121,847【第17位】	4,822,470【第6位】	15,268,729【第5位】
第10位	静岡県	15,485,316	160,389【第10位】	5,959,377【第5位】	9,247,813【第10位】

※企業や個人が新たに生み出したモノやサービスの価値は、当然、人口規模とリンクしているので、産業別県内総生産の内訳を見ると、第3次産業の上位県が総生産額上位に来ていることがわかります。
※その点静岡県は、第二次産業によって大いに支えられています。

《1人当たり県民所得（県内総生産）》

統計年度：H24年度（2012）

出典・引用元：内閣府経済社会総合研究所「県民経済計算年報」

順位	都道府県名	平成24年（2012）1人当たり県民所得（千円）	平成23年（2011）1人当たり県民所得（千円）【順位】	平成22年（2010）1人当たり県民所得（千円）【順位】
第1位	東京都	4,423	4,373【第1位】	4,369【第1位】
第2位	愛知県	3,437	3,105【第3位】	3,072【第4位】
第3位	静岡県	3,195	3,162【第2位】	3,141【第3位】
第4位	茨城県	3,137	3,044【第6位】	3,003【第5位】
第5位	滋賀県	3,116	3,072【第4位】	3,215【第2位】

※県内総生産を人口で割ったものが、1人当たりの県民所得。1人当たりの県民所得が多いということは、それだけ豊かな県だということですね。やっぱり産業・雇用に恵まれた経済的に豊かな県だと言えます。

《平均消費者物価地域差指数（都道府県庁所在市別）》

統計年度：H25年度（2013）、H24年度（2012）、H23年度（2011）、H22年度（2010）

出典・引用元：総務省統計局統計調査部消費統計課物価統計室「平均消費者物価地域差指数の概況」

順位	都道府県庁所在市名	平成25年平均消費者物価地域差指数	平成24年平均消費者物価地域差指数	平成23年平均消費者物価地域差指数	平成22年平均消費者物価地域差指数
第1位	横浜市	106.0	106.7【第1位】	107.1【第1位】	106.8【第1位】
第2位	東京都区部	105.9	106.0【第2位】	106.3【第2位】	106.5【第2位】
第3位	さいたま市	103.3	102.9【第3位】	102.3【第5位】	102.5【第5位】
第4位	長崎市	102.4	102.3【第4位】	102.6【第4位】	103.3【第4位】
第5位	和歌山市	102.0	101.7【第5位】	101.8【第6位】	101.8【第6位】
第18位	静岡市	100.0	99.7【第22位】	99.3【第24位】	99.1【第29位】

※上位5都道府県庁所在市の平均消費者物価指数は高い値で安定しているのに比して、静岡市の指数は年々上昇の一途。
※このことは県内経済の景気回復を見て取ることも出来るし、全国平均以下であった物価が上昇していると見ることもできます。

【えっ!! 静岡県の第２次産業は大丈夫!?】

《工業（従業員４人以上）製造品出荷額等・事業所数・従業員数》

統計年度：H25年度（2013）				
出典・引用元：経済産業省大臣官房調査統計グループ構造統計室「工業統計調査票」				
順位	都道府県名	製造品出荷額等（百万円）	事業所数（所）【順位】	従業員数（人）【順位】
第1位	愛　知　県	42,001,844	17,187【第2位】	789,092【第1位】
第2位	神 奈 川 県	17,226,142	8,433【第7位】	355,292【第5位】
第3位	大　阪　府	16,024,460	18,229【第1位】	450,409【第2位】
第4位	静　岡　県	15,699,131	10,037【第5位】	388,877【第3位】
第5位	兵　庫　県	14,026,866	9,017【第6位】	352,318【第6位】

※工業の製造品出荷額・事業所数・従業員数からは、やはり「ものづくりの静岡県」がうかがえます。
※労働者一人当たりの平均給与は4,549,140円で、全国第9位です。

《輸送用機械器具製造業の製造品出荷額等・事業所数・従業員数》

統計年度：H25年度（2013）				
出典・引用元：経済産業省大臣官房調査統計グループ「工業統計調査票」				
順位	都道府県名	製造品出荷額等（百万円）	事業所数（所）【順位】	従業員数（人）【順位】
第1位	愛　知　県	23,091,311	1,865【第1位】	287,689【第1位】
第2位	静　岡　県	4,414,239	1,163【第2位】	84,258【第2位】
第3位	神 奈 川 県	3,581,326	623【第3位】	55,569【第3位】
第4位	群　馬　県	2,910,170	510【第6位】	45,072【第5位】
第5位	三　重　県	2,564,699	300【第12位】	38,756【第7位】

※静岡県の製造品出荷額15,699,131百万円に対し、輸送用機械器具製造業の製造品出荷額は4,414,239百万円で、約28.1%を占めている。その他の産業別の構成比をみると、「電気機械」（11.5%）、「化学工業」（10.4%）、「飲料・たばこ・肥料」（7.5%）、「食料品」（7.1%）、「パルプ」（4.7%）、「その他18産業」（30.7%）となっています。

《有効求人倍率の推移》

統計年度：H25年度（2013）					
出典・引用元：総務省統計局「日本の統計2015」厚生労働省「一般職業紹介状況」					
順位	都道府県名	平成25年度	平成24年度	平成23年度	平成22年度
	全国平均	0.97	0.68	0.82	0.56
第25位	静　岡　県	0.90	0.65【第28位】	0.79【第27位】	0.52【第32位】
第43位	鹿 児 島 県	0.72	0.57【第41位】	0.66【第39位】	0.46【第39位】
第43位	青　森　県	0.72	0.46【第44位】	0.61【第44位】	0.39【第46位】
第43位	神 奈 川 県	0.72	0.50【第45位】	0.59【第45位】	0.43【第44位】
第46位	埼　玉　県	0.65	0.52【第46位】	0.58【第46位】	0.44【第43位】
第47位	沖　縄　県	0.57	0.31【第47位】	0.42【第47位】	0.31【第47位】

※平成20年（2008年）9月、米国のリーマン・ブラザース破綻に端を発したリーマンショックの影響は、日本国内の製造業にも未曾有のダメージを残しました。輸送用機械器具製造業関連の第2次産業に大きく依存した産業構成の静岡県は、以来有効求人倍率がずっと全国平均以下となっています。

【えっ!! 静岡県の農業に未来はあるか!?】

《農業産出額と販売農家（農業経営者）数》

統計年度：H26年度（2014）・平成27年2日1日現在
出典・引用元：農林水産省統計部「生産農業所得統計」「世界農林業センサス結果の概要（確定値）」

順位	都道府県名	農業産出額（平成26年）（百万円）	専業農家（戸）【順位】	第1種兼業農家（戸）【順位】	第2種兼業農家（戸）【順位】
第1位	北海道	1,111,000	26,315【第1位】	7,903【第2位】	3,498【第46位】
第2位	茨城県	429,200	16,734【第5位】	7,421【第4位】	32,633【第3位】
第3位	鹿児島県	426,300	21,514【第2位】	4,086【第17位】	11,936【第27位】
第4位	千葉県	415,100	13,458【第6位】	7,157【第5位】	23,365【第9位】
第5位	宮崎県	332,600	13,425【第7位】	3,659【第20位】	8,302【第37位】
第15位	静岡県	215,400	9,891【第21位】	5,378【第13位】	16,595【第19位】

※静岡県の農業産出額上位10品目は、1位みかん（23,300百万円）、2位茶（生葉）（22,900百万円）、3位米（17,300百万円）、4位鶏卵（15,700百万円）、5位荒茶（12,700百万円）、6位いちご（11,100百万円）、7位肉用牛（9,000百万円）、8位牛乳（8,800百万円）、9位豚（8,200百万円）、10位メロン（7,900百万円）となっています。

《販売農家（農業経営者）数と年齢構成》

統計年度：H27年度（2015）
出典・引用元：農林水産省統計部「「2015年農林業センサス結果の概要（概数値）」

順位	都道府県名	農業経営者数（人）	15～29（人）	30～39（人）	40～49（人）	50～59（人）	60～69（人）	70～79（人）	80～（人）	平均年齢（歳）
第1位	茨城県	56,788	61	604	2,917	11,208	21,361	14,704	5,933	65.9
第2位	新潟県	54,433	106	776	3,461	12,065	20,975	12,859	4,191	64.4
第3位	福島県	52,118	71	623	2,662	11,965	20,669	11,981	4,147	64.6
第4位	長野県	51,785	88	612	2,530	7,924	16,412	15,801	8,418	68.0
第5位	兵庫県	46,827	73	548	2,323	8,348	17,069	12,469	5,997	66.6
第20位	静岡県	31,846	26	343	1,347	5,322	11,328	8,905	4,593	67.4

※全国の販売農家（農業経営者）数は1,326,755戸（人）で、平均年齢は66.1歳。
※北海道の販売農家（農業経営者）数は37,716戸（人）で、平均年齢は全国でダントツに若い58.1歳。販売農家（農業経営者）の約7割26,315戸（人）が専業農家である。農業界の若返りの為には専業で生計が成り立つようにしなければ……。

《法人化している経営体数（参考：組織形態別経営体数）》

統計年度：H27年度（2015）
出典・引用元：農林水産省統計部「「2015年農林業センサス結果の概要（概数値）」

順位	都道府県名	法人化している経営体数	（参考）農事組合法人【順位】	（参考）株式会社【順位】	（参考）合名・合資・合同会社順位】
第1位	北海道	3,493	285【第5位】	2,722【第1位】	99【第1位】
第2位	鹿児島県	1,287	129【第21位】	986【第2位】	6【第22位】
第3位	新潟県	1,181	471【第1位】	543【第7位】	8【第20位】
第4位	長野県	1,170	223【第8位】	659【第3位】	21【第4位】
第5位	熊本県	861	104【第25位】	598【第4位】	35【第2位】
第19位	静岡県	562	68【第34位】	388【第12位】	14【第9位】

※全国での農業経営体総数は1,374,576体に対して、法人化している経営体は1.97%の27,135経営体。
※北海道の農業経営体総数は40,283体に対して、法人化している経営体は8.67%の3,493経営体。
※静岡県の農業経営体総数は33,143体に対して、法人化しているのは1.69%の562経営体。

【えっ!! 静岡県の茶産業はこれからもずっと全国一!?】

《お茶の生葉収穫量・摘採面積》

統計年度：H26年度（2014）

出典・引用元：農林水産省大臣官房統計部「平成26年度茶生産量等（主産県)」

順位	都道府県名	生葉収穫量（t）	摘採実面積（ha）	（参考）うち一番茶生葉収穫量（t）	摘採実面積（ha）	（参考）うち二番茶生葉収穫量（t）	摘採実面積（ha）
第1位	静岡県	144,100	16,600	54,900	16,600	52,800	9,670
第2位	鹿児島県	123,000	8,080	39,600	8,080	34,500	6,800
第3位	三重県	33,100	2,840	13,900	2,840	12,100	1,930
第4位	宮崎県	19,300	1,260	7,060	1,260	6,480	1,090
第5位	京都府	13,700	1,410	7,050	1,410	3,240	803
第6位	福岡県	11,100	1,450	5,310	1,450	4,030	880

※静岡県の一番茶の特徴として、他産地と比べ摘採実面積に対し収穫量が少ないけれど、これは若芽を摘採・加工することで高品質茶の生産を行ってきた故。

※そしてもう一つの特徴が、一番茶の摘採面積に比し約4割の茶園では茶園保護の為、二番茶の摘採を行っていない点。

《荒茶生産量と茶産出額（生葉産出額＋荒茶産出額）の推移》

統計年度：H25年度（2013）

出典・引用元：静岡県「静岡県茶業の現状〈お茶白書〉（平成）27年3月版」

順位	都道府県名	平成25年		平成17年		平成2年	
		荒茶生産量（t）	（億円）	荒茶生産量（t）	（億円）	荒茶生産量（t）	（億円）
第1位	静岡県	32,200	373	44,100	652	44,100	746
第2位	鹿児島県	25,600	221	23,900	302	13,800	175
第3位	三重県	7,130	87	8,110	101	6,620	103
第4位	宮崎県	4,100	-	3,660	-	2,760	-
第5位	京都府	3,020	73	3,300	84	2,510	57
第6位	福岡県	2,290	44	2,260	61	1,740	47

※静岡県では荒茶生産量の減少幅よりも遥かに重い、産出額の減少≒価格下落が襲っています。

《耕作放棄地面積・耕作放棄地のある販売農家数》

統計年度：H27年度（2015）

出典・引用元：農林水産省統計部「「2015年農林業センサス結果の概要（概数値)」

順位	都道府県名	耕作放棄地面積（ha）	耕作放棄地のある販売農家数（戸）【順位】
ワースト9	静岡県	12,869	2,807【ワースト18】
ワースト5	青森県	17,390	5,691【ワースト5】
ワースト4	北海道	18,788	5,619【ワースト6】
ワースト3	千葉県	19,037	5,778【ワースト4】
ワースト2	茨城県	23,816	8,221【ワースト2】
ワースト1	福島県	25,215	10,735【ワースト1】

※静岡県の販売農家数（専業農家＋第1種兼業農家+第2種兼業農家）は31,864戸。その内2,807戸が耕作放棄地を抱えているということで、更にこの耕作放棄地面積には、自給的農家や土地持ち非農家の耕作放棄地も含まれています。

【えっ!!　静岡県の農業・林業・漁業のポテンシャルって!?】

《米（水陸稲）・みかん・いちご・切り花類の収穫量及び出荷量》

統計年度：平成26年（2014）											
出典・引用元：独立行政法人統計センター「作物統計調査」											
米（水陸稲）収穫量			みかん出荷量			いちご出荷量			切り花類出荷量		
順位	都道府県名	収穫量（t）	順位	都道府県名	収穫量（t）	順位	都道府県名	収穫量（t）	順位	都道府県名	収穫量（本）
第1位	新潟県	656, 900	第1位	和歌山県	157, 700	第1位	栃木県	23, 600	第1位	愛知県	613, 300
第2位	北海道	640, 500	第2位	愛媛県	117, 300	第2位	福岡県	16, 300	第2位	沖縄県	330, 300
第3位	秋田県	546, 500	第3位	静岡県	110, 200	第3位	熊本県	11, 100	第3位	福岡県	237, 500
第4位	山形県	423, 000	第4位	熊本県	87, 100	第4位	静岡県	10, 400	第4位	静岡県	205, 000
第5位	茨城県	412, 000	第5位	長崎県	57, 400	第5位	長崎県	10, 200	第5位	千葉県	200, 600
第33位	静岡県	86, 400	第6位	佐賀県	47, 600	第6位	愛知県	9, 220	第6位	鹿児島県	191, 200

※総務省の家計調査（二人以上の世帯）「品目別都道府県庁所在市及び政令指定都市（※）ランキング（平成24年（2012年）～26年（2014年）平均）によれば、静岡県は平均米消費量全国第1位。ということは、需要の多くを県外から購入している状態。

※いちごは、栃木県産「女峰」⇒「とちおとめ」「スカイベリー」、福岡県産「とよのか」⇒「さちのか」「あまおう」、静岡県産「章姫」⇒「紅ほっぺ」「きらぴ香」等、代表品種とブランド化をかけた熱い戦いが繰り広げられています。

《林業産出額・林業経営体数》

統計年度：H26年度（2014）・平成27年2日1日現在			
出典・引用元：農林水産省統計部「生産林業所得統計報告書」「世界農林業センサス結果の概要（確定値）」			
順位	都道府県名	林業産出額（平成25年）（百万円）	林業経営体数（個）【順位】
第1位	長野県	53, 650	2, 747【第9位】
第2位	北海道	46, 250	7, 862【第1位】
第3位	新潟県	41, 480	1, 932【第19位】
第4位	岩手県	21, 180	4, 972【第2位】
第5位	宮崎県	20, 900	3, 141【第6位】
第12位	静岡県	9, 190	1, 966【第18位】

※静岡県は県土の64%（約49.9万ha）が森林。そのうち民有林（森林法第5条に規定する森林）の人工林面積は約24万haで、人工林率は59%である。その約9割の約21万haは林齢41年生以上となっており、木材として積極的に利用を進める時期に達しています。

《海面漁業生産額・海面漁業漁獲量・漁業経営体数》

統計年度：H25年度（2013）・平成26年（2014）				
出典・引用元：農林水産省統計部「漁業・養殖業生産統計年報」「漁業センサス」				
順位	都道府県名	海面漁業生産額（平成25年）（百万円）	海面漁業漁獲量（百トン）【順位】	漁業経営体数（個）【順位】
第1位	北海道	259, 224	11, 092【第1位】	12, 882【第1位】
第2位	長崎県	64, 199	2, 404【第2位】	7, 690【第2位】
第3位	静岡県	49, 645	1, 971【第4位】	2, 678【第12位】
第4位	宮城県	43, 709	1, 765【第6位】	2, 311【第18位】
第5位	青森県	38, 454	1, 278【第8位】	4, 501【第3位】

※海面漁業とは、遠洋・沖合・沿岸漁業等の漁業のことで、養殖業は含みません。

※静岡県は、全国の海面漁業生産額947, 800百万円に対し5.24%、海面漁業漁獲量37, 459百トンに対し11.77%のシェア。

【えっ!! 富士山静岡空港の本当の実力とは!?】

《全国空港乗降客数》

統計年度：H26年度（2014）				
出典・引用元：国土交通省東京・大阪航空局「空港利用状況概況集計表」				
	空港名	総計（人）	国内線乗降客数（人）【順位】	国際線乗降客数（人）【順位】
第1位	羽田空港	72, 762, 530	62, 169, 471【第1位】	10, 593, 059【第3位】
第2位	成田国際空港	32, 876, 519	5, 943, 570【第7位】	26, 932, 949【第1位】
第3位	福岡空港	19, 703, 769	16, 236, 618【第3位】	3, 467, 151【第5位】
第4位	新千歳空港	19, 270, 922	17, 717, 548【第2位】	1, 553, 374【第6位】
第5位	関西国際空港	19, 214, 804	6, 300, 877【第6位】	12, 913, 927【第2位】
第6位	那覇空港	16, 039, 825	15, 170, 115【第4位】	869, 710【第7位】
第7位	大坂国際空港(伊丹)	14, 526, 575	14, 526, 575【第5位】	0【第50位】
第8位	中部国際空港	9, 755, 412	5, 399, 355【第8位】	4, 356, 057【第4位】
第9位	鹿児島空港	5, 154, 250	5, 026, 164【第9位】	128, 086【第16位】
第10位	仙台空港	3, 213, 337	3, 046, 420【第10位】	166, 917【第11位】
第41位	富士山静岡空港	507, 147	303, 017【第46位】	204, 130【第9位】

※地方空港の乗降客数の多寡は、国内線にこそあります。
※富士山静岡空港の国内線は、新千歳札幌、福岡、鹿児島、沖縄の計4路線。国際線は、中国、韓国、台湾、上海の計４路線。

《空港別出入国者数》

統計年度：H26年度（2014）・H25年度（2013）
出典・引用元：法務省「出入国管理統計統計表」

順位	空港名	平成26年 総数（人）	平成26年 入国者 日本人（人）	平成26年 入国者 外国人（人）	平成26年 出国者 日本人（人）	平成26年 出国者 外国人（人）	平成25年 総数（人）	平成25年 入国者 日本人（人）	平成25年 入国者 外国人（人）	平成25年 出国者 日本人（人）	平成25年 出国者 外国人（人）
第1位	成田国際空港	24, 246, 867	7, 113, 257	4, 931, 533	7, 069, 294	4, 926, 417	24, 807, 769	8, 050, 503	4, 263, 463	8, 051, 684	4, 245, 222
第2位	関西国際空港	12, 752, 082	3, 248, 983	3, 170, 442	3, 224, 562	3, 101, 855	11, 485, 106	3, 433, 700	2, 323, 111	3, 439, 358	2, 282, 037
第3位	羽田空港	10, 511, 742	3, 453, 605	1, 751, 967	3, 502, 415	1, 784, 850	7, 941, 222	2, 636, 272	1, 293, 083	2, 663, 684	1, 334, 297
第4位	中部国際空港	4, 226, 580	1, 441, 015	699, 153	1, 446, 129	639, 470	4, 159, 371	1, 528, 193	573, 527	42, 467	46, 784
第5位	福岡空港	3, 461, 854	842, 743	884, 143	837, 914	884, 489	3, 113, 553	857, 688	687, 020	860, 560	696, 390
第6位	新千歳空港	1, 553, 152	123, 583	661, 772	123, 452	643, 240	1, 277, 473	136, 415	505, 677	136, 578	497, 307
第7位	那覇空港	1, 456, 371	66, 317	652, 948	66, 320	641, 130	881, 459	56, 491	374, 467	57, 516	368, 914
第8位	広島空港	287, 365	89, 634	54, 234	92, 183	50, 326	310, 103	107, 413	47, 560	110, 580	43, 674
第9位	富士山静岡空港	204, 014	28, 701	72, 681	28, 256	74, 354	176, 757	42, 488	44, 997	42, 467	46, 784
第10位	小松空港	178, 576	35, 246	54, 401	36, 544	52, 384	169, 363	38, 821	45, 695	40, 267	44, 580

※円相場（対米ドル）は、平成26年円121. 85円～ 100. 75円で、平成25年105. 41円～ 86. 54円で、アベノミクス以降円安が進みます。
※近年の富士山静岡空港の利用客数増加の要因は、出入国共に外国人利用者増≒訪日外国人依存が深刻化しています。

【えっ!! 富士山って本当に静岡県!?】

《旅館業施設数（生活衛生関係施設数）》

統計年度：H25年度（2013）
出典・引用元：厚生労働省「平成25年度衛生行政報告例の概況」

順位	都道府県名	旅館業施設数（生活衛生関係施設数）	（参考）うちホテル営業施設数	（参考）うち旅館営業施設数	（参考）簡易宿所営業施設数
第1位	長野県	6,364	515	2,487	3,355
第2位	北海道	4,967	681	2,482	1,645
第3位	静岡県	4,390	376	2,968	1,029
第4位	沖縄県	2,944	358	567	2,017
第5位	東京都	2,851	680	1,204	951

※静岡県は、全国第3位の旅館業施設数を誇っています。これは偏に伊豆半島地域の温泉施設や観光・リゾート産業の歴史の賜物です。

《県外からの日本人（観光目的）観光消費額・観光入込客数・観光消費額単価》

統計年度：H25年度（2013）
出典・引用元：国土交通省「共通基準による観光入込客統計」

順位	都道府県名	観光消費額（百万円）		観光入込客数（千人回）		観光消費額単価（円/人回）	
		宿泊	日帰り	宿泊	日帰り	宿泊	日帰り
第1位	千葉県	383,287	303,063	9,586	30,893	39,985	9,810
第2位	沖縄県	336,145	–	4,793	8	70,132	–
第3位	北海道	271,945	2,874	3,540	132	76,825	21,709
第4位	東京都	271,776	1,885,289	7,565	209,487	38,924	9,000
第5位	長野県	232,765	120,103	9,065	12,830	25,676	9,361
第6位	静岡県	199,111	157,712	9,159	14,236	21,738	11,079

※本統計は、平成21年12月に策定した「観光入込客統計に関する共通基準」に基づき観光庁が取り纏めていますが、大阪府は未導入の為、反映されていません。

《訪日外国人（観光目的・ビジネス目的）観光消費額・観光入込客数》

統計年度：H25年度（2013）
出典・引用元：国土交通省「共通基準による観光入込客統計」

順位	都道府県名	観光消費額（百万円）				観光入込客数（千人回）			
		観光目的		ビジネス目的		観光目的		ビジネス目的	
		宿泊	日帰り	宿泊	日帰り	宿泊	日帰り	宿泊	日帰り
第1位	東京都	189,688	45,492	340,397	5,795	2,053	1,603	2,996	159
第2位	北海道	120,046	–	3,522	–	956	–	59	–
第3位	京都府	54,198	–	45,002	–	761	–	441	–
第4位	千葉県	51,760	17	57,082	–	801	1	814	–
第5位	山梨県	38,961	3,195	2,256	194	440	203	31	22
第10位	静岡県	13,264	–	11,953	–	253	–	143	–

※この結果から注目すべきは、訪日外国人にとって富士山観光の表玄関は間違いなく山梨県だということ。
※静岡県は、インバウンドの外国人観光客を決して上手く取り込めているとは言えません。

【えっ!!　静岡県の住宅事情って!?】

《用途別宅地の平均価格（1㎡当たり）》

統計年度：H26年度（2014）						
出典・引用元：総務省統計局「付2都道府県別統計表及び男女別統計表索引」						
都道府県名	住宅地平均価格（千円）【順位】	基準値数	商業地平均価格（千円）【順位】	基準値数	工業地平均価格（千円）【順位】	基準値数
東京都	317.0【第1位】	771	1,445.7【第1位】	466	231.5【第1位】	14
神奈川県	171.8【第2位】	649	423.2【第3位】	220	104.3【第3位】	35
大阪府	145.6【第3位】	527	513.5【第2位】	172	112.9【第2位】	46
埼玉県	104.8【第4位】	626	243.5【第6位】	115	54.8【第7位】	31
京都府	102.0【第5位】	297	322.3【第4位】	94	63.3【第4位】	18
静岡県	67.0【第9位】	411	138.7【第13位】	149	48.4【第9位】	25

※静岡県の1㎡当たりの住宅地平均価格67.0千円ということは、1坪（3.3㎡）当たりは221.1千円。
※静岡県の地価は、全国と比較してみると決して安くありません。

《着工居住用建築物工事費予定額（床面積1㎡当たり）》

統計年度：H25年度（2013）		
出典・引用元：総務省「統計でみる都道府県のすがた2016」		
順位	都道府県名	着工居住用建築物工事費予定額（床面積1㎡当たり）（千円）
第1位	東京都	218.0
第2位	神奈川県	189.5
第3位	静岡県	179.7
第4位	愛知県	178.6
第5位	岡山県	178.2

※静岡県の持ち家比率は67.7%（全国第24位）、借家比率は30.4%（全国第24位）。
※住宅用地の平均価格も高めなので当然ですが、新築住居の1坪（3.3㎡）当たりの単価593千円も結構高めです。

《空き家比率（対総住宅数）》（人口１人当たり）》

統計年度：H25年度（2013）		
出典・引用元：総務省「統計でみる都道府県のすがた2016」		
順位	都道府県名	空き家比率（対総住宅数）（%）
ワースト10	静岡県	16.3
ワースト5	徳島県	17.5
ワースト4	高知県	17.8
ワースト3	和歌山県	18.1
ワースト2	長野県	19.8
ワースト1	山梨県	22.0

※少子化・高齢化の人口減少社会を迎えて、全国各地空き家対策は喫緊の課題です。

【えっ!! 静岡県の医療体制って!?】

《医師数（人口10万人当たり）（従業地別）》

統計年度：H24年度（2012）

出典・引用元：厚生労働省医師・歯科医師・薬剤師調査の概況「都道府県（従業地）別にみた人口10万対医師数」

順位	都道府県名	医師数（人口10万人当たり）（人）	医師総数（人）【順位】
第42位	静岡県	201.5	7,644【第11位】
第43位	新潟県	200.9	4,646【第18位】
第44位	福島県	196.9	3,810【第25位】
第45位	千葉県	189.4	11,735【第8位】
第46位	茨城県	177.7	5,188【第15位】
第47位	埼玉県	158.9	11,503【第9位】

※人口10万人当たりの医師数の全国平均は244.9人。
※静岡県は多くの指標で、全国の3%・第10位という数字が多いけれど、それは総数で、人口比で換算し直してみると……。

《全国健康保険協会管掌健康保険医療費（被保険者1人当たり）》

統計年度：H25年度（2013）

出典・引用元：総務省「統計でみる都道府県のすがた2016」

順位	都道府県名	全国健康保険協会管掌健康保険医療費（被保険者1人当たり）（円）
第40位	静岡県	141,592
第43位	愛知県	138,896
第44位	群馬県	137,768
第45位	新潟県	137,186
第46位	長野県	135,563
第47位	沖縄県	133,684

※これは順位が下の方が、1人当たりの健康保険医療費がかかっていないということ。
※健康だから保険医療を使う必要がない？　医師数が少ないから要する保険医療額が少ない？

《後期高齢者医療費（被保険者1人当たり）》

統計年度：H25年度（2013）

出典・引用元：総務省「統計でみる都道府県のすがた2016」

順位	都道府県名	後期高齢者医療費（被保険者1人当たり）（円）
第43位	長野県	799,453
第44位	千葉県	796,453
第45位	静岡県	790,164
第46位	岩手県	758,268
第47位	新潟県	745,307

※これは順位が下の方が、1人当たりの後期高齢者医療費がかかっていないということ。
※年を取っても「健康」でいられなければ意味がないですね。

【えっ!!　静岡県は健康で長寿!?】

《平均寿命（0歳の平均余命）》

統計年度：H22年度（2010）				
出典・引用元：厚生労働省「平成22年都道府県別生命表」				
順位	男性		女性	
	都道府県名	平均寿命（年）	都道府県名	平均寿命（年）
第1位	長　野　県	80.88	長野県	87.18
第2位	滋　賀　県	80.58	島根県	87.07
第3位	福　井　県	80.47	沖縄県	87.02
第4位	熊　本　県	80.29	熊本県	86.98
第5位	神 奈 川 県	80.25	新潟県	86.96
	静　岡　県	79.95【第10位】	静岡県	86.22【第32位】

※平均寿命（0歳の平均余命）は、全国の男性で79.59年、女性で86.35年となっています。
※女性は男性より平均6.76年程長寿であるいうこと。

《民間生命保険保険金額（1世帯当たり）（保有契約1件当たり）》

統計年度：H25年度（2013）				
出典・引用元：総務省「統計でみる都道府県のすがた2016」				
順位	都道府県名	民間生命保険保険金額（1世帯当たり）（千円）	民間生命保険保険金額（保有契約1件当たり）（千円）	（参考）1世帯当たり人員（人）
第1位	東　京　都	56,269	1,841【第47位】	2.03【第47位】
第2位	富　山　県	30,161	5,984【第3位】	2.79【第4位】
第3位	福　井　県	27,160	6,007【第2位】	2.86【第2位】
第4位	大　阪　府	26,819	4,427【第45位】	2.28【第44位】
第5位	愛　知　県	23,126	4,681【第42位】	2.49【第30位】
第10位	静　岡　県	21,950	5,286【第31位】	2.65【第16位】

※これからの時代は、公的年金制度にだけ頼っていてはダメということで……。
※富山県、福井県は1世帯当たりの同居人数も多いということが良くわかります。

《健康寿命（日常生活に制限のない期間の平均）》

統計年度：H22年度（2010）						
出典・引用元：厚生労働科学研究費補助金「健康寿命における将来予測と生活習慣病対策の費用対効果に関する研究」						
順位	男性			女性		
	都道府県名	日常生活に制限のない期間の平均（年）	日常生活に制限のある期間の平均（年）	都道府県名	日常生活に制限のない期間の平均（年）	日常生活に制限のある期間の平均（年）
第1位	愛知県	71.74	8.04	静岡県	71.68	8.35
第2位	静岡県	71.68	8.35	群馬県	71.07	8.39
第3位	千葉県	71.62	8.33	愛知県	71.74	8.04
第4位	茨城県	71.32	7.82	栃木県	70.73	8.41
第5位	山梨県	71.20	8.39	沖縄県	70.81	8.61

※これからの時代は、この日常生活に支障がなく健康で過ごせる寿命を如何に延ばしてゆけるか、こそが大切です。
※男女ともに好成績な静岡県。生活の中での飲茶習慣（カテキンの効能）を指摘する声は少なくありません。

総論　青年の力、都市の可能性、この国の未来

総論

青年の力、都市の可能性、この国の未来

相坂摂治

プロローグ

私たち、自民党静岡県連の青年部・青年局は、今回、我々の日頃の取り組みから得た現場の体験を元に政策提言に挑戦しようとしている。これは、県連青年層にとって初の試みである。

政治は、批判することではない。創造することだ。

私は、そう信じて、18年間、政治活動をしてきた。

議員が提案した政策が実現することは少ない。まして、その政策が時代の要請に適《かな》い、実現の方向に動き始めたとしても、それは提案から数年を経た後であったり、提案した者自身の手を離れて、地方行政の担当者たちの手によって形づくられていくことばかりで、実現に向かうすべての過程に手応えを感じながら進む

ことは、およそ皆無に等しい。経営者と決定的に違う点だと思う。

目標を同じくする歩みでありながら、手応えを感じる機会に乏しく、提案者たる自己の信じる方法とは全く違った道筋で政策が動くとき、私たち地方議員は、途方もない無力感にとらわれる。これこそは、予算提案の権限を有しない議員の宿命であり、限界だ。

しかし、本会議の場で重ねる政策提言こそが、我々地方議員の活動の醍醐味であり、特に、物事を知り過ぎていない、恐れを知らぬ青年政治家の存在意義であろうと信じているのである。

そして、党や会派の先輩議員や行政スタッフの共感を呼び、提言が実りに向かおうとするとき、それがささやかな一歩に過ぎないとしても、私たちは初めて政治の歩みを体感することになる。

これからの地方行政には、いや、地方都市には、一体何ができるだろう。

日常生活そのものともいえる保育園の待機児童の問題が、いまだに国を挙げて取り沙汰される今日、まだまだ本当の地方主権社会とはいえない。

地方都市は、本当の力を養うべきだ。

本当の力とは、都市住民の生活に必要不可欠の制度を最初から最後まで完成させる力のことだ。

１９９５年、国会では地方分権推進法が制定された。

世紀が変わり、全国的に市町村合併が進められ、地方行政の財政力はそれぞれスケールメリットを享受して、権限も格段に拡大してきた。しかし、人々の東京一極集中は、やむ事なくむしろ増加し続けた。残念ながら今までのところ、地方分権は失敗に終わっていると謙虚に受け止めなくてはなるまい。

私は、都市の力をテーマに、提言を試みたい。

日本の地方都市に必要なのは、次の世代へ向けた投資する力である。

一、現行都市制度の課題と限界

(一) 静岡県の人口問題

静岡県の人口減少が止まらない。

平成27年に行われた国政調査で、初めて日本の人口が減少に転じたことを考えれば、時代の趨勢ではあるものの、減少率は全国平均を上回る1・7％となり、6万3826人が5年間で減少している。全人口の4分の1以上を占める東京圏、1都3県は、出生率低迷でありながら、その人口増は止まらず、同時期の5年間で51・2万人増となっており、人口の東京一極集中を数字が改めて証明する結果となった。さらに、総務省が毎年公表している「住民基本台帳人口移動報告」の平成27年版（図表1）によれば、本県は、昨年1年間で、6206人の人口転出県となっており、ワースト5位という不名誉な結果を得てしまっている。東京からの移動わずか1時間、世界文化遺産ともなった富士山を頂き、富士山静岡空港の同年外国人利用者数は地方空港で全国1位を記録、農作物は全国1の生産品種を誇り、県東部の医療機器、医薬品製造は今や1兆円産業に成長し全国のトップシェアを占める、静岡県が、である。昨年末、ある県議の集会の講師として招かれた、時の地方創生担当石破茂大臣は、本県の人口転出について、「不思議としか言いようがない」とコメントしている。

静岡県が人口を損なう要因とは何か。昨年の国勢調査の結果を検証すると、自然減（死亡者数と出生者数の差）、社会減（転出者と転入者との差）ともに3万人台を示した。今や珍しさも奇抜さも新しささえもない、人口減少の議論だが、しかし改めて可能な限りの解析を行わなくてはなるまい。

単位：人

				転入超過数（転入者数－転出者数）総数							
30～39歳	40～49歳	50～59歳	60歳以上（不詳含む）	総数	0～9歳	10～19歳	20～29歳	30～39歳	40～49歳	50～59歳	60歳以上（不詳含む）
29,161	14,133	6,891	10,333	▲6,206	▲499	▲2,017	▲3,060	▲572	▲589	▲38	569
5,776	2,840	1,430	1,746	▲1,168	▲169	▲120	▲626	▲164	▲74	▲35	20
2,035	1,053	528	690	16	140	▲122	▲186	111	38	▲2	37
2,319	1,107	581	599	▲340	▲295	8	87	▲107	▲27	▲30	24
1,422	680	321	457	▲844	▲14	▲6	▲527	▲168	▲85	▲3	▲41
7,659	3,382	1,618	2,504	▲304	▲229	▲342	76	0	▲29	71	149
2,714	1,340	638	882	▲319	▲145	▲19	4	▲43	▲33	▲6	▲77
1,407	616	288	363	▲102	▲193	▲28	141	▲55	▲47	▲5	85
985	405	171	295	▲349		▲76	▲215	▲67	▲2	3	9
976	394	203	303	95	▲121	▲62	324	▲89	▲3	8	38
690	282	140	280	54	91	▲88	▲135	75	▲20	29	102
681	244	112	220	803	178	1	135	244	117	59	69
206	101	66	161	▲486	▲38	▲70	▲178	▲65	▲41	▲17	▲77
1,500	840	394	553	▲906	▲119	▲192	▲301	▲152	▲110	▲18	▲14
230	177	154	455	151	▲9	15	▲95	▲10	18	48	184
922	494	263	391	▲177	67	▲3	▲209	54	▲14	▲50	▲22
746	392	157	247	▲262	6	▲124	▲134	5	▲13	▲4	2
341	264	135	416	13	▲13	▲105	▲184	▲31	14	91	241
506	255	119	169	▲130	88	▲101	▲192	72	19	▲4	▲12
1,314	695	321	417	▲561	36	▲171	▲340	7	▲58	▲24	▲11
1,064	435	189	322	▲62	133	▲78	▲12	▲18	▲16	▲23	▲48
877	436	181	286	▲573	▲70	▲123	▲230	▲111	▲35	10	▲14
835	366	212	214	▲151	17	▲85	▲88	43	▲17	▲35	14
867	419	209	318	251	183	▲54	▲111	216	28	▲15	4
1,008	491	205	198	▲103	▲49	▲4	84	▲38	▲82	▲36	22
726	278	127	155	▲5	▲120	▲54	200	▲58	▲19	23	23
173	104	79	131	▲211	▲15	▲35	▲84	▲38	▲12	▲2	▲25
629	292	120	176	▲302	▲118	▲19	59	▲87	▲80	▲31	▲26
402	251	93	110	▲192	11	▲42	▲164	27	8	▲11	▲21
201	103	63	128	▲245	▲9	▲64	▲116	▲61	1	▲3	7
236	122	65	73	▲255	▲16	▲30	▲80	▲74	▲31	▲16	▲8
341	132	89	106	1	22	▲41	17	13	1	▲12	1
316	170	91	195	108	55	▲45	▲11	41	13	16	39
311	128	74	101	▲374	▲3	▲75	▲187	▲66	▲19	▲19	▲5
73	61	54	81	▲80	▲4	▲24	▲46	▲10	▲10	▲13	27
45	39	7	31	▲34	▲2	▲18	▲22	▲5	▲6	11	8
37	35	21	69	▲8	14	▲14	▲17	6	▲4	▲4	11
39	21	9	32	▲48	0	▲18	▲27		▲8	9	▲3
39	35	14	43	▲100	▲9	▲17	▲38	▲11	▲21	6	▲10
305	141	83	181	▲36	▲4	▲31	▲81	▲2	35	26	21
366	180	75	130	▲76	▲49	▲17	15	▲41	▲27	0	43
586	258	116	143	134	▲42	36	104	30	▲6	4	8
304	140	41	60	▲168	▲31	2	▲74	▲21	▲39	▲2	▲3
227	109	38	67	▲127	▲51	▲6	▲29	▲46	▲5	6	4
46	13	23	39	▲112	▲10	▲10	▲51	▲22	6	▲2	▲23
114	35	22	46	▲94	10	▲8	▲66	▲19	3	0	▲14

出所：総務省統計局「住民基本台帳人口移動報告」

市区町	転入者数　総数								転出者数　総数			
	総数	0～9歳	10～19歳	20～29歳	30～39歳	40～49歳	50～59歳	60歳以上(不詳含む)	総数	0～9歳	10～19歳	20～29歳
県計	122,063	13,320	7,328	41,527	28,589	13,544	6,853	10,902	128,269	13,819	9,345	44,587
静岡市	23,344	2,511	1,449	7,845	5,612	2,766	1,395	1,766	24,512	2,680	1,569	8,471
葵区	8,782	1,085	447	2,760	2,146	1,091	526	727	8,766	945	569	2,946
駿河区	9,009	824	557	3,162	2,212	1,080	551	623	9,349	1,119	549	3,075
清水区	5,553	602	445	1,923	1,254	595	318	416	6,397	616	451	2,450
浜松市	31,532	3,643	1,813	10,722	7,659	3,353	1,689	2,653	31,836	3,872	2,155	10,646
中区	11,122	1,201	673	3,833	2,671	1,307	632	805	11,441	1,346	692	3,829
東区	5,305	565	263	1,825	1,352	569	283	448	5,407	758	291	1,684
西区	3,882	497	338	1,248	918	403	174	304	4,231	498	414	1,463
南区	4,032	397	200	1,605	887	391	211	341	3,937	518	262	1,281
北区	3,083	432	137	936	765	262	169	382	3,029	341	225	1,071
浜北区	3,472	491	171	1,064	925	361	171	289	2,669	313	170	929
天竜区	636	60	31	211	141	60	49	84	1,122	98	101	389
沼津市	6,073	601	346	2,133	1,348	730	376	539	6,979	720	538	2,434
熱海市	1,869	82	126	405	220	195	202	639	1,718	91	111	500
三島市	4,098	500	265	1,295	976	480	213	369	4,275	433	268	1,504
富士宮市	3,133	320	159	1,122	751	379	153	249	3,395	314	283	1,256
伊東市	2,173	151	84	467	310	278	226	657	2,160	164	189	651
島田市	2,277	287	102	764	578	274	115	157	2,407	199	203	956
富士市	5,610	665	303	1,981	1,321	637	297	406	6,171	629	474	2,321
磐田市	4,411	524	205	1,777	1,046	419	166	274	4,473	391	283	1,789
焼津市	3,235	338	161	1,106	766	401	191	272	3,808	408	284	1,336
掛川市	3,340	364	141	1,203	878	349	177	228	3,491	347	226	1,291
藤枝市	4,336	531	306	1,453	1,083	447	194	322	4,085	348	360	1,564
御殿場市	4,208	468	503	1,469	970	409	169	220	4,311	517	507	1,385
袋井市	2,726	248	116	1,107	668	259	150	178	2,731	368	170	907
下田市	729	61	31	227	135	92	77	106	940	76	66	311
裾野市	2,188	243	143	809	542	212	89	150	2,490	361	162	750
湖西市	1,987	164	66	898	429	259	82	89	2,179	153	108	1,062
伊豆市	903	64	64	336	140	104	60	135	1,148	73	128	452
御前崎市	825	96	49	313	162	91	49	65	1,080	112	79	393
菊川市	1,415	157	47	540	354	133	77	107	1,414	135	88	523
伊豆の国市	1,690	177	96	536	357	183	107	234	1,582	122	141	547
牧之原市	1,055	141	38	371	245	109	55	96	1,429	144	113	558
東伊豆町	456	30	20	143	63	51	41	108	536	34	44	189
河津町	216	18	12	56	40	33	18	39	250	20	30	78
南伊豆町	272	38	6	57	43	31	17	80	280	24	20	74
松崎町	166	16	6	46	38	13	18	29	214	16	24	73
西伊豆町	157	10	7	45	28	14	20	33	257	19	24	83
函南町	1,384	125	75	394	303	176	109	202	1,420	129	106	475
清水町	1,400	165	76	433	325	153	75	173	1,476	214	93	418
長泉町	2,487	294	325	729	616	252	120	151	2,353	336	289	625
小山町	1,008	145	107	276	283	101	39	57	1,176	176	105	350
吉田町	836	85	53	298	181	104	44	71	963	136	59	327
川根本町	142	6	7	49	24	19	21	16	254	16	17	100
森町	382	52	21	122	95	38	22	32	476	42	29	188

図表１　平成27年　住民基本台帳人口（日本人）移動に基づく年齢（10歳階級）別・市区町別　転入者数・転出者数・転入超過数

地方創生を掲げた国は昨年、地方自治体に「人口ビジョン」と「地方創生総合戦略」の策定を求めた。合計特殊出生率1・8の達成を目指し、少子高齢化という歪《いびつ》な人口構造から抜け出して、先進国としての競争力を維持するための労働力を補うためだ。これに応じて本県は、出生率2を目標に据えた。今年2月にまとめた「ふじのくに少子化突破戦略の羅針盤」によれば、平成27年の本県出生率は1・54であり、過去最低水準にあった平成15、16年の1・34からは次第に回復が図られつつあるが、県内35市町の間には、相当な格差が生じており、伊豆半島や静岡市では、いまだ回復の兆しが見えてこない。

さらに深刻なのが転出増の問題だが、年齢区分別の移動を見ると課題は明らかとなる。昨年1年間で本県から転出した人口は12万8269人に上るが、このうち20代が約34%、30代が22%、40代が約11%となっており、現役世代が67%を占めている。一方本県への転入者は12万2063人で、転出者との差である6202人が転出増なわけだが、この比較においても、10代と20代の合計が5000人を超えており、若者世代の転出超過が如実となっていることが分かる。また、市町別の転出超過数では、静岡市が1100人を超え、沼津市、焼津市、富士市が続いている。

こうした本県の人口動態から予測されるのは、10代の転出超過においては大学等の高等教育機関の不足、20代では職業として求める職種の不足、そして30代、40代では、雇用枠そのものの減少であり、リーマンショック以来、雇用の確保を懸命に叫んできた本県行政ではあるが、今日の有効求人倍率の改善は、仕事を求めて若者が静岡を離れた後の数値であることを考えると、より深刻な雇用における課題が潜んでいるともいえる。

（二）なぜ、青年は静岡を捨てるのか

ここ5年間の都道府県別の人口増減率では、本県は全国18位に位置する。３７０万人という人口規模は全国10位の上位にあるため、率そのものは中位にいても、その減少数が跳ね上がるということだ。減少率が高い県は、おおむね東北、四国、九州地方の順に並び、最も高い減少率であった秋田県は、人口５％を超える勢いである。他県の人口動態を詳細に解析した訳ではないが、東京への青年層の流れ込みを見れば、いずれの県においても、若年層の地方離れということがいえるであろう。

ここまでは統計としての数値を見てきたが、ここではもっとミクロの視点で考察を行う必要を感じている。

なぜ、青年たちは故郷を捨てるのか、という根本的な、そして極めて私的かつ意図的なこの動きについて、地方創生という挑戦は、回答を求めている。学生時代を東京で過ごす、という若者は多い。東京に集中する有名大学、そして地方大学とは比べようのない定員規模。学生が集まる場所は刺激に満ち、アルバイト先にも事欠かず、溢れる情報に自分の可能性を重ね合わせることで、日々の学生生活をさまざまな期待で満たすことができるに違いない。私もそうして学生時代を東京で過ごしたし、だからと言って、地方だからそれが乏しいというわけでは決してない。私の友人のなかには、地元の大学で学ぶことを誇りに感じて立派な成績を修め、堂々と地域を代表する企業へ就職し、世界に冠たる研究成果を出している者もいる。

だからこそ、東京を選択するかどうかは、極めて私的で意図的なものなのだ。しかし、その個人的な動機により、東京一極集中という社会現象が昭和から平成に続く長い時代の趨勢として続くとなると、事はすでに個人の意図から切り離すべき段階を迎え、政治という営みが、私的な選択へと新しい刺激を与えなくてはならないのだ。

静岡県には、学ぶ場が不足している、というのが学生を失う最大の理由であると私は思う。そして、大学が林立する静岡市駿河区東南部には、学生が集う場は、キャンパスにしか見つけることができず、街に溢れる学生の姿、そこから生み出される流行や文化というものに、ついに私は気がついたことがない。ちなみに本県では毎年3万3000人が高校を卒業し、うち7割強が進学を希望する。県内に用意された大学の定員は7968で短大は1355、専修学校等を含めても1万8000人にしか過ぎず、計算上は5000人の18歳が、進学先を求めて本県を離れるということになる。そして、20代の転出超過は、その後のUターン就職の困難さをも示しており、進学、就職という岐路に立ったときにこそ、私たちは多くの青年たちを失っているのである。

すでに20年以上も前のことになるが、私が大学を卒業して帰郷する新幹線の中で、なぜか都落ちという言葉に思いが至った。学ぶべきことを学んできたか、東京になら溢れるほどあったであろうチャンスに自分は本当に敏感であったのか。欲しいと思ったものにいくら背伸びをしても手が届かずに諦めることも度々であった東京生活、そんな不可解な思いを引き摺ったまま、私も東京を後にした1人の青年であった。

目に見えない、捉えどころのない、その好奇心を満たすものを用意することが、これからの地方都市の挑戦であるに違いない。

(三) 少子高齢型人口減少社会の正体

さて、なぜ社会は人口が減ると困るのか。すでに語り尽くされた感があるが、もう一度確認をしておきたい。人口減少社会は3つの負を背負うとされる。第一に労働力の減少が経済の規模を小さくし、生産性の向上を毎年実現しない限り、プラスの経済成長を実現できないということ。第二に、世界の先進国が直面する少子高齢化は、医療費や福祉の需要増を減少する現役世代が負担するために、１人あたりの国民負担率が上昇する。かつ、その負担増は、直接的には現役世代の福祉の向上にはつながらない。そして第三に、変化に富んだ生活を送る青年世代の減少が、未来志向型の消費のパイを縮小させ、量産による生産の効率化を阻み、社会全体の活力の低下をもたらすということだ。

もちろん、こうしたデメリットに対しては、高齢者の定義を変えようとする試み、社会保障制度改革を通じた負担増の抑制策や勤労世代、特に子育て世代への優遇策を講じることによる世代間の不公平感を薄めるなどの取り組み、さらには、時間あたりの労働生産性を向上させるための技術革新やオートメーション化等、考えられる限りの手は尽くしている。そして、これらの取り組みが一定の効果を発揮すれば、もはや高齢社会は長寿社会と同義語になり、世界でも最速の高齢化が進む日本が、世界に先駆けて先進国が陥る人口問題にいち早く範を示すことができるのではないか。

しかし、実際の社会の歩みは、そう期待通りにはいかないようだ。

高齢者の定義を変える試みが、例えば企業における定年延長として定着するならば、収益性の乏しい企業は新卒者の採用を控える動きに直結すると同時に、経験値を重ねた最高齢の社員として高額の人件費負担を強いられることになる。そして、社会保障制度は、消費税を目的税化して財源を手当しなくてはならないという、支出と収入の保険バランスによって、高齢者医療、介護サービスの利用は、たちまち消費者、または現役世代の費用負担となるのが現在の議論の経過である。つまり、国民負担率問題は、これを本気で解決しようとすればするほど、年金支給額や開始年齢の見直しによってしか、つまり、１人でも多くの高齢者に健康でいてもらいつつ、年金支給に依存しなくても生活できる高齢者に受取控えを促すなど、公平性、公正性の欠いた方法を採用せざるを得ず、これは極めて非現実的な考え方ということになる。また、高齢者の貧

年度	国税		地方税	租税負担	社会保障負担	国民負担率	財政赤字	潜在的な国民負担率	国民所得（NI）	（参考）	
	①	一般会計税収	②	③＝①＋②	④	⑤＝③＋④	⑥	⑦＝⑤＋⑥		国民負担率対GDP比	国内総生産（GDP）
昭和45	12.7	12.0	6.1	18.9	5.4	24.3	0.5	24.9	61.0	19.7	75.3
46	12.8	12.0	6.4	19.2	5.9	25.2	2.5	27.7	65.9	20.0	82.9
47	13.3	12.5	6.4	19.8	5.9	25.6	2.8	28.4	77.9	20.7	96.5
48	14.7	13.9	6.8	21.4	5.9	27.4	0.7	28.1	95.8	22.5	116.7
49	14.0	13.4	7.3	21.3	7.0	28.3	3.3	31.6	112.5	23.0	138.5
50	11.7	11.1	6.6	18.3	7.5	25.7	7.5	33.3	124.0	20.9	152.4
51	12.0	11.2	6.8	18.8	7.8	26.6	7.2	33.8	140.4	21.8	171.3
52	11.8	11.1	7.1	18.9	8.3	27.3	8.3	35.6	155.7	22.3	190.1
53	13.5	12.8	7.1	20.6	8.5	29.2	8.0	37.1	171.8	24.0	208.6
54	13.7	13.0	7.7	21.4	8.8	30.2	8.7	38.9	182.2	24.4	225.2
55	13.9	13.2	7.8	21.7	8.8	30.5	8.2	38.7	203.9	25.0	248.4
56	14.4	13.7	8.2	22.6	9.6	32.2	8.2	40.4	211.6	25.7	264.6
57	14.5	13.9	8.5	23.0	9.8	32.8	7.9	40.6	220.1	26.1	276.2
58	14.8	14.0	8.6	23.3	9.7	33.1	7.1	40.1	231.3	26.5	288.8
59	15.1	14.4	8.8	24.0	9.8	33.7	5.9	39.7	243.1	26.6	308.2
60	15.0	14.7	8.9	24.0	10.0	33.9	5.1	39.0	260.6	26.8	330.4
61	16.0	15.6	9.2	25.2	10.1	35.3	4.3	39.6	267.9	27.7	342.3
62	17.0	16.6	9.7	26.7	10.1	36.8	2.9	39.6	281.1	28.5	362.3
63	17.2	16.8	9.9	27.2	9.9	37.1	1.4	38.5	302.7	29.0	387.7
平成元	17.8	17.1	9.9	27.7	10.2	37.9	1.0	38.9	320.8	29.2	415.9
2	18.1	17.3	9.6	27.7	10.6	38.4	0.1	38.5	346.9	29.5	451.7
3	17.1	16.2	9.5	26.6	10.7	37.4	0.5	37.9	368.9	29.1	473.6
4	15.7	14.9	9.4	25.1	11.2	36.3	4.5	40.8	366.0	27.5	483.3
5	15.6	14.8	9.2	24.8	11.5	36.3	6.7	43.0	365.4	27.5	482.6
6	14.7	13.9	8.9	23.6	11.9	35.5	8.2	43.7	366.8	26.3	495.6
7	14.8	14.0	9.1	23.9	12.6	36.6	9.2	45.8	370.8	26.9	504.6
8	14.5	13.7	9.2	23.7	12.7	36.4	8.7	45.1	380.9	26.9	515.9
9	14.5	14.1	9.5	24.0	13.1	37.1	7.7	44.8	382.3	27.2	521.3
10	13.9	13.4	9.7	23.6	13.5	37.1	10.5	47.7	369.4	26.8	510.9
11	13.3	12.8	9.5	22.8	13.4	36.3	12.1	48.3	368.8	26.4	506.6
12	14.1	13.5	9.5	23.5	13.5	37.0	9.8	46.8	375.2	27.2	510.8
13	13.6	13.1	9.7	23.3	14.2	37.5	9.1	46.6	366.8	27.4	501.7
14	12.6	12.0	9.2	21.8	14.2	36.0	10.8	46.8	363.9	26.3	498.0
15	12.3	11.8	8.9	21.2	14.1	35.3	10.5	45.8	368.1	25.9	501.9
16	13.0	12.3	9.1	22.1	14.1	36.2	7.9	44.1	370.1	26.6	502.8
17	14.0	13.1	9.3	23.3	14.3	37.6	5.7	43.3	374.1	27.8	505.3
18	14.3	13.0	9.7	24.0	14.7	38.6	7.4	46.0	378.2	28.7	509.1
19	13.8	13.4	10.6	24.4	14.9	39.3	3.3	42.6	381.2	29.2	513.0
20	12.9	12.5	11.1	24.1	16.2	40.3	8.5	48.8	355.0	29.2	489.5
21	11.7	11.2	10.2	21.9	16.2	38.1	15.0	53.1	344.4	27.7	473.9
22	12.4	11.8	9.7	22.1	16.3	38.5	12.7	51.1	352.7	28.3	480.2
23	12.9	12.3	9.8	22.7	17.0	39.7	12.4	52.1	349.6	29.3	473.9
24	13.4	12.5	9.8	23.2	17.4	40.5	10.6	51.1	352.0	30.1	474.5
25	14.1	13.0	9.8	23.9	17.4	41.3	9.6	50.9	362.1	30.9	483.1
26	15.1	14.1	9.9	25.0	17.7	42.6	9.4	52.0	367.6	31.9	491.4
27	15.4	14.5	10.2	25.6	17.8	43.4	7.4	50.8	376.7	32.4	504.9

（注）１．単位は、国民所得及び国内総生産は（兆円）、その他は（％）である。２．平成25年度までは実績、26年度は実績見込み、27年度は見通しである。

図表２　国民負担率（対国民所得比）の推移

出所：財務省「国民負担率の推移（対国民所得比）」（平成27年２月26日）

困、老老介護の深刻さ、生活保護受給者の50・8％が高齢者という側面も併せて考えると、国民全体の負担そのものは、特に現役世代に重くのしかかり続ける問題といわざるを得ないのである。

平成28年の国民負担率は、43・9％に達し、46年前にあたる昭和45年当時は25％にも満たなかった税と社会保障の合計負担が、急激な現役世代の負担となっている（図表2）。

（四）行政経費の推移とこれから

地方行政の財政も、人口構造の変化によって、特徴的な推移を見せてきた。図表3が示す通り、平成15年から32年までの推移を見ると、膨れ上がる扶助費とその他（行政手続執行上の諸経費）の経費を、人件費と投資的経費との削減によって賄っていることが分かる。簡単に説明すると、地方自治体の一般会計は、人件費や扶助費、公債費や災害復旧費という、絶対に支払わなくてはならない、いわゆる固定経費である義務的経費と、インフラや施設等、将来の世代にも利用可能な整備に充てられる投資的経費、そしてその他の経費からなる政策的経費とに大別される。表では、この17年間で、会計規模そのものは増大しているものの、この投資的経費が１０００億円以上も減少している。そして、その他の経費とは、各種の窓口サービスを住民に提供するにあたり、必要となる諸経費のことで、会計の性質上義務的経費には含まれないものの、決して支払いを免れ得ない性質のもので、通常民間企業であれば、当然経費として計上されるものである。

さて、この投資的経費がどの程度の割合で維持されるのが、適切なのかについては、今のところ見解が示されていないようだ。既に述べたように、投資的経費の多くは土木や建築等の公共工事であり、普通、県債や市債等、将来の住民にも均等に負担を求めるため、必然的に自治体の借金を増やす性質を併せ持っている。つまり、どのような理由であれ、投資的経費が抑制されている状態であるというのは、将来の公債費比

（単位：億円・%）

区　分	15年度	16年度	17年度	18年度	19年度	20年度	21年度	22年度	23年度	24年度	25年度	26年度	27年度	28年度	29年度	30年度	31年度	32年度
義務的経費	6,258	6,293	6,205	6,165	6,216	6,191	6,177	6,227	6,299	6,325	6,264	6,353	6,476	6,594	5,969	5,982	5,985	5,997
構成比	53.5	54.5	55.3	54.9	54.9	54.6	51.3	54.0	55.5	55.7	54.1	53.8	53.3	53.1	49.4	48.0	48.0	48.2
人件費	3,903	3,900	3,907	3,923	3,932	3,863	3,765	3,729	3,718	3,683	3,561	3,585	3,643	3,614	2,930	2,907	2,877	2,848
構成比	33.4	33.8	34.9	34.9	34.8	34.0	31.3	32.3	32.8	32.4	30.8	30.4	30.0	29.1	24.2	23.3	23.1	22.9
扶助費	537	568	564	626	659	686	724	774	810	851	888	929	1,007	1,040	1,073	1,108	1,144	1,180
構成比	4.6	4.9	5.0	5.6	5.8	6.1	6.0	6.7	7.1	7.5	7.7	7.9	8.3	8.4	8.9	8.9	9.2	9.5
公債費	1,727	1,735	1,651	1,579	1,588	1,608	1,678	1,697	1,715	1,714	1,776	1,799	1,812	1,855	1,881	1,882	1,879	1,884
構成比	14.7	15.0	14.7	14.1	14.0	14.2	13.9	14.7	15.1	15.1	15.3	15.2	14.9	14.9	15.6	15.1	15.0	15.1
災害復旧費	91	90	83	37	37	34	10	27	56	77	39	40	14	85	85	85	85	85
構成比	0.8	0.8	0.7	0.3	0.3	0.3	0.1	0.3	0.5	0.7	0.3	0.3	0.1	0.7	0.7	0.7	0.7	0.7
投資的経費	2,771	2,577	2,278	2,186	2,106	2,025	1,921	1,734	1,628	1,688	1,912	1,705	1,541	1,698	1,900	1,778	1,752	1,694
構成比	23.7	22.3	20.3	19.5	18.6	17.9	16.0	15.0	14.3	14.8	16.5	14.5	12.7	13.7	15.7	14.2	14.1	13.6
公共・直轄	1,495	1,373	1,195	1,114	1,006	897	892	920	903	935	1,025	879	800	900	842	863	880	881
構成比	12.8	11.9	10.7	9.9	8.9	7.9	7.4	8.0	7.9	8.2	8.8	7.5	6.6	7.3	7.0	6.9	7.1	7.1
単独等	1,276	1,204	1,083	1,072	1,100	1,128	1,029	814	725	753	887	826	741	798	1,058	915	872	813
構成比	10.9	10.4	9.6	9.6	9.7	10.0	8.6	7.0	6.4	6.6	7.7	7.0	6.1	6.4	8.7	7.3	7.0	6.5
その他	2,664	2,683	2,729	2,870	3,002	3,124	3,942	3,580	3,422	3,347	3,398	3,743	4,134	4,117	4,221	4,710	4,722	4,749
構成比	22.8	23.2	24.4	25.6	26.5	27.5	32.7	31.0	30.2	29.5	29.4	31.7	34.0	33.2	34.9	37.8	37.9	38.2
計	11,693	11,553	11,212	11,221	11,324	11,340	12,040	11,541	11,349	11,360	11,574	11,801	12,151	12,409	12,090	12,470	12,459	12,440

※平成27年度は最終予算、平成28年度は当初予算、平成29年度以降は財政の試算
※各年度の決算は、前年度からの繰越を含み、翌年度への繰越を含まない。

図表３　地方行政の財政について　H15～H32年までの推移図

出所：静岡県財政課

率を下げる効果もあり、一概にこれが少ないということが悲観的な要素で満ちているというわけでないということだ。実際、現在の公債費は、過去の投資的経費の借入返済であり、現在の投資抑制は、将来の借金返済額を間違いなく減らすことになり、一時、国民1人あたりの借金額が世界最高水準ともいわれ、長く批判の対象とされてきたこの国の体質が、少なくとも地方行政では次第に取り組みの成果が見えてきたといえなくもない。

しかし、公共が発注する工事量の縮小という事実は変えようがなく、経済成長を促進するインパクトを公共部門がほとんど担っていないということであり、これはデフレに拍車をかける一因ともなる。また、義務的経費は、今を生きる住民へのサービス、投資的経費は将来の住民にもたらされる住民サービスであるという比較について考え、これを家計に例えるならば、極めて歪な財政状態にあると捉えることもできる。なぜなら家庭のなかで、将来のための投資、つまり子どもへの教育や文化活動、趣味や娯楽に使えるお金が、稼ぎの15％程度しかないということだからだ。

いずれにしても、行政の投資的経費は、当分の間、劇的に増加する見通しはなく、都市がこれからも成長を果たそうと動くなら、行政以外の投資財源を独自に用意していく必要が生じるのである。

（五）都市制度の限界

全く明るい話にならない。

地方都市は、若い世代を失い、のしかかる税や社会保障は年々増加し、将来への投資も萎んでいく一方だ。人口と財政と投資、この角度で都市を眺めると、これからしばらくはこの悪循環社会を生きるという面ばかりがクローズアップされ、まるで未来が萎縮してしまうようだ。多くの地方自治体は、財政の中期見通しを作成しているが、この議論になると一層深刻な事態に直面する。

毎年2月になると来年度予算を審議するために議会が招集されるが、そこで、来年度予算は赤字です、という説明を受けるのだ。今年度の場合は、３８８億円の財源不足という説明がなされた。この赤字を埋めるため、実際には、前年度の契約差金や不要額を繰り越したり、貯金にあたる基金の活用等の財政テクニックが用いられているが、これが使えなくなったとき、つまり、貯金や前年度使わずに済んだお金で今期の赤字を埋めるという手法が通用しないほど、財政が悪化してしまうと、地方都市は破綻の入り口に立つのである。

私たちは、この悪循環を直視することから逃れることはできないが、これからの都市の発展を期すためには、もっと別の視点を用意しなくてはならない。行政経営という視点では、もう新しい制度やサービスを、劇的に用意することはできない。増税は再び延期されたが、次回の消費増税は、子育て支援等の財源確保ともされている。新しいサービスは新たな税源によって賄うという事態となった証左である。

この都市制度は、これからも間違いなく、現状対応型の所得の分配を約束するが、そこが限界となるだろう。この行政制度を超えて都市の成長を促すためには、新たな行政の枠組みが必要であり、公共投資への民間参入や、成長する近隣諸国の消費を取り込む工夫と挑戦が必要である。

その新しい都市は、人口バランスを可能な限り保ち、新たな技術を採用する冒険心に溢れ、旺盛な投資意欲に満ち、産業、教育、金融、行政、そして地域が強い絆で結ばれていなければならない。私たちは今、地方創生という人口問題への挑戦、これから成長するであろう産業が、新たな技術開発で製品化に成功しつつある事実、そして環太平洋経済連携協定（ＴＰＰ）によって開かれる遥かな市場の可能性に、その活路を見出すという、この大きな時代の転換期にあることを共有しなくてはならないのだ。

二、都市制度を巡る論争

（一）地方分権は成功したか

地方分権改革は、平成26年から新たなステージに入ったとされる。

新たな取り組みは、「提案募集方式」といわれるもので、文字通り、規制緩和や事務・権限移譲について、これからは、地方からの提案によって国で議論し、全国的な分権事項となり得るかを判断することとなり、地方から国への提案という意思伝達の方向性は、地方創生における政策的事業の地方提案を採択するスタイルと同じである。

提案募集方式が、全国一律での分権について判断されるのに対して、「手挙げ方式」も同時に導入されており、この方式はそれぞれの地域の特性に応じ、都度必要な権限と規制緩和を、他地域への汎用性を問わず採択され得る可能性がある分、今後の地方分権が、より分かりやすく、住民が求めるものと合致しやすい分野で進められる可能性が高い。

そもそも地方分権の起点は、平成5年の衆参両院による「地方分権の推進に関する決議」であるとされ、以来、第1次、第2次の改革が進められて今日に至っており、その歩みはすでに20年を経ている。地方分権改革の旗手となってきた「地方分権改革有識者会議」が、平成26年にまとめた「総括と展望」によれば、「地方分権改革は、1日にして成るような性格のものではなく、段階を追って積み上げていく、息の長い取組であることが改めて実感される」と述べており、地方分権という政治課題は、いまだ道半ばである。

さて、我が国が最初に憲法を制定したのは、明治初期であった。圧倒的な火力を背景に開国を迫られた末に大政奉還がなされ、新政府を担った当時の雄藩出身者こそ、我が国沿岸部で幕末に警備と先進諸国との衝突に見舞われた体験を経ており、勢い、江戸時代には実現していたとされる独立地方のあり方をにわかに見直し、中央集権によって富国強兵を目指し、立憲国家たる近代の国づくりが行われたのも、無理からぬ歴史であったろうと思う。そして、我が国では、この中央集権型の法治国家の体制が、昭和の高度成長とその後のバブルの崩壊まで、ほとんど変更されることはなかったのである。国民生活のありとあらゆる事項が、国の法律によって定められ、そのおびただしい数の法律のなかの、さらに条文について、一体どの事項なら地方に委ねても支障がないのか、これを探す作業こそが、今日までの地方分権改革であった。

さらに追記するなら、平成5年の決議から始まった第一次分権改革では、国と地方との関係を上下関係から対等関係にするというところがそのスタートであり、第二に国の下部機関として処理にあたってきた国の地方版事務を、その後は地方が自らの事務仕事としてとらえるという発想の転換へと続く。第1次安倍内閣が再び取り組みを始めた第2次改革期では、主として地方への規制緩和と事務・権限の移譲が進められ、それは事務の数量的な把握と数値目標の管理が徹底されていた。この第2次までの改革によって、有識者会議は、全国のいずれの地方自治体においても、取扱いが可能な事務の移譲がおおむね完了したと公表したのである。

そして、これから迎える地方分権の具体的ビジョンは、「住民が享受できる豊かさを実現する」ことであり、これは政策の進捗に合わせ、随時、評価の可視化と数値管理が設定されるべきであろう。有識者会議は、「東京一極集中の是正も進んでいるとは言い難い。我が国は、20年前と比較して今なお厳しい課題を抱えている」ことも指摘している。今後は、これまでの分権改革で反省されたような、分権の目指すものが何かが分からない、効果がどう発揮されるのかへの期待を生み出していないという分かりにくさを解決し、

内閣		主な経緯	
宮澤内閣（H3. 11～H5. 8）	H5. 6	地方分権の推進に関する決議（衆参両院）	第一次分権改革
細川内閣（H5. 8～H6. 4）	H5. 10	臨時行政改革推進審議会（第３次行革審）最終答申	
	H6. 2	今後における行政改革の推進方策について（閣議決定）	
羽田内閣（H6. 4～H6. 6）	H6. 5	行政改革推進本部地方分権部会発足	
村山内閣（H6. 6～H8. 1）	H6. 9	地方分権の推進に関する意見書（地方六団体）	
	H6. 12	地方分権の推進に関する大綱方針（閣議決定）	
	H7. 5	地方分権推進法成立	
	H7. 7	地方分権推進委員会発足（委員長：諸井虔）（→H13. 7 解散） ※H8. 3 中間報告　H8. 12 第１次勧告　H9. 7 第２次勧告　H9. 9 第３次勧告　H9. 10 第４次勧告 H10. 11 第５次勧告　H13. 6 最終報告	
橋本内閣（H8. 1～H10. 7）	H10. 5	地方分権推進計画（閣議決定）	
小渕内閣（H10. 7～H12. 4）	H11. 7	地方分権一括法成立　⇨　**機関委任事務制度の廃止、国の関与の新しいルールの確立等**	
森内閣（H12. 4～H13. 4）	H13. 7	地方分権改革推進会議発足（議長：西室泰三）（→H16. 7 解散）　※H15. 6 三位一体の改革についての意見	
小泉内閣（H13. 4～H18. 9）	H14～17. 6 17. 11	骨太の方針（閣議決定）（毎年） 政府・与党合意　⇨　**国庫補助負担金改革 税源移譲 地方交付税改革**　**三位一体改革**	
	H18. 6	地方分権の推進に関する意見書（地方六団体）	第二次分権改革
	H18. 7	骨太の方針（閣議決定）	
安部内閣（第１次）（H18. 9～H19. 9）	H18. 12	地方分権改革推進法成立	
	H19. 4	地方分権改革推進委員会発足（委員長：丹羽宇一郎）（→H22. 3 解散） ※H19. 5 地方分権改革推進にあたっての基本的な考え方 H20. 5 第１次勧告　H20. 12 第２次勧告　H21. 10 第３次勧告　H21. 11 第４次勧告	
福田内閣（H19. 9～H20. 9）			
麻生内閣（H20. 9～H21. 9）			
鳩山内閣（H21. 9～H22. 6）	H21. 12	地方分権改革推進計画（閣議決定）	
	H23. 4	第１次一括法、国と地方の協議の場法 等成立	
菅内閣（H22. 6～H23. 9）	H23. 8	第２次一括法成立	
野田内閣（H23. 9～H24. 12）			
安部内閣（第２次）（H24. 12～）	H25. 3	地方分権改革推進本部発足（本部長：内閣総理大臣）	
	H25. 4	地方分権改革有識者会議発足（座長：神野直彦）	
	H25. 6	第３次一括法成立	
	H25. 12	事務・権限の移譲等に関する見直し方針について（閣議決定） （H21. 12～H25. 12）⇨　**義務付け・枠付けの見直し 事務・権限の移譲（国から地方、都道府県から市町村）など**	
	H26. 5	第４次一括法成立	

図表４　地方分権改革のこれまでの経緯

出所：総務省「地方分権改革のこれまでの経緯」P1

第１次地方分権改革

地方分権一括法の概要
（H11.7 成立、H12.4 施行　475 本の法律を一括して改正）等

○　**機関委任事務制度**（知事や市町村長を国の機関と構成して国の事務を処理させる仕組み）**の廃止と事務の再構成**
○　**国の関与の新しいルールの創設**（国の関与の法定化等）
○　**権限移譲**　例：農地転用（２～４ ha）の許可権限（国→都道府県）

第２次地方分権改革

項目	成果
地方に対する規制緩和（義務付け・枠付けの見直し）	見直すべきとされた 1,316 条項に対し、975 条項を見直し（74%）※
国から地方への事務・権限の移譲等	検討対象とされた 96 事項に対し、66 事項を見直し（69%）※
都道府県から市町村への事務・権限の移譲等	検討対象とされた 169 事項に対し、113 事項を見直し（67%）※
国と地方の協議の場の法制化	国と地方の協議の場に関する法律の成立（H23.4）

※第１次一括法から第４次一括法等により対処

図表５　地方分権改革のこれまでの成果

出所：総務省「地方分権改革のこれまでの経緯」P2

もって東京一極集中の是正と地域の自立の促進、そして、何よりも「この街らしさ」を住民に加えて、地域に存在するあらゆる社会的主体にその利益を約束させるものとして確立させるべきである。その際、国と地方の税財源の配分を役割分担に見合った形で見直すと同時に、手挙げ方式にも同様に自主財源を保障する制度を確立しなくてはなるまい。

地方分権が本来果たそうとする政治目標は、多様化し増幅する行政ニーズの大方を地方が担い切ることで、国が本来果たすべき外交や防衛等の役割に重心を置くことであり、もって激変する国際社会における新たな課題に的確に応え、国益を損なわない、足腰の強い国家づくりの体制を整えることである。

地方分権は成功したか、それは、地方の政策力、提案力によって、今後判断されることになる。

(二) 市町村合併とは何だったのか

地方分権の受け皿という一つの側面を有して進められたのが、平成の大合併だった。平成11年3月末の時点で3232あった市町村が、平成22年には1727へ、10年余りの間に1505の自治体が合併によって減少した。率にして46・6%の減少である（図表6）。昭和の戦後直後には9800を超える自治体数であったことを考えると、一つの自治体の人口、財政力、そして処理権限ともに、拡大と高度化が進んできたということだ。

そして、平成の大合併にはもう一つの意味があった。人口構造の変化である。高齢者が急増して働き手が減少する。行政に求められるサービスは益々多岐にわたり、小さいままの自治体では、そのニーズに応えることも、人材を確保することも、そして自治体の事務能力の向上にとっても、合併後の自治体の規模の大小に関わらず、スケールメリットを享受することが優先された。そして、合併特例債によって合併記念ともい

平成11年3月31日
3232
▲1505 →
平成22年3月31日
1727

	S28.9.30	S37.1.1	H11.3.31	H22.3.31
市 町 村 数	9,895	3,466	3,232	1,727
人口1万人未満	—	—	1,537	457
平均人口（人）	7,864	24,555	36,387	69,067
平均面積（㎢）	37.5	106.9	114.8	215.4

	合併件数（合併関係団体数）	H11.4.1以降の減少団体数
旧法下 H11.4.1～	581（1,991）	1,410
新法下 H17.4.1～H22.3.31	61（156）	95
計	642（2,147）	1,505

図表６　「平成の合併」による市町村数の変化

出所：総務省「平成の合併による市町村数の変化」（平成22年３月31日）

うべき、それまでの懸案事項に着手するという意欲が掻き立てられて、平成の大合併は進んだのである。静岡県の合併も、同時期に74市町村から35市町へと再編され、52・7％の減少率で、15あった1万人未満の自治体は3となった。さらに本県では、静岡市と浜松市の2つが政令指定都市となっている（図表7）。

私は静岡市の出身であり、合併署名による住民発議から始まったこの当時は、私が市議会議員に初当選した時期であり、合併協議会の設置から協議への参画、旧清水市の市議の方々との連日にわたる意見交換等、今でもつぶさに振り返ることができる。47万市民と23万市民との自治体合併は、前述したような合併の目的に加えて、政令指定都市という最高権限の獲得というプレミアムも判断材料となり、さらに特例債を活用してゴミ処理問題や水源確保の問題等も具体的なプランとして提示され、両議会とも大方の賛同を経て比較的速やかに、そして穏便に合併が実現された。

そして、その合併、政令指定都市の実現から既に10年以上が経過した。その後も市域は拡大され続け、合併時に作成した新市建設計画は着実に実行に移されてきたが、唯一、旧静岡・清水の中間にあって、合併記念の目玉ともいえる位置付けであった東静岡地区の開発だけが、昨年まで放置され続けてきた。川勝県知事の提唱によって、このエリアの街づくりについての会議が招集されるまで、周辺地域では思いつくままの企業開発が進み、政令市の中心たる新都心としては、なお寂しい限りである。この地区の形成に思いのほか時間を要したのは、我が街の慎重さであったか、長引く経済低迷と無駄な箱物への沸き上がる批判とで議論の口火すら切ることができなかったのか。いずれにしても、北の市有地2７００㎡、南の県有地2万4３００㎡の開発ともなれば、そしてそのエリアが新設の駅を囲み合併の象徴とも位置付けられた聖地であったことからも、その投資規模は数１００億とも予想され、その結果、合併から10年の歳月を経てもなお、そのデザインが出来上がっていないのである。

県内市町村数

平成15年3月31日

74市町村（２１市４９町４村）

⇩

平成22年3月23日

35市町（２３市１２町）

	[H15. 3. 31]	[H18. 3. 31]	[H22. 3. 23]
政令市	０	１	２
中核市	２	１	０
特例市	３	２	２
一般市	１６	１９	１９
町	４９	１９	１２
村	４	０	０
合　計	７４	４２	３５

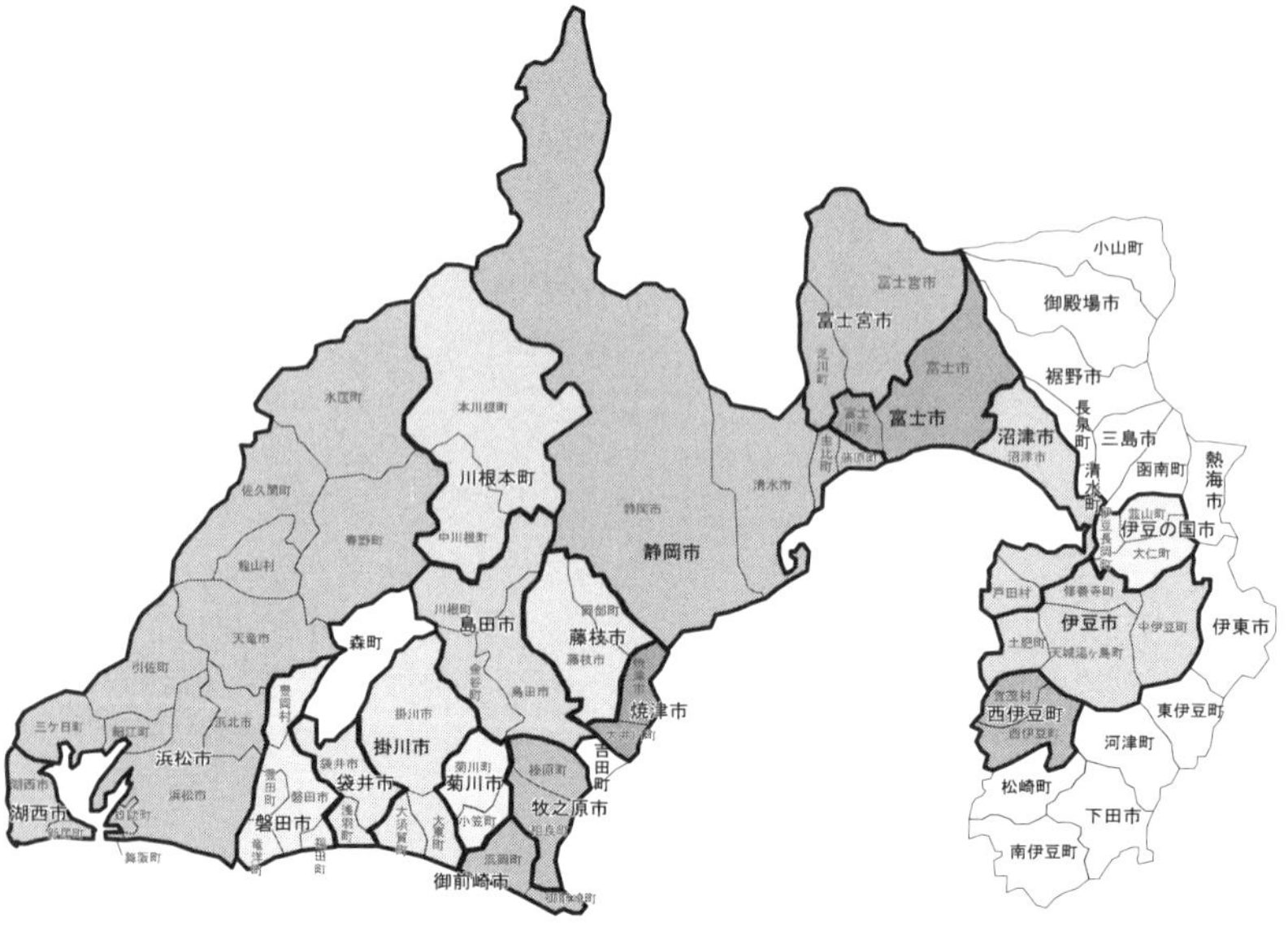

図表７　静岡県の平成の大合併（平成22年３月23日）

出所：静岡県「県内市町村合併の状況」

地方分権、地方創生という、今や国家のあり方を左右するほどに大きな課題となった地方の都市づくりは、こうした大規模な事業実現にも、知恵と勇気、そしてこれを裏付けるに足るマーケティングとブランディングを企画する政策力を培って、担い切るということが条件なのではないだろうか。

(三) 首都機能移転は進むか

地方創生とは何か。

この政策を強力に後押しした研究結果が、消滅可能性都市、という発表であった。地方から若い女性がいなくなり、２０３０年には都市としての機能を発揮するのに必要な新生児が不足するという論文で、政府は、東京都に暮らす女性の合計特殊出生率を改めて見直すこととなった。地方に比べて極端に低い東京の出生率。まるで日本の中央集権体制がもはや末期に差し掛かったと言っても過言ではないだろう。東京に若者が集まれば集まるほど、日本の人口は減る。首都が人を集めると国の人口が減る。これほどの政策ミスがあり得るだろうか。

地方創生は、規制緩和と特区の指定、そして国の交付金を誘導策に、事業や経済的取り組みに子育て等の福祉をも政策パッケージに載せることを本旨としているが、その制度的なアプローチの方法は、極めて分かりにくい。しかし一つだけはっきりさせておきたいのは、地方創生とは、東京にあって地方にないものを、東京から思い切って地方へと分散配置する行為に他ならない。そうでなければ、東京へ集まる青年層のブレーキを踏むことにはならないからだ。東京が手放すべき機能とは何か。首都機能とは何か。そしてこの議論も、実は地方分権改革が開始された90年代に、本格的な国会での議論が始まるのである。

学会等では、昭和30年代から遷都や分都論が発表されていたが、国会両院で「国会等の移転に関する決議」がなされたのは平成2年のことだ。それから10年後の平成11年、既に国会等の移転に関する法律の成立、施行を受けて、国会等移転審議会が答申をまとめ、国会における特別委員会から中間報告等を経て、今日を迎えようとしていた。平成4年に制定され阪神・淡路大震災後に一部の改訂がなされた国会等の移転に関する法律は、その前文において、東京一極集中による弊害と地方の過疎化と経済停滞、文化の画一化等が問題視され、大規模災害への対策としても、世界都市東京の経済と政治的中枢との分離の必要性が述べられ、もって、「国会等の東京圏外への移転の具体化について積極的に検討を進める」ことが定められた。

さて、我が国の首都、歴史的に言い換えれば、政治的決定の中心は、時代の転換期において、度々移転されてきている。奈良時代には、律令体制の動揺のために平城京から平安京へ、平安時代後期には、政治の中心が武家に変わったことを受けて鎌倉へと移り、室町時代に再び京都を首都としながらも、江戸時代からは事実上政治の中心が東京におかれ、明治維新において名実ともに首都東京が誕生している。

平成に入り21世紀を迎えた今日は、こうした歴史的転換ともいうべき分岐点に立っているであろうか。審議会が公表した報告書には国会等の移転先候補地も、具体的に列記されている。しかしながら、やはりこの10年間は、報告書通りには事は進んでいない。失われた20年とは、この間の景気・経済を評価する際によく使われる表現だが、文字通り、地方分権における分かりにくさ、合併後の都市づくりの停滞、そして首都機能移転問題の棚上げ等、まさに政治的にも失われていたのかもしれない。

第2次安倍政権に至り、このほど、「政府関係機関移転方針」が示され、地方創生の一環としても、中央省庁、国の研究・研修機関等を地方へと移転する具体的プランが決定された。3年目を迎える安倍政権は、まずデフレ脱却と経済再生のために、アベノミクス3本の矢を発動し、一定の貨幣量を市場に供給してから、その投資的効果を地方都市において新たな取引や開発へと繋げるために、地方創生という政策を打ったが、画期的な取り組みは、この国の機関の移転こそ、最大の改革であろう。

東京に集中した富と叡知を、たとえその一部とはいえ、短期間で地方へと再配置することは、まさに地方都市の政策力を高め、未だ触れたことのない高度な思想や研究に触れる機会を創出する。首都機能とまでは叶わずとも、研究機関の地方への排出は、必ず地方における新たな人材の蓄積とこれに付随する企業の動きを伴う。失われた20年を経て、機は熟そうとしている。

(四) 県都構想を掲げる川勝知事の狙い

平成27年5月、川勝平太静岡県知事が、突如県都構想を打ち上げた。いや、突如というしかない印象を強烈に与えた。時期を同じくして、大阪維新の会を中心とする大阪都構想が、住民投票によって否決されたばかりだ。恐らく多くの県民の方々が、その唐突さを感じたに違いない。そして私は、大阪都構想の影響を受け、何ら思想的、政策的準備もなく県都構想を打ち出したとさえ、瞬間的には感じたものだ。

しかし、その後の川勝知事の県都構想への動きは加速していく。知事はまず、県内2つの政令指定都市の今後のあるべき姿にも言及した。指定都市市長会は、従前より今後の政令指定都市の目指すべき姿として、県庁からのあらゆる政治的関与を排除して、完全なる二重行政の解消を目指す「特別自治市」構想を提唱してきたが、知事は、この特別自治市に相応しいのは、県内では浜松市だけだとして、人口70万人を間もなく下回ることが予想される静岡市については、特別自治市を担うには荷が重過ぎるとして、政令指定都市を返上して、県が直接行政を担い、住民に身近な行政は新たに設置する特別区が行うとする、県都構想の具体化を提案したのである。そして、知事は静岡市内で広聴会を実施、県都構想について市民に向けた情報を発信、さらに同年7月には全国知事会の場でこの構想を披露、10月には関東知事会の同意を得て、国に法改正の検討を申し入れたのである。つまり、人口２００万人以上の大都市圏に認められている特別区の設置要件について、県庁所在地においてはこれを認め、特別区の設置について、法の改正を働きかけたのである。もちろん知事は、県全域の今後の行政の効率化をも提唱し、県内を5地域に分割して、地域ごとの広域行政の推進も同時に具体化しようと、県内で最も広域行政の必要性が高い地域、伊豆半島において、新たに専属の副知事を置くなど、着々と歩みを進めている。

果たして知事は、大阪都構想に刺激を得てからの動きだったのだろうか。次第に私の疑問は大きくなり、知事がこれまでに発行した書籍について、丹念に紐解くことにしたのだが、知事の狙い、あるいは構想というものは、ここで述べてきたような地方分権、首都機能移転等の行政区分の議論をも踏まえ、遥かに歴史的な政策の系譜を有していた。国会等移転審議会は、新首都の移転先の一つに栃木県那須野が原を挙げていたが、知事はこの新首都を前提として、国土を4つの州に分割するという道州制の導入を提唱、その州は先進国並みの経済力を有するべきであり、全国を30万人程度の人口で再度編成するのが、住民自治の達成に相応しいという独自の考えを展開し、もって我が国の歴史における首都の位置と文化とを結びつけ、東京からの遷都による世界的な文化の発信を可能とする新たな時代、ポスト東京時代を実現するという構想であった。

首都機能移転問題が、現時点では政府機関等の地方移転という動きである以上、遷都可能な時代にはいまだ到達していないが、この歪な人口構造と東京一極集中という人の流れに対しては、確かにインパクトのある提言であり、地方分権論議においてしばしばテーマとなる、国、県、市の重複行政、特に県と市の二重行政問題については、新たな視点で見つめ直す契機となり得る。しかし、その重複による無駄の解消のあり方としては、あくまでも市単位の行政に委ねるべきであり、より大きな行政府による直接行政へと舵を切るならば、それは地方分権論議の敗北ではないだろうか。

（五）大阪都構想とは何だったのか

大阪都構想が一時的ではあるにせよ、全国の耳目を集めた一つの政治的挑戦となり得たのは、大阪府知事から大阪市長へと転身し、地方自治体の長でありながら、国会議員の輩出をも仕掛けた橋下徹氏のカリスマ性によるところが決して小さくはないだろう。結果として、平成27年5月の住民投票で、大阪都構想は実現しなかったが、果たしてこの構想とは一体何だったのか。橋下氏は、住民投票で実現不可能となるや政治家としての使命に自ら終止符を打つことを表明した。大阪維新の会は、今や国会を舞台とした活動を主としているように見えるが、橋下氏が、彼の政治基盤である政治団体に維新という名を付したのも、都の設置という、首都・東京に匹敵する都への展望があったことと無縁ではないだろう。

その住民投票の対象となったのは、大阪市における「特別区設置協定書」の賛否であったが、橋下大阪市長は、その冒頭において、二重行政を指摘している。知事と市長の双方を経験したものとして、市が医療、福祉、教育等、住民に身近な問題を解決することに加え、鉄道や高速道路等、近隣の市域にも影響を及ぼすであろう広域的な業務もこなしており、これが知事の仕事と重なっていると指摘、この重複を省き、ここから生じる予算を、市がこなす身近な行政の充実に充てるべきだとしている。さらに続いて、大阪市戦略の必要性を、東京都の長期的な都心構築の戦略性との比較から説得を試み、市と府との縄張り意識の払拭にも触れている。大阪市という人口270万人を抱える大都市の将来を構想するには、市が市内だけを見るには視野が狭すぎ、府が市域外の仕事に従事するのでは、大阪都市圏全域のビジョンを描き切れないとして、府市双方の役所を一から作り直そうという挑戦であった。

さて、この挑戦はこれからの地方行政の枠組みにどのような影響を残しただろうか。住民投票の結果否決になったとはいえ、その住民投票の出口調査による内訳を見ると、70代以外の全ての年代において実は賛成票の方が上回っており、しかもその票差は反対70万５５００票に対し、賛成69万４８００票と極めて僅差であって、見方によっては、現大阪市が高齢者に特別給付していた各種特典について、都実現後も継続することをもっと丁寧に説得できたならば、結果は反転していたかもしれない。もちろん、投票行動に再挑戦はあり得ないものだが、次世代にとって都市制度への変革意識は高く、今後の都市制度を巡る論争においては、新しい意義と視点をもたらすものといえよう。

大阪市の現役世代市民の大半以上を変革へと駆り立てたものは何かといえば、京都府と並んで明治維新以来、他県とは区別されてきた府としての誇り、東京は行政の中心、京都は天皇のお住まいになられているところ、そして大阪は我が国経済の中心とされてきた歴史に対する挑戦でもあったのではないか。今や、東京は行政に限らず、経済、文化、情報の中心として肥大化して、それこそが新たな国家的課題となる中、大阪都構想には、東京と比べて将来ビジョンさえも比肩できないというジレンマの現れでもあったろう。こうした意識は、今や大阪に限らず、地方における経済政策の恩恵の薄さとも連動して、やがて新しい制度改革の機運へとつながっていくのではないだろうか。

（六）政令指定都市は万能か

さて、現行制度における基礎自治体の最高権限を有する都市は政令指定都市であり、全国で20を数えるが、果たしてその都市機能は万能か。政令指定都市は県と同等の権限を持つとされ、医療、福祉、教育、道路、自治会組織や都市計画に至るまで、今や県にお伺いを立てる必要はない。県が市域において関与するのは、県が管理する海岸や河川の保全と維持管理、警察による治安維持、そして山間地等危険区域の治山政策が主となり、街づくりにおいては、県有地をどう活用するかに止まるのが原則である。

私は、市議として10年、県議として5年の議員活動を経てきたが、県議として感じるようになったことは、政令指定都市とは、あくまでも行政権限を著す行政用語に過ぎず、都市としての集客性、近隣市町との連続性、文化や情報等の創造性を必ずしも保障する制度ではない、ということだ。つまり、都市としての魅力、人々が集う都としての賑わいを創出する際には、市の権限範囲を超えた政策の発想が必要であり、そのための情報蓄積と戦略性が備わっていなくてはならない。平成の大合併以来、政令市の人口要件を緩和してきたことが、むしろ政令市の制度と街並みや賑わいとの乖離を大きくしたのではないか、と感じているのだ。

そして、もう一つの問題は、政令指定都市は県との競争にも晒《さら》されているという実態である。前項の大阪都構想ではないが、県と市は、適応する圏域は別でありながら、同様の政策を実施している。最も分かりやすい例を挙げれば、企業誘致だが、ここでは県と市の競合が如実に現れる。当然だが、県と市とでは財政の規模が異なる。企業にとってのインセンティブも、県と市とでは、たとえ同じ補助メニューを用意したとしても、その財政に与える負荷は異なるし、そもそも政令市は県内の他市町と比べて地価も人件費も高いのが一般的で、県が政令指定都市以外に重厚なインセンティブを用意すれば、その都市と政令市とは必然的に企業の取り合いとなって、政令指定都市側は不利な条件となりその競争に勝つことはできない。こうしたことが、福祉施設の整備においても、少子化対策のための施設整備においても生じていると感じざるを得ない。重複する県市行政の無駄という側面もある一方、二重行政の弊害は、こうした面においても指摘しておかなくてはならない。

そして、政令指定都市制度ほど、20の政令指定都市同士で格差が大きい制度はない。静岡市は政令市のなかで最小人口の70万人であるのに対し、最大の横浜市は370万人を超え、その差は5倍を超えている（図表8）。当然、市の予算規模もこれに倣い、その予算規模のなかで同じ権限をこなそうというのである。さらに付け加えれば、静岡市は、山梨県と隣接するまでの南アルプスを含む市域を有しており、一級河川の安倍川は上流から河口部までが市域のなかに存在する。最小人口、最小予算で、最大規模の行政圏域を有しているのである。

政令指定都市制度は、確かにその権限においては最高レベルのものではあるが、同制度に置かれた都市間の格差は甚だしい。同一制度で地方都市が競争するという側面から捉えるならば、およそ同じ土俵での競争が可能であるとはいえない。こうした不利な環境を乗り越えて、人々を集約する力を養うために、これからどのような制度を描くべきだろうか。現行制度の延長線上にさらなる発展、つまり、人口減少と転出を食い止め、若年層の望む仕事と魅力とを用意し、近隣市町の憧れを呼ぶ都市へと変貌を遂げるために、最短で、最適な制度は、知事の提唱した県都構想なのか、あるいはさらなる長期的展望を見据えた道州制における州都を目指す歩みなのか、近隣にある都市との広域行政、またはさらなる合併による規模拡大なのか、いずれにしても、時代は、成長する産業分野を変えつつあり、ＴＰＰ等の国際市場への挑戦、人口減少に伴う地方行政自らの財源確保を必要としており、早急な次への戦略が必要なはずである。

1　施行日及び指定時人口

（単位：千人）

人口要件（運用）		都市名	施行日	指定時人口
一〇〇万以上（※）	①	大阪市	S31.9.1	2,547
	②	名古屋市	S31.9.1	1,337
	③	京都市	S31.9.1	1,204
	④	横浜市	S31.9.1	1,144
	⑤	神戸市	S31.9.1	979
	⑥	北九州市	S38.4.1	1,042
	⑦	札幌市	S47.4.1	1,010
	⑧	川崎市	S47.4.1	973
	⑨	福岡市	S47.4.1	853
	⑩	広島市	S55.4.1	853
	⑪	仙台市	H1.4.1	857
	⑫	千葉市	H4.4.1	829
	⑬	さいたま市	H15.4.1	1,024
七〇万以上	⑭	静岡市	H17.4.1	707
	⑮	堺市	H18.4.1	830
	⑯	新潟市	H19.4.1	814
	⑰	浜松市	H19.4.1	804
	⑱	岡山市	H21.4.1	696
	⑲	相模原市	H22.4.1	702
	⑳	熊本市	H24.4.1	734

※指定時の人口が100万人以上又は将来100万人以上になることが見込まれる場合を含む。

2　人口（H27国調速報値）

（単位：人）

順位	都市名	人口
1	横浜市	3,726,167
2	大阪市	2,691,742
3	名古屋市	2,296,014
4	札幌市	1,953,784
5	福岡市	1,538,510
6	神戸市	1,537,860
7	川崎市	1,475,300
8	京都市	1,474,570
9	さいたま市	1,264,253
10	広島市	1,194,507
11	仙台市	1,082,185
12	千葉市	972,639
13	北九州市	961,815
14	堺市	839,891
15	新潟市	810,514
16	浜松市	798,252
17	熊本市	741,115
18	相模原市	720,914
19	岡山市	719,584
20	静岡市	705,238

(10)	静岡県	3,701,181

（　）内は都道府県別順位

3　面積（H26.10.1）

（単位：㎢）

順位	都市名	面積
1	浜松市	1,558.06
2	静岡市	1,411.90
3	札幌市	1,121.26
4	広島市	906.53
5	京都市	827.83
6	岡山市	789.96
7	仙台市	786.30
8	新潟市	726.45
9	神戸市	557.02
10	北九州市	491.95
11	横浜市	437.49
12	熊本市	390.32
13	福岡市	343.38
14	相模原市	328.66
15	名古屋市	326.44
16	千葉市	271.76
17	大阪市	225.21
18	さいたま市	217.43
19	堺市	149.81
20	川崎市	143.00

(13)	静岡県	7,778.70

4　予算総額（H28一般会計）

（単位：億円）

順位	都市名	予算総額
1	大阪市	16,509
2	横浜市	15,143
3	名古屋市	10,856
4	札幌市	9,366
5	福岡市	7,845
6	京都市	7,277
7	神戸市	7,273
8	川崎市	6,375
9	広島市	5,990
10	北九州市	5,515
11	仙台市	5,067
12	さいたま市	4,689
13	千葉市	4,004
14	堺市	3,856
15	新潟市	3,593
16	熊本市	3,028
17	浜松市	2,952
18	岡山市	2,843
19	静岡市	2,822
20	相模原市	2,577

(13)	静岡県	12,409

図表８　政令指定都市の状況

出所：総務省「H22年国勢調査人口確定値」

三、これからの地方行政への期待

（一）人口バランスを保つという責任

これまで見てきたように、地方行政は、今、大きな転換期に立っていることを自覚するべきである。地方行政の総合計画等を見れば、いずれも新しい時代に備えることの必要性が述べられ、都市経営という表現も決して珍しくはない。しかし、これを本気で推進していくための体制整備、財源手当は、決して進んではいないのではないかと、私は感じている。前述してきたように、これからの地方分権も地方創生も、地方自らのアイデアによって動く時代に入り、東京に集中している政府系機関等の地方移転も始まろうとしている。さらに、東京の企業が、地方へと本社を移転する際には、時限的措置とはいえ、今年度から向こう3年間は、地方が企業誘致のインセンティブとして税金の減免等をした場合、国がこれを交付金措置するという不均一課税が適用される。地方創生の背景にある、人口の東京一極集中という問題は、国のこれほどの取り組みを見る限り、やはり最大の国家的課題であり、政府の力の入れ具合には常ならぬ本気さを感じる。折しも、国では、これから本格的な憲法改正論議も始まろうとしており、今や我が国は、名実ともに時代の大きな曲がり角に立っているのだ。

こうした流れを見る限り、これからの地方行政の役割は想像以上に大きくなるだろう。この責任を果たし切り、持続的な安定成長を維持するための条件とは何か、地方自治体は、自らの街の特性、歴史を踏まえ、早急にその準備に取り掛からなくてはならない。そして、その根本的な条件とは、既にお分かりの通り、他ならぬ人口バランスである。出生率の改善、転出人口の抑制、そして労働力の拡大と生産性の向上、さらに高齢者の健康という問題も含め、人口の増減に関わるあらゆる政策を総がかりにして臨まなくてはならなくなる。静岡県では、総合計画を進めるにあたり、ＰＤＣＡサイクルでの評価を実施し、毎年その評価結果を公表しているが、こと人口については、その総数の増減、転出入の動向、年代別の動きなどを新たな評価の視点も盛り込み、これを数値目標として、指標にするべきであると考える。国家的な課題であり、これだけの政策が動員されているのだ。国勢調査や総務省の調査結果を受け取るだけの姿勢を改革し、将来への投資、現在の福祉の予算を生み出す人口そのものについて、もっと厳しい負荷を地方行政は己に課すべきだと思うのである。

先ほど、東京に暮らす女性の出生率が、著しく低いという指摘をしたが、今後、この数値が改善すると、ますます人口の一極集中は過剰になる。つまり、若者が東京に集まっても日本の人口が減らない、という当たり前の姿が実現したとき、地方は東京から人材を引き戻す、一つの確かな政策的根拠を失うのである。国の、あるいは東京の失策を利用する訳ではないが、遠からず、東京においても出生率の改善は少なからず図られるはずだ。地方が制度を確立する、若者を引き寄せる魅力を高めるために残された時間は、決して多くはないのである。

さて、それでは地方都市にとっての最適な人口バランスとはどのような構造なのだろうか?

図表９・10が示す通り、２０１５年の本県の人口構造は、高齢化率26・８％で過去最高となり、出生率、人口の転出入の動向が現状のままであるとすれば、高齢化率は今後も上昇を続け、２０５０年をピークに39・０％に達することとなる。こうした高齢化による社会保障費への影響については、２０１０年の生産年齢人口から試算すると、同年は２・６人の現役世代によって１人の高齢者を養っている計算になるが、それが２０６０年には、１・３人で１人の高齢者の社会保障を負担することとなり、現役世代一人あたりの負担

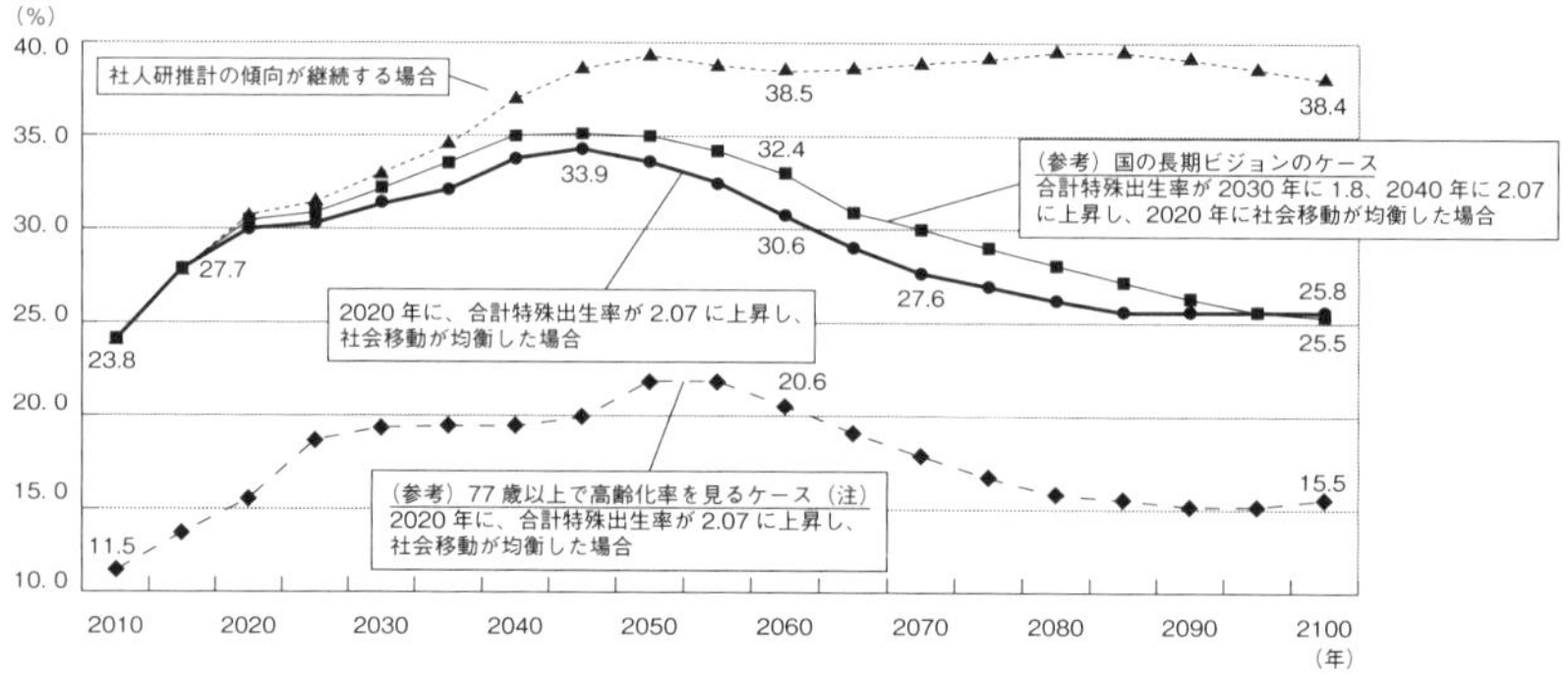

(注) 将来人口は年齢5歳階級ごとに推計しているため、75歳以上人口により比率を算出している。

(各年4月1日現在)			平成18年	平成26年	平成27年
総人口			3,869,320人	3,792,475人	3,775,243人
高齢者人口 (65歳以上人口)			790,801人	981,071人	1,011,691人
	うち75歳以上人口		361,677人	473,545人	485,098人
	内訳	75 ~ 79歳	162,506人	187,547人	188,871人
		80 ~ 89歳	165,905人	235,522人	242,754人
		90 ~ 99歳	32,507人	48,769人	51,684人
		100歳以上	759人	1,707人	1,789人
高齢化率 (65歳以上)			20.4%	25.9%	26.8%
後期高齢化率 (75歳以上)			9.3%	12.5%	12.8%

図表9 静岡県の高齢化率の長期的な見通し

出所:静岡県高齢者福祉行政の基礎調査

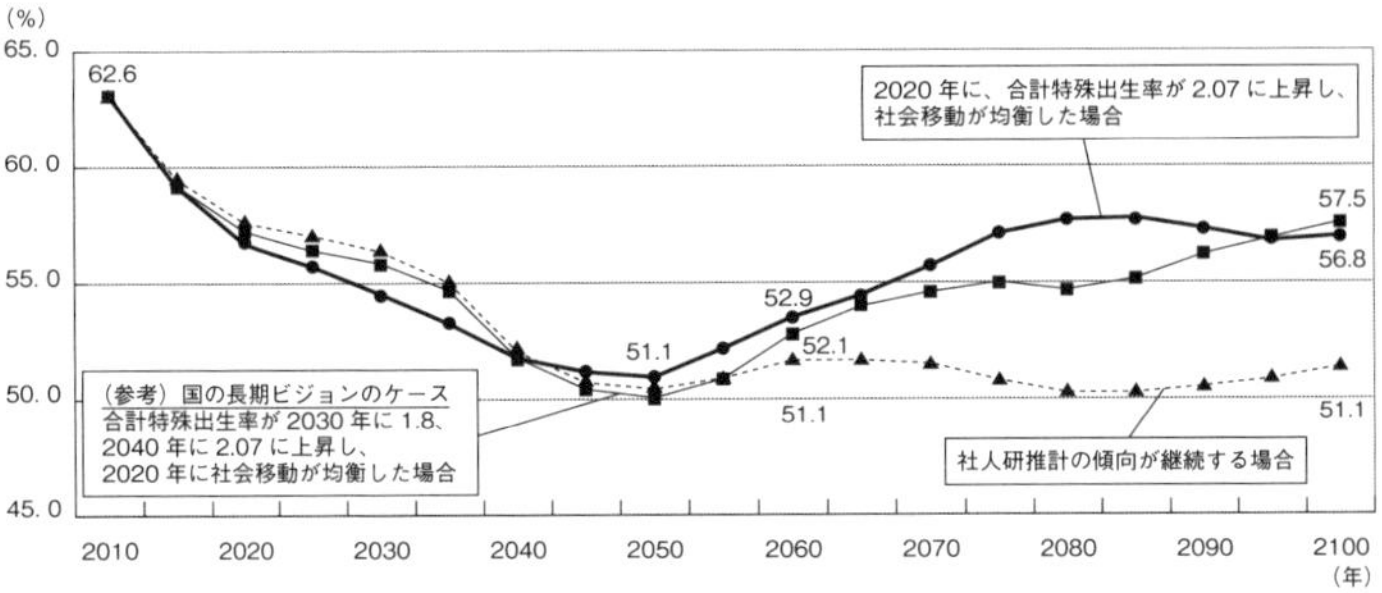

年次	15 ～ 64歳人口 (A)	構成比	65歳以上人口 (B)	構成比	A ／ B
2010年	2,356千人	62.6％	897千人	23.8％	2.6
2060年	1,221千人	51.1％	920千人	38.5％	1.3
増減数	△1,135千人	△11.5pt	23千人	14.7pt	△1.3

図表10　静岡県の就労者数

出所：国立社会保障・人口問題研究所「日本の地域別将来推計人口（平成25年3月推計）」、静岡県独自推計より作成

は2倍になるものと見込まれる。県は、国の地方創生に向けた取り組みを受けて、２０１５年に策定した人口ビジョンにおいて、２０２０年に出生率２・07、さらに転出入の差を０として均衡を図ることを目指しているが、この目標が本当に達成できれば、２０８０年以降には、高齢化率は25％へと落ち着き、現役世代の負担は１・２倍へと軽減されることになる。県が示したこの数値目標は、県議会における審査において、極めて非現実的であるとの指摘がなされたが、この達成に向けたあらゆる努力を推進するためにも、人口増減、人口移動そのものを評価指標として、ＰＤＣＡサイクルを徹底することが重要である。

（二）行政需要はなぜ拡大するのか

地方行政が担うべき分野、提供すべきサービスが伸び続ける最大の理由は、社会総がかりでの医療、福祉、教育、育児という考え方が定着したことである。これらの問題は、わずか20年前なら家庭内での対応が主流であり、事情によっては大きな悩みや経済的負担を抱えながらも、社会全体が責任をもってこれを考えるべきだという風潮は乏しかった。しかし、急激な高齢化、核家族化の進展、労働力の不足と女性の自己実現という新しい潮流が、新しい行政サービスを生じさせ、均一に量産させることとなった。

そもそもは平成12年の介護保険の導入によって、高齢者に対する福祉サービスが家庭から専門家へと移行し、男女共同参画や多文化共生等の思想の普及とも相まって、女性の社会的な活動機会が増え、さらに長期的な経済低迷によって、仕事を求める主婦層を大量に作り出し、パートやアルバイトの待遇改善等も進められてきている。そして現在は、社会的な保育と幼児教育へのニーズが高まり、結婚、出産、育児、小学生の居場所づくり等も行政が担う時代を迎えている。そして、幼年期、学生期への行政サービスが整うに従って、質の平等と量の平等とが図られるに至り、貧困の連鎖や児童虐待等の社会問題にも、より高度な議論と制度設計が進められている。

さらに、阪神淡路大震災以降、中越地震、東日本大震災、熊本地震等の大規模災害への備え、情報化社会の到来による環境整備、地球温暖化による集中豪雨や環境問題まで、技術の進歩や社会の成熟とはまるで反比例して、行政に求められるサービスと新たな制度設計への要求は伸び続けている。私自身は、行政が担うあらゆるサービスが、社会の成熟に伴って、むしろ民間企業や非営利団体の活動によって提供され、これに伴って、国も地方も行政組織そのものは、次第にその規模を縮小することこそが、政治や社会の成長であると信じているが、現実は、まだまだ行政機能は肥大化の一途を辿っている。

そして、膨張する行政へのニーズは、すでに税収や社会保障負担だけでは賄いきれず、行政はこれからもなお行財政改革を強いられることとなり、行政における人件費の抑制、公共事業における価格競争の激化、コスト削減の意識は、いつデフレを誘発する一つの要因となるか分からない状況だ。これを前提とすれば、人々が必要とする生活上のサービスについては、行政以外の主体による新たな財源手当を制度として設計することが、求められているのではないだろうか。

ところで、過度な行政の肥大化を抑制するために、もう一つ大切な視点に触れておきたい。これは政治思想的な捉え方ではあるが、6年前、我々自民党が政権を失ったとき、当時政権を担当することになった民主党のマニフェストには、実に多くの分野で新たな行政サービスが提唱されていた。実際のところ、民主党が政権を担当した3年9ヶ月の間にそれらが実現することはなかったわけだが、ここに自民党と民主党の違い、保守系と革新系の政治的な着想の違いを見ることができる。私たち自民党は、まじめに働いて家族を養う生き方が日本人であると考えるし、多少の課題があっても、家族や地域で助け合い、知恵を出し合って解決を図ろうとする。簡単には行政に求めたりはしないのだ。つまり、自己責任という考え方を、国づくり、人づくりの根底に置こうと心掛けている。ところが、革新系は、国家が国民一人ひとりの生活そのものへの関与をむしろ奨励するような視点に立って政策を打ち出してくるように感じる。高速道路の無料化、高校の無償化等は、その典型的な例であって、これが実現してしまうと、市場経済に委ねて需要と供給の接点において、結果的に生産と消費とのバランスを保つという功利的な社会資源の循環をも崩壊させてしまう。そして、次から次へと行政がその責任を背負い込むという流れを生み出し、結果、行政は肥大化し、大きな政府が誕生してしまう。

繰り返しになるが、保育サービスや地域包括ケアシステムの構築等、新たな行政サービスを生み出すためには、消費税増税等の新たな税源を用意しなくてはならないのが、今の日本の実情である。こうした時代だからこそ、むしろ民間企業の発想を大切に、市場に委ねられるものは極力市場での解決を図るべきであって、行政は本当にサービスを必要としている社会的・経済的弱者への政策に余力を維持しておくべきである。いたずらに行政の肥大化を承認することはできないのである。政治とカネ、閣僚の失言や不祥事等で、これからも時として保守系政権は、国民の信頼を失うことがあるかもしれない。しかし、たとえどのような事態に日本の政治が直面しようとも、私たちは、国に対する個人の責任について、真剣に考え続けなくてはならず、間違っても、国家が個人に何をしてくれるのか、という視点で日本の政治を論じることは、厳に慎むべきなのである。

(三) 人材育成という行政需要

あらゆる社会的ニーズに応えるために、行政以外の主体が公的なサービスの一部を担うということが、いかに大切な発想であるとしても、人材育成だけは、これからの行政がむしろ真剣に力を注ぐべき分野であると思う。新しい知見に出会う喜び、芸術や文化に親しむ楽しみ、壮大な世界の歴史や風習を知り人類の営みを学び、人間社会の成長とは何かに思いを馳せる好奇心、そして、新たな開発によって社会生活の改善に貢献する責任。こうした人物であろうとする個々の姿勢こそが、社会を成熟させていく源である。こうした事業に、これからの行政が多少なりとも予算的余裕をもってあたることができるなら、行政は都市の未来を明るく描き続けることができる。人を惹き付ける都市の魅力とは何か。成熟に向けて成長を続け、人々の知的好奇心に応え続けようとする都市であれば、人々はこの街を捨てようとは思わない。そして、惹き付けるという文字は、若い心と書いている。若い心とは、何かを知ろうとするエネルギーであり、何かを身につけようとする向上心である。このことは、県立大学の岩崎邦彦教授の講演を聞いて出会った発想だが、私が表現したい都市の魅力について、まさに言い当ててくれた着想であったと思う。

さて、保育について指摘しておきたい。保育園の入園を断られたという母親が、ネット上にその不満をぶつけたことが話題になった。幼児期の子育てを議論するとき、我々はしばしば待機児童という捉え方をする。児童という言葉が用いられているものの、その着眼点は母親への支援という面が強い。幼い子どもたちが、母親が働いている最中にどのような過ごし方をすることが、子どもたちの成長や生育にとって大切なのかという議論は、待機児童という言葉からはなかなか連想することができない。幼稚園と保育園の一元化によって、保育園における幼児教育の実践、幼稚園における働く母親への配慮等、双方があらゆる努力を払いながら子育て支援は続けられているが、待機児童の人数による評価に加えて、幼児期の過ごし方についての指標も、もっと大切に、社会的に論じられるべきだと私は感じている。そして、さまざまな経済事情があることは承知しているが、幼児にとっての母親という存在は絶対無二のものであり、働く母親の環境だけではなく、働く母親が子どもと過ごす環境についても、同時に語られるべきではないだろうか。

次に小学生の生活についても考えなくてはならない。とにかく今の小学生は忙しい。週休二日は定着したが、学校以外にも、塾に通い、習い事をこなし、漢字もほとんど書けないような時期から英語を習い、泳げない子どもは恥ずかしいと水泳等はほとんどの子どもたちが短期で講習を受けている。私たちが子どもの頃はこうではなかったのに、と思いながら、我が子の寝顔を見ると、「今日も頑張ったなあ」と親も素直に感じるものの、親としては、褒めてあげたい気持ちと、本当にこんな毎日でいいのだろうかという迷いとが、混ざり合っている。働きながら、子育てもしながらという親たちもまた迷いながら懸命なのだ。こうした現代の親たちの苦悩について、政治は真剣に考えてきただろうか。極めて私的な家庭の問題であり、育児の方針については、決して他者が口を出すべきことではない。しかし、子どもたちの居場所について、私たちが育った時代に、子どもたちに残してあげたいと思っている風景について、行政は、子どもの視点に立って、これを残しながらサービス化してきただろうか。遊びの不足、という視点で政策を練ろうと考えたことがあったろうか。大人たちの仕掛けを極限まで排除して、最大限の自由を彼らに覚えさせようとしてみただろうか。

最後に高等教育について。この問題は、地方都市の人口転出の大きな要因となっているものだ。私は、本当の地方分権は、大学、短大、専修学校等を、国土に均等に配置することによってしか達成されないとさえ思っている。東京一極集中の是正は、大学の東京一極集中の是正と同じ問題である。従って私は、県立であれ、市立であれ、あるいは町立であれ、地方都市は大学を所有するべきだと思う。それは、人材育成の最後の責任を全うするということだからだ。東京で有名になったマンモス大学が、地方への分散に協力すれば、あるいは、その移転や学部の分散配置に協力する大学には、もっと政府や地方行政がインセンティブを用意するべきではないだろうか。流行を生み出すのは、いつの時代でもこの世代だ。地方都市が、情報の発信拠点となって人を惹き付けようと思ったら、若者と結束することだ。だからこそ、地域企業と高等教育機関の連携には、行政がもっと投資をしていくべきだし、青年層の発想や起業について、豊富なチャンスを用意しておきたいものだ。大学を卒業して地元に就職するには、役所か銀行か、の選択では余りにも夢がない。役所も銀行も、活発な経済がそこに存在してこそ、初めて成長できる職種である。

(四) 投資を求める地方経済

地方創生に活用すべき財源はどこにあるのか。私が関係者から耳にしてきたものは3つだ。まず、国の経済対策における補助金や地方創生を目的にした交付金だ。次に金融機関が効果的な融資先を見つけることができずに、銀行内部に置かれたままの預貯金、そして外国人観光客の消費意欲だ。

アベノミクスの効果は、もちろん地方に本社をおく企業にも表れた。いや、収益となって経営が決定的な改善を果たしたかといえば、まだ道半ばであるかもしれない。しかし、確実に多くの日本の中小企業が、次世代を見据えた開発に挑戦し、製品化に成功した。営利法人の95％以上が中小企業といわれる我が国で、次なる段階は、製品化から商品化の実現だ。いかに優れた技術であっても、その多くは、市場で価格による支持を得られるかどうかで、その後社会で活用されるかどうかが決まる。もちろん、市場性に適さなくても、極めて高度で公共性が高いものは、市場を睨んだ商品化以外の方法で活用が検討されるべきで、こうした技術に対する判断指標を地方行政も有しているが、その積極的な活用が今後はますます求められるものと思われる。

さて、中小企業の技術開発、新たな製品開発には、3年ほど前から、経済産業省が地方の中小企業団体中央会を窓口に、アベノミクスの3本目の矢である成長戦略の一環として、いわゆる「ものづくり交付金」を実施してきた。この交付金は全国的に評価が高く、開発後の販路拡大に成功した企業も多いようだ。こうした地方企業の動きが加速してきた背景には、本県においてもそうであるが、数年前から地方行政が独自の経済政策に、より積極的に取り組むようになったことがあるだろう。特に本県では、2014年4月に策定した「経済産業ビジョン」において、これまでの本県の産業構造の継続に危機感を示し、新たに今後成長分野と目される産業分野への支援策をまとめている。その分野には、情報、環境・新エネルギー、医療・福祉、航空・宇宙、ロボット、次世代自動車、ひかり等が紹介されており、こうした分野の企業誘致へのインセンティブは他の産業よりも厚い手当が用意されている。

さらに、農業の分野においては、TPPへの対応も含め、今後は大量生産に適した農作物と、高付加価値化が可能な農作物とに分類され、前者は、農地の集約と農ビジネス体の創立、育成によって、海外市場をも視野に入れたシェアの獲得が戦略化されていく流れであり、後者は、外国人観光客や海外の富裕層をターゲットに販路確立への挑戦が続くであろう。しかし、こうした新たな取り組みには、農地の集約を目的とした土地改良や農業向けの区画整理等が求められると同時に、農業を新たに職業として求める人材育成へも財源が求められ、さらに次世代農業という面では、省力化を目指すロボット開発や、熟練農業者の経験を汎用化させるための数値化等が研究され始め産業化を目指しており、こうした最先端の開発・研究には、産学連携への交付金にも期待が集まっている。

そして、今後の外国人観光客が、２０４０年には８０００万人に増大するともいわれる観光産業については、その受入施設、宿泊施設の充実、外国人へのおもてなしに対する人材育成等、この分野でも新たな投資が必要である。例えば、昨年秋に本県清水港を訪れた中国客船には、約４０００人が乗船、うち約半数が静岡市内に買い物に出掛けたが、実際の消費行動は、大手デパートにおける高級ブランド品や化粧品、量販店におけるドラッグや電気製品に集中しており、その旺盛な消費意欲は、過去の一ヶ月あたりの売上をはるかに上回るものであったとの報告がなされた。しかし、残念であったことは、こうしたインバウンド観光客が、地元産の商品の消費になかなかつながらず、地域経済への景気にさほどの影響を与えていなかったことだ。こうした事例は、静岡市に限らず、恐らく全国の地方都市で起こった現象であったはずで、地方の商店街は、早急に外国人の受入体制をハード、ソフト両面から、緻密に計画しなくてはならないだろう。それは、店舗ごとの外国語標記からガイダンス等のおもてなし体制に加え、駐車場や宿泊施設の充実、免税店としての手続きやクレジットカード決済システムの導入等、魅力向上だけでなく、受入体制の構築という初期段階の準備も必要となる。観光産業を地元企業が実施して、そのチャンスを収益に取り込み、地方経済の活性化の起爆剤とするなら、他の産業と同様に行政や金融からの積極的な投資が実現するであろう。

地方都市における地方創生とは、こうした新産業分野の新たな投資財源を確保することから、実はスタートを切ることとなるが、この財源が、今のところ、漠然としたままで、街としてはっきりとした戦略が描けていないのが実態である。前述したように、地方創生の財源は3つ。国の交付金を獲得するための他都市とは違った特徴ある戦略の立案、金融機関の融資を得られるための経営計画と商品戦略、そして外国人観光客の旺盛な消費意欲の街への取り込み。これらを、いかに行政と関係諸機関とが連携して創りあげていくことができるか、その制度の分かりやすさ、使いやすさ、市場との密接な関係構築等、まだまだ制度設計には課題が多いが、これこそは地方都市の総力戦となる都市間競争となるであろう。

(五) 2025年問題における社会保障

さて話は変わるが、今度は、医療・福祉という分野における地方行政へのニーズについて触れておきたい。日本の人口を増加へと押し上げてきたのは、団塊の世代とその子どもたちの世代である。団塊の世代は現在60代後半から70代へと差し掛かり、その子ども世代は40代となった。政府は、今後の医療のあり方として、医療費抑制の観点から健康寿命の伸長を推進する一方で、入院期間の短縮化、病院と診療所や医院との連携によって施設治療から在宅治療へと転換を図っており、福祉においては、特別養護老人施設の入所条件を介護度3以上とすることを決め、高齢者福祉の分野でも同じく、施設から在宅への流れが間もなく当たり前になっていく。

こうした流れを引き起こしたのは、やはり財源問題と人材不足の問題である。施設整備に係る費用、施設に配置しなくてはならない人材の確保等が、団塊の世代が医療・福祉の需要を大量に発生させる2025年には不足することを前提に、今から在宅における医療、福祉の体制を進めようというのである。しかし、この新たな体制構築においても、施設整備ほどではないにしろ、それ相応の財源が必要となる。地域包括ケアシステムと呼ばれるこの試みは、新たに訪問診療医や訪問看護師を必要とし、さらに、在宅における患者の急変にも備えた体制整備には、情報システムの構築が不可欠となる。この体制構築は、主に地方行政において進められることとなるが、在宅患者の治療計画の作成や治療に必要な医療備品の供給体制、さらには投薬管理なども含め、実際には報酬のあり方も含めた体制構築が必要となるはずで、国からは、目下その報酬体系についての制度改革案は示されていない。このままでは、地域でこれに参加してくれる地域のボランティア人材の経費等も含め、地方行政への負担が懸念されるところである。

加えて、前述した国民負担率の問題もある。２０２５年へ向けた現役世代の国民負担率は、厚生労働省の見込みでは、５・６％まで上昇するとされており、ますます政府や地方自治自体の財政は硬直化する。

以上見てきたように、地方創生という地方への投資喚起という政策の背後には、今後一層拡大する地方行政への需要増がある。人口バランスへの責任、大規模災害への備え、老朽化した社会資源への対応、医療、福祉の財源と人材の確保、そして、新たな産業確立に向けた経済政策……。こうしたあらゆる新しい需要に応えるためには、地方自治体だけがこの財源を背負うことは不可能である。時には金融機関や個人の篤志家による寄付や投資を原資の一部としたり、企業経営の手法を導入したり、そして外国人観光客による資本の流入等、ありとあらゆる財源に視野を拡げて、地方都市の投資財源として効率的な活用を計画しなくてはならない。そのための処方箋を描く、それが、次世代の政治を担うべき我々の責務ではないだろうか。

四、青年の力、都市の可能性、この国の未来

（一）東京一極集中是正の緊急性

地方都市は、今後、これ以上若者を失ってはいけない。その理由は、これまで述べてきた通り、青年は地方経済の担い手であり、充分な労働力を確保して、福祉の財源を生み出さなくてはならないという必要性はすでに触れたが、これに加えて、青年の発想は豊かであり、挑戦心に富み、より新しい情報を求める好奇心に満ちているからだ。だからこそ、青年たちは都心を目指し、自己への投資を模索している。しかし、現実はそう甘くはなく、都心での生活は過剰な経済的負担を課して、自らの生活だけで精一杯という青年層を大量に生み出して、晩婚化と晩産化の要因ともなって、今日我々は、切実な地方創生という課題に直面するに至っている。

こうした背景について、最後に紹介したいのが、平成26年5月にまとめられた、日本創成会議の「ストップ少子化・地方元気戦略」である（図表11）。政府の地方創生政策の背景ともなり、関連事業の青写真を描いている。そのなかで全国に衝撃を与えたのが、ここで述べられた「消滅可能性都市」という概念である。出生率の改善がなされず、地方から東京圏への若者の流入に今後も歯止めがかからないと仮定すると、２０４０年には、地方都市の若い女性、つまり20～39歳にあたる年代の女性が、現在の水準から半減するとされる自治体が、日本全体の49・８％に達するというものだ。この年代の女性は、同会議の提言によれば、人口再生力と位置付けられ、各都市の将来の人口規模に影響するというものだ。さらにこの提言では、都心部で増加する若い女性、地方都市で取り残される若い男性という男女間バランスの歪みについても触れており、

地方からの人口流出がこのまま続くと、人口の「再生産力」を示す「若年女性（20～39歳）」が2040年までに50%以上減少する市町村が896（全体の49.8%）にのぼると推計される。

これらの市町村は、いくら出生率が上がっても将来的には消滅するおそれが高い。

一方で、大都市、特に東京圏は東京近郊を中心に高齢化が一挙に進むことが予想されている。

○今後も人口移動が収束しないとすると、若年女性が50%以上減少する市町村は急増。
※国立社会保障・人口問題研究所（社人研）の推計は、移動率が一定程度に収束することを前提としている。

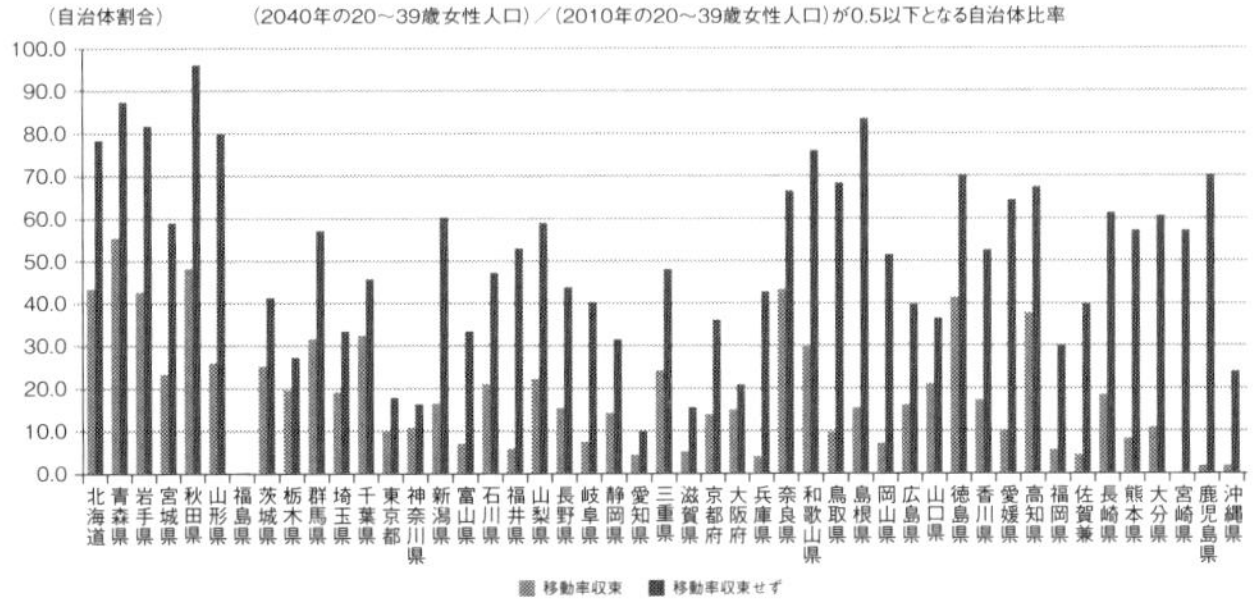

（備考）国立社会保障・人口問題研究所「日本の地域別将来推計人口（平成25年3月推計）」及びその関連データから作成

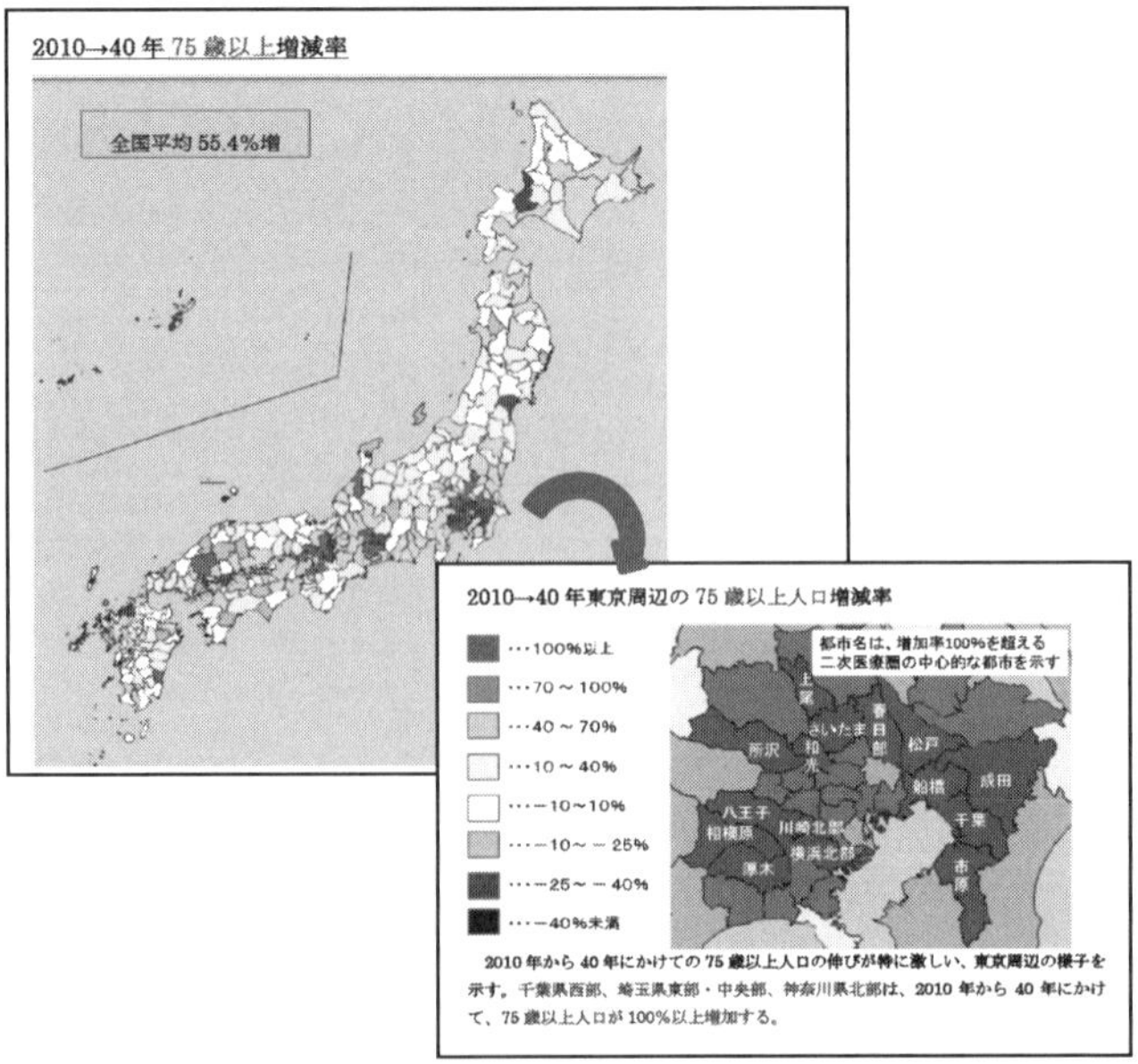

図表11　人口減少の要因

出所：「日本創成会議・人口減少問題検討分科会要約版」P6

東京への若い女性の流出が、ひいては日本の人口減少に拍車をかけ、一層の高齢化と人口減少とを加速度的に進めてしまうと結論づけている。

繰り返しになるが、日本で最も深刻な高齢化に直面するのは、高齢化率においては人口1万人にも満たない地方町部が著しく高いものの、高齢者の人数、必要とされる医療や福祉サービスの量的整備については東京圏であり、東京都の本音を言えば、いかに地方創生が全国的な取り組みへと繋がろうと、東京も1つの地方自治体という実態に照らせば、東京もまた、今後は一層の若い労働力を渇望することになるに違いない。近年、CCRC構想等に見られるように、地方へと若年層の流れを戻す際に同時に議論されることとなるのが、東京圏の高齢者問題である。

いずれにせよ、これからの地方都市の政策の中心は、子どもを産みたいと希望する青年層が何を求めているのかを明らかにし、これを叶えることで出生率の回復を図ることであり、先に提唱した高等教育の整備に加え、子どもを産み育てたいと希望する年齢層、20代、30代への所得問題へも鋭く政策の光を当てる必要が生じるはずである。そして、若年層が育てていく次世代の子どもたちの生育段階に応じて、どの程度の所得が若い世帯にとって必要となるかを見定め、あらゆる政策を動員してこれを実現していくという現実的な政策的対応が求められることとなる。これは、時として、高齢者に集中してきたあらゆる福祉サービスとその財源構成を見直し、新たな所得の再分配の仕組みを創り上げる作業ともなるであろう。

最後の章で、これからの地方都市が、青年に向けた投資環境をどのように整えていくか、そして青年に選ばれる都市のモデルについて、都市の規模、新たな投資財源の確保、産学官金言労の連携のあり方などに触れながら、提言を試みる。

(二) 投資型社会への意識改革

新しい都市を創りあげていくことは、既に日本の至上命題だ。好むと好まざるとに関わらず、人口減少という問題が、日本の全ての地方都市に、政策の転換を求めていく。まず必要なことは、こうした時代認識の共有に立った上での意識改革であろう。共有すべき、認識すべき時代のありようとは、現状の税と社会保障の体制下では、すでに国民負担率が最高潮にまで達し、個人負担レベルにおいては飽和状態にあること、拡大してきた高齢者への年金、医療、福祉というサービスは、現状の公共財源を硬直化させ、新たなサービスを構築する際には、新たな財源を別に求めなくてはならないということ、そして、高度成長期から蓄えられた現在の高齢者世代に集中する富を、公共部門を介さなくとも次世代への投資へと活かす必要が生じているという時代のことであり、この共通認識に立たなくては、地方都市が思い切った投資を考えることさえできない。

では、こうした共通認識が次第に出来上がっていくものとして、我々は、次の時代に向けてどのような地方社会を創っていくべきであろうか。あるいは、創りあげていくことができるだろうか。一言で表せば、投資型社会の構築である。医療と福祉における給付を除き、他のあらゆる行政支出は、すべからく補助金体質を改め、将来的には、行政を含むあらゆる資金提供主体による投資という概念を根底に置くべきである。これまで我々は長い間、行政による補助金によって高度な成長を遂げてきた反面、この補助金によって明らかな失敗も重ね続けてきた。地盤改良から灌漑《かんがい》設備に排水機能まで備えた大規模な農地には今となっては後継者もおらず、国際的なイベントの誘致の度に整備を重ねてきたものの平時は全くの不採算に陥っている箱物等、運営にあたっての全ての責任を行政に押し付けてきた街づくりの概念を、もはや根底から改める時期を迎えたといわねばならない。しかし、私は決して産業基盤への補助、大規模イベント施設の建設をやめるべきだといっているのではない。長期的視点に立って、本当に次世代の育成にとって有意義な投資につながっているかという事業的視点に立って、可能な限りの経営効率化が実践されているかどうか、厳しく評価に照らすべきだといっているのである。そして、その投資財源は、すべてを行政が負担するのではなく、長期的な受益者負担の着眼に加えて、むしろ自主的な投資を誘発する仕組みを構築し、その運営の果実を投資家に還元するという、公共財への投資環境の整備による資本循環の仕組みを創り上げるべきだと思うのである。たとえ利益配当がなかったとしても、企業における知名度やＣＳＲの向上によって社会的評価につながったり、税制面での優遇措置が得られるなら、決して企業や投資家にとって魅力がないわけではないだろうし、特定の事業への投資なら透明性も約束されている。

地域社会が求める公的サービスや都市の魅力を高める取り組みに対し、自治体が最低限担うべき部門と採算性が確保できるラインを定め、その採算性にこそ、次世代への投資という希望を込めるのである。これからは、企業も含めて、そして都市で暮らす住民個人も含めて、あらゆる経済活動の主体が、その長所を出し合って、事業ごとに投資グループを作り上げていく。そして、その投資する顔ぶれの中心には、行政に加え、金融、学会、商工団体、関連企業等の極めて専門性の高い方々に参加してもらう。そして、事業に投資する者の信頼に応える高度な投資基金の運営を心掛ける。

納税の見返りに行政による街づくりやビジネスにまで助成があるのが当たり前という時代から、行政を含めたあらゆる経済的主体が、共に次世代への投資へ向けた、できる事を行う社会、それが、投資型社会である。そしてこの財政基盤の確立が、より多くの人材と叡知の結集、絆を生み出していく仕掛けとなるよう、新しい意識改革を図るべきなのである。

（三）子どもへの投資

私が提唱したい第一の投資は、子どもである。誰が産んだ子どもであっても、今の人口構造が続く我が国では、やがて全ての子どもたちが先輩世代を養うことになる。つまり、我が子でなくとも日本人である限り、老後の我々の生活に対して何らかの責任を負ってくれる存在なのである。こうした時代の流れを知る限り、これからの子どもたちは、無償の投資を受ける権利があると感じざるを得ない。

そして、私たちは、日本が戦後から昭和の東京オリンピック、高度成長からバブル経済まで、わずか短期間で経済成長を果たした、かつての日本の強さ、勤勉さ、実直さについて、どうやって次世代に継承するかということについても、思いをはせておきたい。バブル経済の破綻から今日まで、失われた経済として不況のただなかにあったが、本来の日本人の強さとは何であったか、もう一度省みて形あるものとして定義をなし、これを次世代に継承すべきである。

まず指摘しておきたいのは、現代の子どもたちを取り巻く、新たな危険についてである。90年代に一般的な使用が開始された携帯電話は、その後わずか数年でスマートフォンへと形を変え、ありとあらゆる情報のなかで、子どもたちは育とうとしている。情報と映像とゲームとこれに伴う課金制度まで、子どもの手のひらのなかに握られたスマートフォンは併せ持っている。これこそが、子どもたちを取り巻く新たな危険に違いない。子どもたちへの取捨選択の教育はおろか、今となっては大人たちまでが、この手のひらの端末に翻弄される始末だ。友人とのやり取りも、学問に必要な情報も、そして、課金によるゲームや犯罪、いじめや猥褻までもが、子どもたちの手のひらに置かれた端末の操作次第で、いかようにも身近に感じられる時代のなかで、私たちは次世代を育てているのである。しかし、携帯電話やスマートフォンの端末は、こうした危険を身近に置くと同時に、今や子どもたちの安全対策としても使用されており、これを取り上げるというわけにもいかない。そうであるならば、このように溢れる情報のなかで育つ子どもたちの日々の変化について、敏感に気付き、適切に対応することこそ、私たち大人の責任である。子どもたちの日々の変化に気付き得る家庭環境を作り、維持することでしか、その健全な成長を守ってはやれないものであり、平穏で精神的ゆとりのある若年家庭を実現するために、その所得を引き上げて維持するということもまた、必要な投資政策であると考えたい。

さて、次世代を生きる子どもたちへの投資として、その生育過程から政策を抽出すると、まず考えなくてはならないのが、幼児への投資だ。国を挙げて待機児童の解消が目下重大な政策へと位置付けられているが、子どもの居場所という観点から考えると、母親の就業環境に着眼した待機児童という発想から、幼児教育、幼児期体験の充実という観点で政策を捉え直すべきだと感じる。母親の就労機会の確保という政策は、もっと違った視点で創り上げられるべきであり、子どもの立場に立てば、幼児期に施設や他人に預けられる幼児本人にとっての精神的安定という面からこそ、この問題は論じられるべきである。子育ての経験から私にいえることは、幼児は母親に絶対の信頼を置いており、母親をはじめとする家庭のなかにおいてこそ、その愛情を知り、安心という空間のなかで健全に溌剌《はつらつ》と育っていくものだと信じている。その上で、幼児期における集団との関わり、外部世界への好奇心という視点で、他者との空間に置かれるべきではないだろうか。さらに、母親という立場にある女性は、同世代のキャリアウーマンと自らとを比較するとき、時として、社会から隔絶された孤独な存在、おしゃれも出世も外部との接触すらも放棄してしまった自らの存在を感じるのではないか。育児に対峙する母親の存在というものは、もっと社会的に評価される地域社会のゆとりが欲しいものだ。こうした環境を若い女性に提供できるかどうかこそ、真の男女共同参画社会のあり方であって、妊娠、出産、育児という数年に渡る社会的活動からの隔絶を経てもなお、これをキャリアとして評価すべき指標を用意する必要があろう。育児休暇は、休暇の前後で同一の会社に籍をおいてこそ認められるが、将来的にはこれを社会全体で認める指標、そして、休暇中の研修制度の充実等によって女性のキャリアアップが勤務先が同一であることに左右されることなく認められる制度も構築していくべきである。

小学生期を迎えた児童期に必要な体験については、今や学校教育に止まらず、学習塾に英語塾、スポーツ教室にピアノや書道等プログラムが豊富だが、唯一用意されていないものが遊び場だ。私たちがまだ小学生だった30年以上前には、遊び場は探す必要もなければ大人が作ってやる必要もなかった。自然は豊富だったし、金銭にまつわるような遊びでない限り、どこでどんな遊びをしようと、親も社会も笑って見ていてくれたものだ。しかし、現代はそうはいかない。度重なる子どもを巻き込む犯罪の多発によって、親の目の届かないところで、子どもをいつまでも遊ばせておくような時代ではなくなってしまった。すり傷だらけ、泥だらけという子どもの姿は失われ、スマートフォンやゲーム機片手にファーストフードで群れをなす姿が当たり前になった。極めて長い目で見なければ投資とはいえないが、子どもたちに遊び場を用意してやれるような豊かな地域社会を再び実現したいものだ。自然体験などは決して特別な出来事であってはならない。車で何時間もかけて夏休みのわずか1日か2日だけ経験できるというものではないはずだ。子どもたちの居場所は、常に身近にあらなければならない。これは地域の大人たちの気持ち一つで簡単に実現してやれるはずだ。

続いて中学、高校時代の教育については、教員の指導力が大きな要素となる。教員が本来の指導力を発揮するのは、決して授業における学問的指導だけではない。学力への不安だけでなく、分からなかった授業内容への説明を求めるだけでなく、生徒たちは、友人関係について、家庭における問題について、知的な好奇心やスポーツ、時には恋愛についても、そして何より学校の風紀やいじめ問題について、親に話せない多感な時期に、教員は想像以上に頼りにされているはずだ。教員がこうした場面においても、豊かな人間性と経験に基づいた指導力を発揮するための環境整備こそ、急務の課題である。教員の多忙が指摘されて久しいが、何よりも教員の事務仕事を教員の手から離すべき段階が来ているのではないだろうか。副担任制度等が導入されてもなお、学級崩壊は止まらなかった。教員への指導、教員の能力の開花、そして教育と生徒の生活の質の向上まで、次世代育成の現場はもっと政治を必要としている。教員の事務量について、上司への報告、評価に付すためのシート作成等、教育現場の人事を見直して、教員を教育にもっと専念させるべきではないだろうか。そうした環境を整えつつ、教員の不祥事に対しては、もっと厳格な姿勢で臨み、教育界全体を浄化しなくてはなるまい。

　最後に子どもへの投資の実を上げるために、もう一つ何よりも大切なことを提唱したい。これは、先に紹介した日本創成会議の提言にもあったが、若年層の所得増加という問題である。晩婚化と晩産化の背景には、若年期の低所得があり、これが最大の要因とも指摘されている。提言では、若年夫婦の年収目標を500万円としているように、明確な数値目標が必要であり、これは社会で共有されなければならない。そして、これが社会で受け入れられるためには、青年たちの生き方そのものにまで、もっと深く掘り下げて制度改革を考えなくてはならないだろう。大学は、いうまでもなく専門的教育の場であり、新たな知見を発想するための研究の場である。しかし、その一方で、多くの大学生にとっては、高度な専門性を身につけると同時に、社会に出るための準備期として、社会的即戦力を鍛えておく現場でもある。こうした側面にも大学が正面から取り組む方が、むしろ現実的な対応と思われる。そのためには、産学連携を教授と企業との関係構築に終わらせず、学生と企業、学生と社会、学生と行政等、学生の社会的経験値にもっと視線を注ぐべきである。

人口問題がいつまで日本社会の喉元に刺さった骨であり続けるかは、若年世帯の生活の安定がその鍵を握っている。そしてこれは、東京ではなく、地方都市で実現していかなくてはならない政治課題なのである。

(四) 高等教育への投資

地方都市の人口が社会的要因によって減少する最大の要因の1つが、大学・短大の定員の不足だ。地方都市の若者は、高校卒業後の進路として、その多くが東京圏、関西圏、中京圏等の都心部の大学を志望する。大学・短大・専修学校への進学希望者よりも格段に少ない地元の定員枠。この体制が続けば、地方都市が18歳の若者たちを失うのは、必然である。

既に触れたが、本県では特にこの傾向が顕著で、平成28年の実績では、大学定員7970人、短大定員1270人、専修学校定員8644人に対し、進学希望者は2万3658人に上り、必然的に5774人の人口が本県を転出する構造となっている。そして、大都市の大学に進学した学生たちは、4年後の大学卒業時には、さらに豊富な就職先を抱えるその大都市で社会人を迎えることとなる。この構造を変えない限り、地方都市は将来的に人口バランスを維持することができないのだ。

さらに、これからの高等教育機関は、もう一つ問題を抱えており、それが少子化による定員割れである。この問題は、都心部と地方都市に関わらず、一部の有名大学を除けば、既に学生の獲得競争が激化しており、国公立、私立の区別なく、定員割れによる授業料収入や受験料収入の減少に直面し、目下生き残りに向けた学部や定員の再編成、教育・研究活動等の支出見直しを余儀なくされている。こうした現在の高等教育機関が抱える課題を整理すると、第一に定員獲得へ向けた競争の激化、第二に競争に向けた大学改革、第三に経営見直し、第四に地方都市にとっては定員拡大による人口転出への対応、そして第五に、これは私の個人としての見解に過ぎないとしても、地方創生の目的に照らせば、東京圏からのより高度な大学機関の地方への誘致、あるいは、在地方大学と東京圏等都心部の大学との教育連携の必要性ということになるであろう。さらに、地方大学がその魅力を高めるためには、学生たちへの支援として、学生の集積エリアの構築、地方企業や地域社会との連携、高度な研究の実現と起業のバックアップ等に挑戦するとともに、卒業後には即戦力として活躍し、青年層の所得向上に寄与するための社会的教育の実施等、期待が募る改革分野は多岐に渡る。

そして、私がここで提唱したいのが、大学に対する社会的投資環境の整備である。いうまでもなく、大学は知の拠点である。学生に対する専門的教育に加え、社会に必要とされる研究を推進し、地域社会のシンクタンクとしての機能を発揮することも期待されている。大学こそが、高度な技術や知識を有する社会の即戦力を輩出する機関であり、地方大学に蓄積された叡智は、必ずや地域社会における企業の生産性の向上にも貢献できるものだ。大学の機能を充分理解し、これを積極的に社会に活用する方法について、地方都市は、そろそろ社会を挙げて真剣に議論し、できる限りのサポート体制を構築したいものだ。

このサポート体制として私は、寄付金による基金創設を提唱したい。これは大学別でもいいし、本県の場合には大学コンソーシアムが受け皿となって、基金をどの大学のどんな取り組みに拠出するかを高度に審査するという体制であってもいい。２０００年代初頭から２００８年のリーマンショックまで、日本の私立大学は、本格化する少子化に備えるため、かなり大規模に資産運用を行ったようだ。株式投資やデリバティブ等であったか、結果的には資産運用の多くが失敗し、巨額の損失を抱える結果となったと伝えられているが、この時期文部科学省は、こうした教育機関の資産運用には危険性が高いとして警鐘を発している。しかし、少子化による定員割れは現実的な問題であり、大学の実収入は確実に減少して、このままでは大学の教育力、研究力は衰退することになるだろう。この大学経営を地方社会が真剣に考えるべきなのである。

さて、アメリカでは、早くから大学への寄付が定着しており、寄付金を原資にした運用収益が大学収入の大きな柱となっている。例えば、世界の大学ランキング等で常に最上位に位置してきたスタンフォード大学は、大学収入全体に占める学生納付金（授業料等）の割合は、わずか12％程度に過ぎず、基金の運用益である投資収入は20％を超えており、さらに各種補助金収入は30％以上となっている。これに比べ、我が国の有名私立大学の収入構造は、学生納付金が70～80％程度と高く、投資収入はわずか２％にも満たない。ちなみに全米大学基金トップのハーバード大学は、運用資産としての基金規模が３１０億ドル、日本円にして２兆７０００億円という途方もない財源を有している。

こうした大学経営の財源確保の手法を我が国でももっと取り入れることはできないだろうか。学生納付金を原資とした投資は、すでに過去の資産運用の失敗から、これが今後の大学経営の主たる柱になることは難しいであろう。また、寄付金そのものを大学収入に直接繰り入れるとなると、年度によって寄付金の集まるときもあれば、社会情勢によって寄付金が期待通りに集まらないというときも発生し、長期的な不安定な財源といわざるを得ない。しかし、この寄付金を貯蓄に回し、これを原資に資産運用をしていくならば、収益のみが予算に組み込まれることとなり、財源の安定性が確保できるのではないか。アメリカの大学経営の手法を是非とも取り入れたいと考える理由である。

また、寄付金を拠出していただくのは、地元企業、地元住民をはじめとするが、法人、個人、そしてその居住地や本社在籍地に関わらず、広く全国的に呼びかけが可能であり、大学の取り組みは、集められる寄付金や投資額の多少によっても、新たな評価指標に付されることとなり、特に、地方大学においては、地域企業や地域住民、あるいは地方行政や地方金融にとって、真に必要とされる教育カリキュラム、研究成果を示さない限り、簡単には原資を整えることはできない。また、資産運用に関する知識の集積等、金融、経済の専門家が大学経営に関わる必要も生じるであろう。しかし、社会の動き、ニーズに敏感に応える知の拠点を創造するという目標をもって、大学という財産を地方社会全体が支えるよう、投資先としての価値を磨くことができれば、そして、この地方大学に、東京圏大学との連携や一部学部の誘致が加味されれば、寄付金を求め得る対象も拡大することとなり、地方社会に資本が流入する仕組みともなる。

地方都市の人口問題、資本の新たな確保、そして知の集積に裏付けられた人材育成機能の強化、これら新しい可能性は、まさに大学に対する都市改革、意識改革が握っているのである

（五）企業は都市に何を求めているか

青年層の所得を向上させていくことも、地方大学が寄付金を原資に安定した経営を実現していくことも、その地域が、どのような産業を有し、どのような企業が立地しているかということに、大きく左右されることはいうまでもない。健全な経営に支えられ成長軌道に乗っている企業がなければ、結局青年層は地方社会に魅力を感じることなく、大学は少子化による競争によって淘汰されてしまうだろう。では、企業にとって魅力的な都市とは、あるいは、企業は都市に何を求めているか、について、ある程度正確な見通しを持っている必要がある。もちろん業種によって、高速道路等の高規格な交通網の整備を求めている物流や観光産業もあれば、一定以上の外部からの訪問者があり、複数の交流拠点が存在していることを条件とする流通、宿泊業界もあり、製造業においては、新たな取引先となり得る企業群が既に集積しているということもあるだろう。あらゆる産業において魅力的であるということはそもそも不可能であるとしても、都市はある程度の

対象業種を見込んで、特徴的な都市づくりを進める必要がある。

本県の場合、県域によってある程度の類似産業の集積が図られてきた経緯があり、非常に大雑把な捉え方ではあるが、例えば伊豆地域の観光業や1次産業群の集積、東部地域の医療関連産業の集積、富士山近隣地域では新たな富士山への観光に加え、豊富な山間地を利用した新エネルギー産業への挑戦、静岡市は港湾・商業都市、志太榛原地区は空港と茶産業、中東遠地区では豊富な農作物の生産に加え、浜松市の製造業を支えるベッドタウンという性格もある。こうした地域の特性を活かした特定産業の企業群集積ということが、これからの地方経済政策の主流に据えられると思われる。

つまり、企業が第一に都市に求めるものとして、類似企業群の集積による地方産業としての確立を求めていると考えられる。これらは、人材への投資を効率化するし、供給体制における生産過程において移動、物流をはじめとするコストを抑制することができる。県内東部のファルマバレーが、医療機器、医薬品製造において生産額1兆円を達成した背景にも、こうした効率化と地域における産業形成に成功したことがある。今日のファルマバレーは、企業にとっての大きなビジネスチャンスが可視化された姿だといえる。

企業が求めるものの第二として大きな柱となっているのは、行政との連携、あるいは公共事業への参入であろう。今や、サービス業の成功は、都市計画や住環境整備等の行政施策の進行やルールに左右されるところが大きく、逆に新たな成長産業を育成しようと地方行政が狙いを定める場合には、行政とともに投資財源を提供してくれる企業群や金融界の存在が不可欠な時代となってきた。行政が主催して立ち上げられている昨今の新エネルギー拠点の整備、例えばメガソーラー発電事業やバイオマス発電等は、行政の役割は土地の確保と規制緩和程度で、主に民間からの投資財源、ファンドの創設によって実現するスタイルが次第に知られるようになってきている。行政が都市の活性化に挑戦しようとする場合には、すでに指摘したように、行政とともにその資金を提供し、民間の視点から安定経営の手法を実現してくれる民間のパートナーが必要な時代となったのである。であるならば、公共事業や公的施設の民間委託等は、もっと企業にとって魅力的なものへと制度改正していく必要があるだろう。過剰な価格競争によって、公共事業において採算性が確保されないという状態が続けば、都市のインフラ整備や防災を始めとする安全対策は遅れ、次第に都市としての魅力を減じてしまうこととなる。これからの公共事業は、アベノミクスの大胆な財政政策で実現してきたように、年間を通じた切れ目のない発注作業を実現すること、可能な限りの分離発注を心掛け地域内での資本循環を可能とすること、施設の運営委託においては、公的セクションへの随意契約は原則禁止として、常に高度なサービス提供を実現するべく民間の視点によること等は、地方都市における公共事業の基本的な原則とするべきではないだろうか。

第三に、企業が求める地方都市へのニーズとしては、企業誘致制度における手厚いインセンティブの実現ということが挙げられる。そもそも企業誘致が地方都市の政策として重要視されてきたのは、新たな企業誘致、特に製造拠点や医療・福祉拠点等の整備が、現状よりも新たな雇用を生み出すことが期待されてきたからだ。しかし、実際の地方都市における企業誘致は、域外からの誘致というよりも、域内企業を域外に流出させないための本社機能の域内移転、工場等の製造拠点の域内移転がほとんどであり、しかも移転の際には、雇用を増加させる効果等は実際にはそれほど期待できず、むしろオートメーション化の導入や新たな情報技術の導入によって、人数ベースでは雇用は減少している傾向がある。さらに指摘しておくならば、本来地方行政の役割は、地方企業つまり地元企業の育成、成長にこそ貢献すべきであって、雇用への魅力が増長したことで一時的にその目的を見失ってしまった感があるが、本来は、企業誘致によって地元企業の取引を拡大させていく、経営を効率化させていく等に主眼が置かれるべきである。こうした社会全体の体制構築については、極めて高度で専門的な経済政策が求められることとなり、果たして行政の政策としてこれが適切かどうかは難しい問題であろう。しかし、企業にとっての都市の力とは、完全ではないにしろ、こうした体制構築に向けて、地域企業と歩調を同一にすることであり、地方企業が必要とするあらゆる情報について、データ化を図り、学問的見地、金融界からの助言、言論界からの協力等、その接着剤としての機能を全うしようとする姿勢が求められているのではないだろうか。

（六）寄付文化の提唱

例えば、老朽化した文化施設を建て替え、新たな交流拠点を整備する事業に直面している地方行政があるとする。この地方都市も例外ではなく、都市の行政財政は逼迫しており、投資的経費は少なく、整備に必要な数10億、あるいは数百億という事業を実現するためには、数年を要してしまう状態にある。一方で国際的な大規模イベントの開催は、数年後に迫っており、できることならば、その祭典までに完成させたいという願望を市民が持っていた場合、それでもこれを実現する方法があるだろうか。

これからの大学経営について先に紹介したように、これからの地方都市が生き残るための条件は、投資型社会であるかどうかである。この場合には、こうした事業の実現に必要な財源について、寄付金を利用する考え方が定着していれば、施設の整備に必要な期間は、少なからず短縮させることが可能だ。行政が計画する防災目的の津波防潮堤についても、市民から要望を受けた公的スポーツ施設の整備についても、地域の道路の拡幅についてでさえも、およそ多額の財源を必要とする事業は、すべからく何年もの期間がかかってしまうということは、決して珍しいことではない。これは、ひとえに行政は毎年全ての課に予算付けをしなくてはならないため、そしてあらゆる層の市民、県民の要望を形にするため、幅広く小額の予算対応しかできないという事情による。そして、これからの少子高齢化がどの程度まで義務的経費を増幅させ、地方行政の投資的経費をどの程度まで確保できるかは、依然不透明であり、これに消滅可能性都市等の人口構造の問題まで加えて考えると、新たな公共事業、公的施設、インフラの整備等は、極めて実現性が低いものとなっていく可能性すらある。

こうした流れに対する処方箋として、既にお分かりのことと思うが、私は寄付金という新たな文化、制度の確立を提言したい。本県西部の浜松市では、３００億円という巨額の寄付金によって、間もなく広大な津波防潮堤が完成しようとしている。この寄付金を提供されたのはある一企業だが、こうしたケースが度重なることは今後もあり得ないと考える方が自然であるし、一部の篤志家の多額の寄付を期待するような都市形成は非現実的である。しかしながら、かねてから指摘されてきたように、寄付という行為には、同じく他者のために経済的負担を負う税金と比べ、寄付する相手、事業を選択でき、自らの意思が反映されること、寄付を行うことによって控除を受けられるという優遇制度が存在すること、そして寄付行為による社会的評価を得られ、自らの社会貢献が何であったかを実感できること等、経済的な負担を引き受けた反面、得られるものもある。そして、拠出する金額とそれによって得られるものとは、決して比較することはできないが、少なくとも自らの意思による以上、自己肯定感と都市形成への参画という実感だけは、間違いなく手にすることができる。

そして、寄付が次第に一般的になっていけば、これが基金化されて資産運用が可能となり、地方都市が税収以外のもう一つの財源を手にすることができるかもしれない。これからの地方都市は、個人としても、企業としても、あるいは何らかの団体としても、寄付をしやすい環境づくり、寄付した者の社会的名誉や貢献評価等、寄付行為がやがて定着することを念頭に、あらゆる制度設計を急ぐべきものと考える。そして、他の先進国のように、寄付という行為が、文化ともいえるほどに都市形成のいたるところにその足跡が残されるように、より高度な行政サービスを心掛け、寄付に足る体質を備えなくてはならないものと考えている。

（七）都市が青年に用意すべきこと

これまで述べてきたような都市へと次第に進んでいくことができれば、私は、これからの地方都市にも、もっと青年世代へ投資していく余裕が備わるのではないかと、真剣に考えている。私自身は、40代ともなり、青年と呼ばれる年代であるかどうかは、むしろ相手方の年齢によるものであろうが、少なくとも、私よりも後進を生きる、30代、20代、そして学生たちにとっては、その居場所が何であるかは、何にも増して重要なテーマであるだろう。だからこそ、学生は故郷を離れて東京を目指したし、より刺激的な可能性を求めて、より高度で華やかな自らの生きる場所を探してきたと思う。地方都市が、この問題に正面から向き合うためには、青年にチャンスを開くということもまた、都市を構成する一人ひとりの大人たちが、自らの使命として共有することが何よりも大切ではないだろうか。

すでに青年期を生きた私たちがかつてそうであったように、青年層もまた、まずは当たり前の人生設計を描いている。学生時代の知的好奇心の充実、希望する職業から見通す自らの生き方、そして、結婚し、子どもを育て、その家族と暮らすマイホーム、できることなら、金銭的には家族に苦労させたくないと願いながら、自らの仕事に対する誇りを感じて生きる、ということが基本的な現代の生き方であるはずだ。当たり前の青年の夢を着実に叶えていける街へ、私たちに必要なことを探していきたいと思う。

そして、さらに魅力的な都市を築き上げていくためには、やはり、青年たちが文化を発信する空間、好奇心を満たす空間、同じ世代でのエネルギーが集い、そのエネルギーが他を惹き付けていく空間が、これからの地方都市には欲しい。残念ながら、今の静岡県のなかには、こうした空間は少ないだろう。若いのだから、自分たちが集まる場所ぐらい、自分たちで見つけ創り上げろとは、反論しないで欲しい。私が、実現しなくてはならないと考えている背景には、人口問題があり、投資型社会における世代を超えた絆の構築があるからだ。そして、青年たちが集う空間は、より文化的でなければならず、学問的な価値や経済的な挑戦が入り乱れて、エネルギッシュでなければならない。成長過程にある国の空間とは、共通して、こうした若いエネルギーが溢れていたのではなかっただろうか。

（八）先進国に匹敵する都市への挑戦

最後に、これからの地方都市は、都市として何を目標とするべきだろうか。

これまで述べてきた都市が実現するためには、私は迷わず、都市のスケールは地理的に許される限り大きく構えるべきであり、サービスはコンパクトな主体が提供するべきだと主張したい。これが、次の時代の都市の条件ではないかとさえ思う。当面は、ゆるやかに基礎自治体相互の連携に努め、さらなる行財政改革を模索しながら、効率化を図る必要があるだろう。そうでなければ、投資財源を引き受けるさまざまな主体の理解を得ることはできず、投資型社会の効果を発揮することができないと考えるからだ。

さらに、久しく議論されてきた道州制についても、現実的に着手するべきだということも指摘しておきたい。今となっては、地方都市の中小企業の顧客が、海を越えた他国にも存在することを考え合わせれば、広大な海外市場への挑戦もまた、地方行政が視野に入れるべき時代となっており、そのための経済的裏付けは、アジアの平均的な経済力を有する国家並みであることが必要だと導かれる。どのような区分で、現在の都道府県が再編されるかまでは、私の力の及ぶところではないが、広域移動手段を手に入れた今日においては、本格的な地方分権の受け皿として、道州制という可能性も検討されていく段階ではないだろうか。冒頭に申し上げたように、90年代から取り組まれてきた地方分権のこれまでの取り組みは、青年層の地方離れをむしろ加速してきた通り、決して成功とは言えないものであり、新たな都市規模を模索する段階に来ているはずだ。

参考までに連邦型国家においては、決して、国を代表する公的機関、大企業本社、知の拠点である大学が、一極集中してはいない。ドイツにおいても、アメリカにおいても、投資型社会の構築に一定以上の成果を治めている国では、それぞれの州における行政の責任は大きく、それぞれの州において企業が成長し、これを支える人材の供給体制も自己完結型である。

日本の地方都市の未来を考えるならば、投資型社会の実現、自己完結型の人材育成を可能とする規模が条件であり、それへ向けたあらゆる努力、歩みが求められていくものと考える。そして、いくつかの地方都市が結びつき、より大きな行政単位となって世代別人口の均衡が図られるとき、地方都市とはいえ、より大きなインパクトを日本全体に発信することが可能となる。地方提案型の地方創生という試みは、こうして考えてみると、新しい時代への最初の取り組みとして迎え入れるべきものであり、この最初の取り組みによって、それぞれの地方都市が独自の歩みを始め、より広大な視野を手に入れることができるならば、我々は次の世代の青年たちと共に、新しい時代への扉に手を掛け、より大きな挑戦を試みてみたいと思うのである。

エピローグ

政策を論じるという機会が、私たち議員の毎日に、どの程度確保されているだろうか。

私たち地方議員の毎日は、もっと日常的な活動に溢れており、地方行政が主催する催事に参加したり、地域で行われる行事に参加したり、住民生活に直結した相談事に対応したり、季節によってはこうした事で忙殺され、例えば長期的な自己の政策をどのように練り上げていこうかと、充分に思考する時間というものが、果たしてどれだけ確保されてきただろうか。これらはひとえに、個々の議員の心構えに帰する訳だが、必要性に裏打ちされていない政策などは社会を混乱させるばかりであり、政策は発想だけで生み出されてはならず、現場と施行との訓練の積み重ねこそ、議員生活の根本的なスタイルに据えておかなくてはなるまい。

今回の青年局の政策提言という試みは、否応なく私たち執筆メンバーに、自らの立ち位置がどこにあるか、どのような議員活動のスタイルであれば提言にまで辿り着けるのかを、充分に考えさせてくれる機会であった。そして、政策について考える、政治について考える、という出発点は、普段の議員活動において、日常的に出会う方々によって、用意され得るということについても、改めて深く気がつくものだ。

かつて、情報発信に乏しかった時代の政治家たちは、目に見えて街を変えることでしか、自らの仕事の証明を有権者に示すことはできなかったであろう。日々の取り組みが、毎日の活動が、どのように過ぎているかを知らせる手段など、毛頭なかったに違いない。だからこそ、社会の変革ということについても、経済の成長ということについても、ひょっとしたら私たち以上に、遥かに敏感であらざるを得なかったのではないだろうか。引き替え私たちは、あらゆる情報ツールを駆使して、自らの日常を伝え続けることが可能になった。自らの議員活動がどのようなものであれ、このツールを使用すれば、社会の変化を語り、行政の新たな情報を発信し、自らの動きを公表していくことができる。それがたとえ、何の実りにも結びつかない動きであるとしても。これは、私たち青年議員が、厳に自らを戒めるべき事柄だ。決して伝えるという技術にばかり長けてはならない。決して、見せるということばかりに時間を奪われてはならない。

私たちの仕事は、政策を提言することだ。そして、より高度な活動の現場に身を置いて、その政策の必要性を絶えず自ら確かめながら、何度も、何度も、その政策の精度を上げようと積み重ね続けることだ。

政策を提言する。実現する。

自民党に所属する若い青年たちが、これからも折に触れて、こうした機会に恵まれることを祈ってやまない。

各論　静岡創生！　未来に向けた私たちの政策提言

■エネルギー問題

今後のエネルギー、リスク分散と地産地消

エネルギーの地産地消に向けた静岡の試み

横田川真人

日本では国産エネルギーが少ない中で、いかにしてエネルギーを供給するかが常に課題となっている。エネルギー資源を輸入することでまかなっている日本は、究極的には有事の際のことを視野に入れながらエネルギー調達をしなければならない。そこで新エネルギーの開発という観点から、静岡県の特性を生かした新エネルギー開発を考察し、県内でのエネルギー地産地消の取り組みとその可能性を探っていく。

遠州灘沖に隠された豊かな資源

みなさんがエネルギーと聞いてまず思い浮かべるのは、電気ではないでしょうか。電気は、パソコン、携帯電話、テレビ、冷蔵庫、洗濯機といった家庭用、工場やオフィスビル、商業施設といった産業用、街灯や交通といった公共用で使われ、電気がなくてはもはや現代人の生活は成り立たなくなっています。

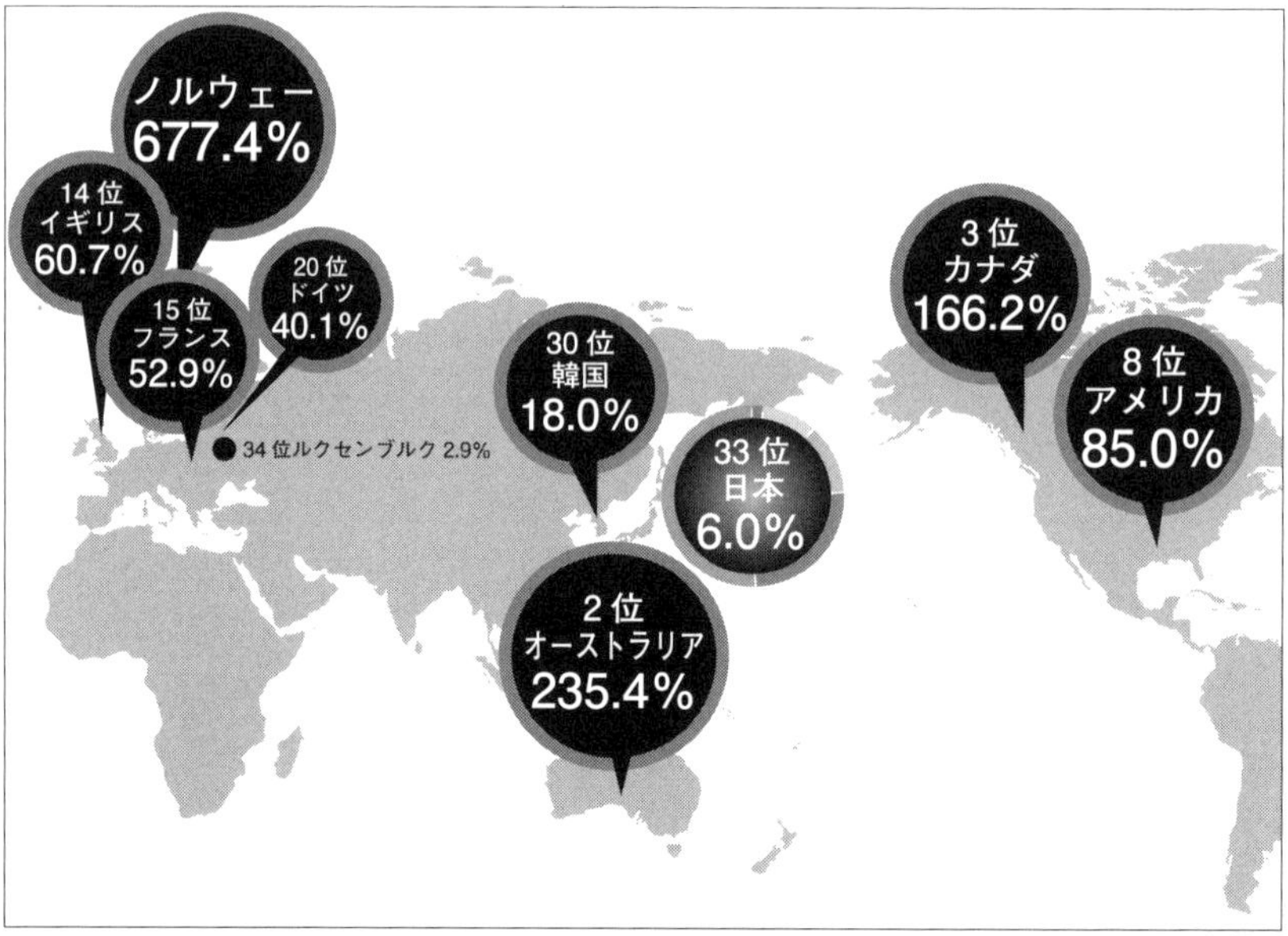

図表1　ＯＥＣＤ諸国の一次エネルギー自給率比較
出所：経済産業省「日本のエネルギーのいま：抱える問題」

平成23年に発生した東日本大震災に伴う原子力発電所の停止により、ふたたび火力発電が主流となり、平成24年時点での日本の電力の約7割を占めています。火力発電の燃料には、石油、石炭、天然ガスなどの「化石燃料」が使われていますが、化石燃料に依存する割合は、震災前の62％から、震災後の平成24年度には第一次石油ショック時の76％を上回る88％に上昇しました。しかし、化石燃料は近い将来地球からなくなるといわれており、大量に燃やすことで大気中の二酸化炭素が増え、地球温暖化などさまざまな変化を引き起こすおそれがあります。

このような化石燃料への依存状況のなか、日本はエネルギー自給率が先進国のなかで最も低く(図表1)、わずか6％しかありません。

図表1が示すように、日本のエネルギー自給率6パーセントという数字は、とても国内の需要をすべてまかなえません。静岡県内には相良油田というものがあり、プラントで精製しないでそのま

まガソリンエンジンを動かすことができる良質な油が出ますが、ごくわずかです。石炭を産出する炭鉱は、以前は国内各地にありましたが、あらかた掘ってしまったことと、国産は値段が高いため、輸入に頼るしかないのです。

輸入において重要なのは交通手段の確保です。日本は現在、海上航路を使い、大型タンカーでエネルギーを輸入しています。その際重要になってくるのが海上航路の安全です。もし紛争に巻き込まれたり、海賊に襲われれば、エネルギー供給は絶たれてしまいます。日本の船は、法制度上武装するわけにもいかず、海上自衛隊や海上保安庁がほぼ毎日のように入港するタンカーすべてを護衛することも現実的ではありません。一国でやるには範囲が広すぎます。

集団的自衛権の行使にはエネルギー確保の一面もあるのです。安全保障関連法制の整備は集団的自衛権を認めることでお互いに守り合うというものです。中東などからのタンカーを守ってもらうことも可能です。集団的自衛権の問題は、憲法上の解釈をめぐってさまざまな議論が行われていますが、ポイントは自前のエネルギーを途切れさせないことです。そのためには輸入における安全の確保と、国産エネルギーの研究開発が急務といえましょう。

研究開発の一例を挙げると、メタンハイドレートです。メタンハイドレートは、「メタンと水だけで構成され、したがって、メタンハイドレートに火を近づけると、水に囲まれていたメタンが燃え、燃えない水が残る」ため「燃える氷」と呼ばれています。(1) メタンハイドレートは、世界中の海に広く分布しますが、特に日本近海に多く存在することが分かり、海洋から見れば、日本は「隠れた資源大国」といえます。

この調査結果を受けて、２０１３年4月、安倍政権は「２０１８年度をめどにメタンハイドレートの商業化を目指す」とする「海洋基本計画」(2) を閣議決定しました。メタンハイドレート関連事業をアベノミクスの成長戦略における柱とすることも併せて発表しました。

メタンハイドレートを実用化するためには採掘コスト、地球温暖化、領土問題などさまざまな問題が指摘されています。これらをどう克服していくかが今後の課題といえます。

このメタンハイドレートは、静岡県の遠州灘沖に埋蔵されています。宝は目の前にあるのにその取り方が分からないという現状です。しかし、この資源に恵まれている以上、使わない手はありません。燃料にすることができれば輸入に頼っている日本のエネルギー事情を解決することができるのです。メタンハイドレートを利用して新エネルギー開発のための研究所の誘致等を行えば新分野として静岡に雇用が生まれるとともに、静岡発のエネルギーとして知名度も高まります。この課題への取り組みは静岡県の使命といえます。

静岡の特性を生かした新エネルギー

２０１１年の東日本大震災後、静岡県では浜岡原発が停止し、電力のほとんどを火力発電でまかなっています。火力発電とは、燃料を燃やしたときに発生する熱で蒸気を発生させ、その蒸気を利用してタービンを回して発電する方法です。

石油を燃料とした火力発電は、発電効率が悪いことと価格の高騰のため、現在、主流から外れています。そして、発電効率が向上した石炭が現在、火力発電の主流となっています。石炭をそのまま炉に放り込むのではなく、細かく粉砕して燃焼効率を上げることで、発電効率があがります。二つめの燃料は、天然ガスです。天然ガスは、これからの火力発電を担っていくものと思われます。天然ガスは常温では気体です。これを低温にして液体の状態にしてタンカーで運ばれます。液体から気体に状態変化するときに体積が膨張し、燃焼することでさらに膨張します。この体積の急上昇による圧力で動力を得る方法をガスタービンといいます。ガスタービンとその熱で蒸気を発生させる蒸気タービンの両方を併せ持つ発電の方法をガスコンバインドサイクルといいます。しかし、火力発電による化石燃料への依存が高まった結果、燃料コストの上昇、電気代の値上がり、二酸化炭素排出量増加などの影響が出ています。

そこで注目されているのが、再生可能エネルギーです。平成26年4月、政府は「エネルギー基本計画[3]」を策定し、再生可能エネルギーの導入加速化、徹底した省エネルギー社会の実現、分散型エネルギーシステムの普及拡大、非在来型資源の開発など、エネルギーの需給に関する長期的、総合的かつ計画的に講ずべき施策等を示しました。この中で、再生可能エネルギーは、「エネルギー安全保障にも寄与できる有望かつ多様で、重要な低炭素の国産エネルギー源」と位置付けられています。また、平成27年7月、政府は、「長期エネルギー需給見通し（エネルギーミックス）[4]」を策定しました。その基本方針は、平成42年度にはエネルギー自給率を東日本大震災以前からさらに上回る水準（概ね25％）まで改善すること、電力コストを現状より引き下げること、温室効果ガス排出量については欧米に遜色ない削減目標にすることを同時達成することを目指し、総発電電力量に占める再生可能エネルギーの割合を22～24％としています。そして、徹底した省エネ、再生可能エネルギーの最大限の拡大、火力の高効率化によって、安全性の確保を大前提にしつつ可能な限り原子力発電への依存度を低減することをめざしています。

静岡県のエネルギー政策は、平成15年の「しずおか新エネルギー等導入戦略プラン」にはじまりました。平成23年には、国の「新エネルギー利用等の促進に関する特別措置法施行令」を受けて、「ふじのくに新エネルギー等導入プラン――新エネルギー先進県を目指して」（以下、ふじのくにプランと略）を策定。「『新エネルギー先進県』を目指し、太陽や水、森林、温泉など本県の豊かな自然資源を活用して新エネルギー等

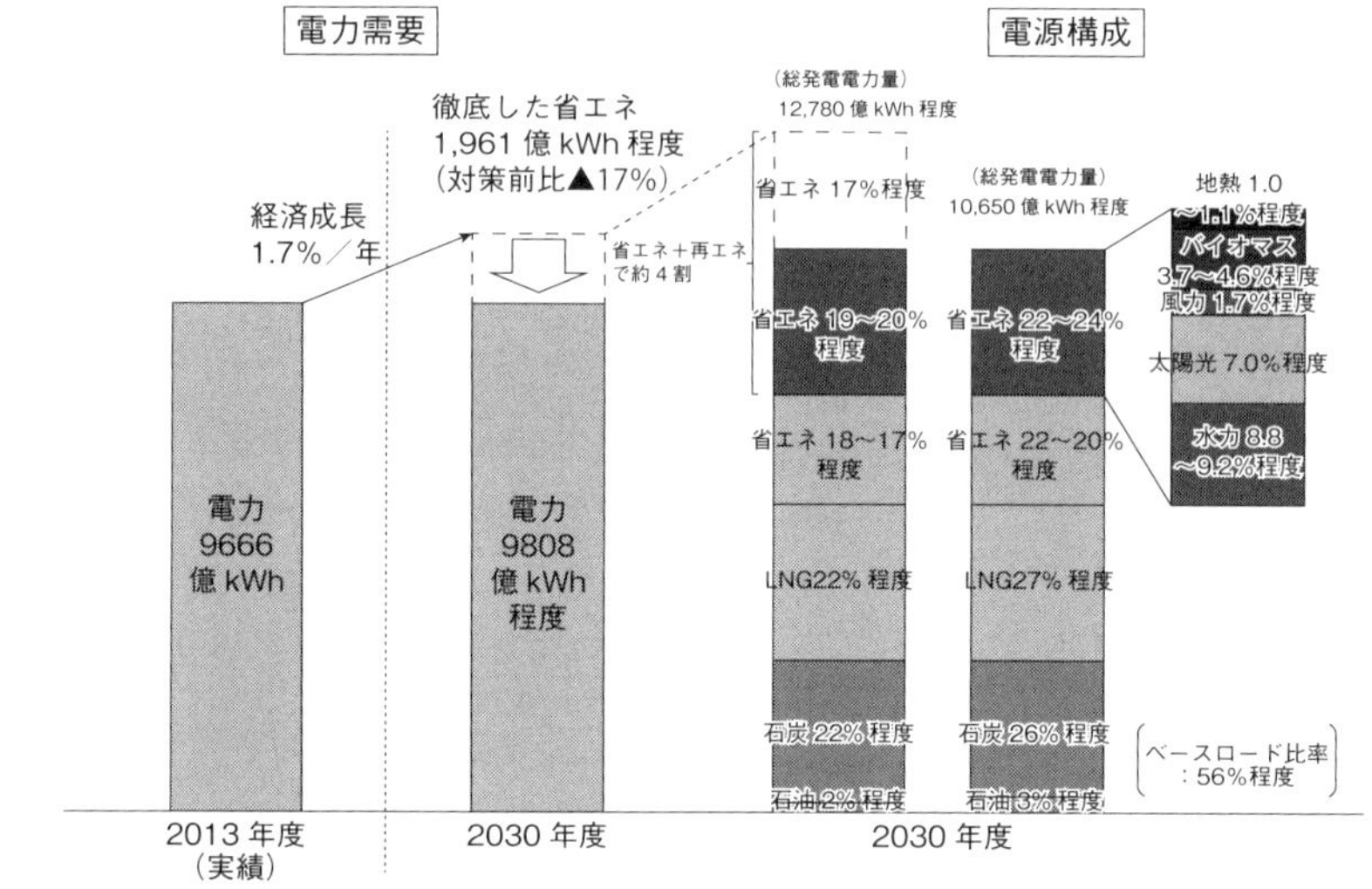

図表2　電力の需要構造

出所：厚生労働省「長期エネルギー需給見直し」P7（平成27年７月）

の導入を倍増させること」を目標に掲げました。そして、プラン策定から5年目の今年、県は「環境負荷の低減を目的とした新エネルギー等の導入拡大を引き続き推進するとともに、プランのこれまでの進捗状況、東日本大震災に端を発したエネルギーを巡る情勢の変化などを踏まえ、従来の一極集中型から小規模分散型のエネルギー体系への転換によるエネルギーの地産地消を地産の面から推進するため、プランの見直し」を行いました。図表3は、現行プランにおける新エネルギー等の導入目標と実績です。以下では、このプランにそった再生可能エネルギー導入の県内の現状とその可能性を探っていきます。

(1) 太陽光

気象庁のデータを見ると、静岡県は、全国トップクラスの日照量に恵まれていることが分かります[5]。本県の太陽光発電の導入量は、図表3が示す通り、基準年度の平成21年からの5年間で約10倍に増加しており、本県における新エネルギー導入拡大の原動力になって

			基準（H21年度）		H25年度		H26年度		目標（H32年度）	
			設備容量（万kW）	原油換算（万kl）	設備容量（万kW）	原油換算（万kl）	設備容量（万kW）	原油換算（万kl）	設備容量（万kW）	原油換算（万kl）
新エネルギー	太陽光発電		9.9	2.4	54.3	13.3	96.6	23.6	110.0	26.9
	太陽熱利用		－	5.9	－	6.9	－	6.9	－	12.0
	風力発電		4.5	2.0	3.0	6.4	14.1	6.3	20.0	8.6
	バイオマス	発電	3.0	2.2	－	2.2	3.9	2.2	4.0	4.0
		熱利用	－	3.9	1.0	4.4	－	4.2	－	8.0
	中小水力発電		0.9	1.1	41.1	1.2	1.0	1.3	1.9	2.3
天然ガスコージェネレーション			45.0	39.4		36.0	40.8	35.8	90.0	79.0
新エネルギー等計			－	57.2		70.7		80.5		140.9
最終エネルギー消費量			968.3		890.8		890.8		1,082.0	
新エネルギー等導入率			5.9%		7.9%		9.0%		10%以上	

※26年度の最終エネルギー消費量は、暫定値（25年度最終エネルギー消費量（暫定値））。
※32年度の最終エネルギー消費量は、19年度の実績を元に推計したもの。

図表3　ふじのくに新エネルギー等の導入目標と実績
出所：静岡県「ふじのくに新エネルギー等導入倍増プラン」P6（平成28年３月改定）

います。県及び市町では、静岡県地球温暖化防止活動推進センターを窓口として、さまざまな補助制度を設けて、さらなる推進に努めています[6]。

太陽光発電のメリットは、発電にあたって静かであること、二酸化炭素を排出しないという点です。デメリットは、天候に左右されやすく、広い面積を必要とすることです。また景観の問題もあり、富士宮市では、「富士宮市富士山景観等と再生可能エネルギー発電設備設置事業との調和に関する条例」を施行し、富士山の景観と再生可能エネルギーの調和を図るために、発電設備の設置事業を行う場合は、市長への届出と同意を義務づけました[7]。景観の問題に加え、耐用年数が過ぎたときに出る大量の廃棄物をいかに処分するかも今後の課題といえましょう。

(2) 太陽熱利用

太陽熱利用は、太陽熱エネルギーを集め、給湯等に利用するシステムです。電気ではなく、温水などの「熱」を生むという点で太陽光発電と異なります。最も普及しているのが太陽熱温水器で、住宅の屋根等に設置した集熱器によって暖められた温水を給湯等に利用するシステムです。太陽熱利用システムは、先の図表3が示すように、原油換算でこの5年間に約20％増加しています。新規導入件数は、全国的には横ばいもしくは減少傾向にあるなかで、本県では近年増加し、平成24年度以降全国1位を維持しています。太陽熱利用のメリットは、太陽エネルギーからの変換効率が高く、ランニングコストが比較的安いことです。しかし、集熱器設置には、相当広いスペースが必要となることと設置場所が太陽光発電、家庭用自然冷媒ヒートポンプ給湯器（エコキュート）と競合関係にあることで、製品や性能の進化や特長、導入効果についての認知を高めることが課題といえます。

（3）風力発電

風力発電システムは、風を風車により回転エネルギーに変換し、発電機を回して電気エネルギーを作り出すシステムです。メリットは、発電をする際に二酸化炭素等の環境汚染物質を排出しないクリーンなエネルギーであるということ、エネルギー資源が無尽蔵であることなどが挙げられます。

本県では、遠州掛川風力発電所や浜野風力発電所をはじめとして、掛川市を中心に多くの風力発電施設が稼働してきました。掛川市は、遠州のからっ風と呼ばれる北西風の季節風が、秋から春にかけて吹きます。同市は「環境日本一」を目指して再生可能エネルギー導入量の具体的な計画を掲げ、平成30年の運転開始を目指して、掛川風力株式会社とともに大規模な風力発電事業に取り組んでいます。本事業は、二酸化炭素の削減に寄与するとともに、地域住民や地元自治会の協力のもと開発が進められており、地域活性化効果も見込まれています。

課題は、天候に左右されることで、風が吹いてなければ風車は回らず、台風など風が強すぎても過剰な負担となるので発電できません。また、景観や、風車が発する騒音・低周波音が問題になるケースが挙げられており、立地の選択が重要といえます。

（4）小水力

事業者向け買い取り価格の下落で太陽光発電を新設する動きが鈍りつつあるなか、静岡県は２０１６年度、小水力、バイオマス発電施設の導入を促進し、地産エネルギー体系への転換を図っています。

エネルギー体系を転換する上で、小水力は設置に適した場所が制約されたり、バイオマスは燃料調達先の確保が不可欠だったりする課題があります。そこで県は施設導入に前向きな企業に対して、計画や調査段階からの支援に力を注ぎ、施設数や発電量を着実に積み上げようとしています。

小水力とは水力発電の一つですが、大きな川に大きなダムを作って水を利用するような大規模なものではなく、小川やちょっとした落差のある河川を利用してスクリューを回して発電する方法です。その際に安定的な水量が望めるような農業用水を利用することもあります。水力発電はダム建設において水棲生物への影響はあるものの二酸化炭素を発生しないためクリーンエネルギーであると考えられています。

磐田市内では、２０１６年3月、地元の堀内エネルギー株式会社が下水処理場の磐南浄化センター（同市小中瀬）に設置した小水力発電施設を稼働しました。センターが処理した水を川に放つ際の流れ（毎秒約０・６トン）に着目し、センターと川をつなぐ放流路に発電機を設けました。施設が終日稼働すれば、最大で７・４ｋＷ一般家庭約12世帯分の電力を生み出します。

静岡県は水が豊富です。それにともなってたくさんの用水路もあります。水源から水が必要なところまで運ぶのが用水路ですが、その移動エネルギーを発電に利用することができれば、ある程度の発電量は見込めるのではないかと考えています。用水路というのは立ち入り禁止になっており、水車があっても迷惑になることはありません。このように普段利用していないようなポイントにエネルギーが眠っています。小水力発電は昼夜、天候問わず一定量の電力を安定して供給できるベースロード電源として大いに活用するべきでしょう。県の動きに合わせて今後注目するべきエネルギーの一つです。

(5) ガスコージェネレーション

コージェネレーションとは、天然ガスなどを燃料として熱と電気を同時に供給するシステムです。消費地に近いところに発電施設を設置できるため、送電ロスが少なく、また、発電に伴う冷却水、排気ガス等の排熱を回収利用できるため、エネルギーを有効利用することができます。

全国から多数の見学者が訪れる静岡ガス株式会社は、2013年、ガスコージェネレーションと、太陽光と熱、地熱、風などの再発可能エネルギーをミックスさせた本社ビルを竣工しました。これにより、同規模の建物と比較して、2013年に4割弱、2014年には5割以上のエネルギー消費量削減に成功し[8]、石油と比較してCO2の削減にも役立っています。また、同ビルは災害時にも活動できる自立電源を確保しており、東海地震が想定されている静岡県において、エネルギーインフラを支える企業の自覚がうかがえるといえましょう。

ふじのくにプランでは、平成32年度の新エネルギー等の導入目標において、ガスコージェネレーションを現在の約2倍、ふじのくにプラン全体の約半分を占めるエネルギーとして期待しています。平成21年をピークに県内での導入量は伸び悩みをみせていますが、震災以降の災害意識の向上や価格の低下等により、コージェネレーションによる分散型エネルギーが再評価される傾向がうかがえます。ガスの供給体制は、天然ガスパイプライン「南遠州パイプライン」に続き、２０１５年10月「静浜幹線」が開通し、ガスを安定して供給できる基盤ができています。供給に応じた需要を整備していくことが今後の課題といえます。

静岡で何ができるか

３・11の東日本大震災は、新エネルギーを〝生み出すこと〟ばかりでなく、〝節約すること〟の大切さを教えてくれました。各家庭で無駄な電気を節約し、自前でエネルギーを用意することも考えられます。たとえば冬場、薪ストーブを使うと電気は使わないですみます。木質ペレット（丸太、樹皮、枝葉など木質バイオマスを原料につくられたもの）を使った家庭用ストーブが販売されており、木質ペレットを燃やした熱を利用した家庭用の火力発電も出てくるかもしれません。木質バイオマスは、化石燃料と比較するとＣＯ２の排出量が少なく、熱量当たりの燃料価格が安いため、21世紀以降、ヨーロッパでは急激に伸びており、化石燃料の代替エネルギー源として注目されています。

かつては林業が盛んだった静岡県ですが、木質ペレットを製造するためだけに林地残材を下ろしてくることは現実的ではありません。燃料用材としての取引価格は建築用材としての価格よりもはるかに安く、運搬費にコストがかかります。また、ストーブが普及していないとペレットの単価は低くならず、ペレットの値段が高ければ使うストーブも普及しません。にわとりとたまごになってしまいますが、どちらかが普及すれば両方よくなるでしょう。この普及に補助金をつけて進めることができれば、静岡県の林業の復活につながると考えます。各家庭が使用する電力量というものはたいしたことはありませんが、それが集まれば全体として大量の電力が必要になります。それを抑えるためには節電がまず挙げられます。節電と並行して、集落くらいは賄える省水力発電等の普及や、各家庭が木質バイオマスから電気を生み出すことが可能になれば、エネルギー事情はかなり変わってくると考えます。

エネルギー問題は、必ず環境という問題につきあたります。さまざまなエネルギーを本章では取り上げましたが、エネルギーを作るには何かしらの人工的な作業を伴い、必ずどこかで弊害が生まれます。火力では燃焼ガスが発生して大気を汚染します。現在、排気ガスは処理されて極めてクリーンなものとなっておりますが、二酸化炭素だけはどうしようもありません。原子力発電は，地震や津波などの災害に対する安全性の問題、使用済み燃料の処理という課題を抱えています。メタンハイドレートには夢が膨らみますが、地球温暖化という課題をクリアしなければなりません。再生可能エネルギーでも、大規模な水力発電はダムを作ること自体が自然を破壊します。太陽光発電では耐用年数が過ぎた後に廃棄される大量のパネルの処理という課題、風力発電は音という課題、そして景観との調和を図らなければなりません。一種類の方法に頼るのではなく、それぞれのメリットとデメリットを考慮しながらバランスよく使用する知性が求められます。

静岡県は、平成28年3月、「ふじのくに新エネルギー等導入倍増プラン」を見直すとともに、「静岡県エネルギー地産地消推進計画」を策定しました。

地域で生産するエネルギーの割合を少しずつ増やすことで停電や輸入にたよったエネルギーというリスクを分散をするとともに、再生可能エネルギーによる環境に配慮したエネルギーの利用ができます。小中規模な水力発電所を可能な限り設置することと、地域や工業団地等の枠組みの中での小規模な火力発電所でエネルギーの地産地消を促すことを静岡県で取り組むべきです。個人宅においても太陽光で電気を生産することが普及しています。太陽光だけでなく、風力、水力、火力等の個人向けの設備の開発や研究を進め、地産地消のみならず個人生産個人消費を促し、また、消費を減らす努力も重ねてするべきです。東日本大震災以降、電気が生活に密着していることが改めて実感され、節電意識は向上されました。そこをさらに一歩進め、どのようなものに電気が使用され、どうすれば節約できるかを教育する体制をつくりあげることが大切です。太陽光や風力といった再生可能エネルギーは火力発電の裏打ちが必要になってくるので、むやみやたらと増すことには限度があります。中小水力をベースとした供給割合を高めるとともに、地産地消と節電意識の向上が電力の安定供給につながり、それこそが静岡県が目指すものと考えます。

【引用文献】

1. メタンハイドレート資源開発研究コンソーシアム　http://www.mh21japan.gr.jp/mh/02-2/
2. 「海洋基本計画」内閣官房、平成25年4月
3. 「エネルギー基本計画」経済産業省、平成26年4月
4. 「長期エネルギー需給見通し」経済産業省、平成27年7月
5. 気象庁　http://www.data.jma.go.jp/obd/stats/data/mdrr/tenkou/alltable/sun00.html
6. 静岡県エネルギー政策課　http://www.pref.shizuoka.jp/sangyou/sa-150/enegy.html
7. 「富士宮市富士山景観等と再生可能エネルギー発電設備設置事業との調和に関する条例」富士宮市規則第17号、平成27年7月1日
8. 「静岡ガス最高賞受賞　本社ビルの削減実績評価」毎日新聞、２０１６年1月14日付

【参考文献】

1．「ふじのくに新エネルギー等導入倍増プラン」静岡県、平成28年3月改定
2．「静岡県エネルギー地産地消推進計画」静岡県、平成28年3月
3．「環境ビジネスオンライン」２０１６年3月18日付　https://www.kankyo-business.jp/news/012365.php
4．「静岡県、地産エネルギー導入促進　計画段階から支援」静岡新聞、２０１６年3月29日付

■観光・交通問題

富士山静岡空港のこれから

30年後を見据えた富士山静岡空港

袴田崇寛

２００９年６月４日に開港した「富士山静岡空港」。開港以前、そして以降も、さまざまな課題が大きく取り上げられ、マスコミなどからも批判の的となった。しかしながら、険しい道のりを乗り越え、開港までに至った空港は、立派な県民の財産であることを忘れてはならない。長い年月をかけて完成した空港を、これから大人になり利用者となる子供たちにどのように渡すのか、本稿で考察していきたい。

１　現状

富士山静岡空港が開港するまで

県の総合計画に空港整備の推進が盛り込まれたのちに、建設候補地が榛原（現・牧之原市）・島田に決定されたのは今から29年前の１９８７年12月16日でした。世の中がバブルで色めき立っていたころ、近未来を予感させる計画にさぞかし歓迎ムードだったであろうと思いきや、当時の地権者を含む反対派デモも熾烈を極めました。５３０ヘクタールに及ぶ建設地の中には、地域の特産品であるお茶やみかんの樹園地が１２０ヘクタール含まれ、また騒音、環境への影響が懸念されました。住み慣れた土地に空港という大規模な施設ができるということは、それまでの生活に変革をもたらします。それをすぐに理解し、受け入れるということは誰でも難しいことです。

気象調査、地質調査、河川調査、そして航空自衛隊静浜基地との空域調査などを経て、１９９４年８月、予定事業から新規事業となりました。１９９６年に運輸省より設置許可が下り、１９９８年11月には起工式が行われました。しかし、時はすでにバブルが崩壊し、公共事業イコール無駄なものと声高に叫ばれはじめたころでした。在京のメディアのバッシングや、当事者でない人までもが参加する反対キャンペーンが頻繁に行われるようになりました。

２００４年には、すでに地権者の98%が用地提供に応じたものの、地区外地権者による反対運動を受け、空港問題も全国ニュースで扱われるようになりました。測量ミスにより航空法上、滑走路を３００メートル短縮せざるをえなくなった立ち木問題など、工事の中断や完成期日の延期を経ながら、やっと２００９年６月４日に一番機が飛び立ったのです。

空港について外野である在京のマスコミなどにより、開港までの紆余曲折ばかりがクローズアップされがちですが、先人が未来を見据えて、汗水や涙を流して開港にこぎつけたのです。そしてこれは、地権者のみなさんが民主主義の名の元、静岡県の発展を願い、土地の提供を同意してくださった結果です。利用者数が70万人に到達[1]しようとする今、富士山静岡空港を軸とする静岡県のさらなる発展は、我々世代にかかっていると思います。

静岡に空港があるということ

静岡県は東西に長く、古くから交通の要所として栄えてきました。東名高速道路が１９６９年5月に全線開通して以来、現在では第2東名高速道路も開通しています。渋滞も緩和され、陸路の利便性が高くなりました。これからは２０１７年開通予定の中部横断自動車道など南北の道も整備され、さらなる発展をしていくところです。

鉄道に目を向ければ、１９６４年10月に開通した東海道新幹線、１８８９年4月に開通した東海道本線もあります。

全国の推計人口数で10番目の、３７０万人が住む我が静岡県。ところが、道路と鉄道は充実しているものの、空港開設までの空の利用は中部国際空港や、羽田・成田空港に頼るしかないのが実情でした。

静岡市から羽田空港と中部国際空港まで、それぞれ車で2時間半、新幹線などの乗り継ぎで2時間弱を要します。しかし、空港が牧之原市・島田市にあることにより、静岡市からは40分、浜松市や富士市からは約1時間で到着できます。後述する便数やその発着時間の問題はあるものの、1時間から1時間半も早く目的地に着くメリットが発生します。都市部にある空港に向かうために生じやすい事故や渋滞などの交通リスクの軽減が可能であり、飛行機で発生しやすい遅延があったとしても、トータルでの時間的ロスの軽減が可能です。

車の交通量が多くとも、県内のインターチェンジに降りてもらわなければただの通過点にしかなりません。しかし、飛行機はその地に降り立ちます。そこからの導線を確保、整備することによって、来県者に対して静岡県独自のおもてなしができて、魅力を発信することが可能になります。

また、貨物としての空の利用も魅力的です。貨物便の国内実績は平成26年で３５０・７トン（主に輸出）、国際便では３２０・７トン（主に輸入）の実績があります。(2) 静岡県は運送業も盛んな県ですが、トラックでは10時間以上掛かっていた国内の別の集積拠点への移送が、飛行機を利用することにより数時間で可能になります。人の利用と同様、これまで頼っていた他の空港に集積する手間や時間的ロスもなく、目的地に荷物を運ぶことが可能になりました。

海外からの来訪者をどこかの空港から電車、バスを乗り継いで……ではなく、直接静岡の地でお出迎えすることが可能になりました。今は台湾、中国、韓国便のみですが、中国人による爆買ブームもあり、空港利用者数は伸び続けています。

空の玄関口として空港があります。「静岡」という名を冠した空港があることにより、「静岡」という名前がこれからさらに世界に知れ渡ることが十分期待できると考えます。

2　課題

少ない便数

静岡県に空港があることにより我々が享受できる利便性として、時間的優位性があることは前の章で述べた通りです。しかし、それには必要な（魅力的な）時間帯に、必要な（魅力的な）行き先の便があることが条件になってきます。

利便性と時間的優位性を発揮するには、早朝に飛び立ち、目的地での会議や観光を済ませたあと、その日の夕方以降の便で帰ってこられる便が必要です。福岡、札幌から来た方々も同様です。福岡や札幌までのフライト時間は1時間50分。一方鉄道では、福岡まで5時間弱、札幌までは10時間以上かかります。鉄道を圧倒する利便性の提供が可能です。

しかし、航空会社も民間会社である以上、需要と供給のバランスでサービスの提供をしています。仮に全ての便に手厚い搭乗率保証を付けても、その補填を税金で賄うには限度があります。空港施設と周辺の整備を進めて、県内からは身近な空港、県外や海外からは魅力的な空港になり、利用者数の増加を図りたいところです。

2次交通

富士山静岡空港の駐車場は2000台のスペースがあり現在は無料ですが、各周辺の自治体では2次交通のインフラ整備も進められています。

バスでみると、現時点で一番充実しているのが静岡駅であり、30分に1本のペースで運行されています。他にも島田駅、掛川駅、藤枝駅からバスを利用することができます。しかし、静岡駅以外からの利便性はあまりよいとはいえず、掛川からはＦＤＡ利用者限定であり、本数も数時間に1本程度です。これでは飛行機が遅れバスにも乗り遅れた場合、利用者は大きな時間的損失を覚悟しなければなりません。

実際に、飛行機の遅延にはバス会社は対応しません。10分間隔での発車であれば遅延があってもあまり問題はありませんが、1時間に1本のバスでは飛行機を利用するメリットを打ち消してしまいかねません。浜松からは比較的安い乗り合いタクシーがありますが、乗車日前日の予約が必要です(3)。利用した方には概ね好評のようですが、まだまだ周知が十分とはいえません。空港側と2次交通側との、利用者の利便性向上のためのコミュニケーションがなされていない証左であります。

空港へは主に車での来場を予期されてきていたと感じますが、今後利用者数が１００万人、１５０万人と増加した場合、これまでの２次交通で間に合うでしょうか？　２次交通の評価は、そのまま空港の評価に直結します。おもてなしを標榜するのであれば、海外からの個人旅行者にもやさしい２次交通が望まれます。

３　政策提言

完全民営化と長期的赤字体制の容認

空港の新たな運営体制を検討する先導的空港経営推進会議では、民間運営に向け県が導入を図る公共施設等運営権制度についての議論が交わされています。空港施設の所有権を県が持ちつつ運営権を民間に売却する準備を進め、早ければ２０１９年度から新体制に移行する考え、とのこと(4)。

さまざまな公営施設などで民営化が進められているように、富士山静岡空港に関しても、滑走路やその他設備も含めて１００％の民営化を進めるべきです。決して官民どちらが優秀、ということではなく、どちらが利用者にとって利用しやすく、どちらが周辺の２次交通インフラにとって商取引がしやすいか、ということです。民間同士で意思決定のプロセスが同じであれば、それだけ決定も早く、協調しやすいと考えます。他の地方空港に先駆けるためには利便性を含めた一層高い競争力と、それを維持する必要があります。法制的、政策的な維持管理に関しては県が責任を負い、運営そのものは民営化する必要があるのではないでしょうか。

空港は県民の財産です。県民、そして周辺住民のみなさんにより、幾多のつらい決定の上で成り立った空港であることは前章でも述べた通りです。であるならば、空港があるという県全体のメリットを、今よりもさらに周辺地域にも波及させることが大事です。

民間に移行した場合、懸念されるデメリットは黒字化が至上命題だといわれやすい点です。今でも事あるごとに「赤字空港」と揶揄されますが、現実では収支が黒字の空港は少ないです。自治体が管理する64空港全てが赤字です。[5] 国が管理している空港では、27空港のうち25空港が赤字です。[6] 黒字なのは新千歳空港と小松空港のみ。しかし、たとえば那覇空港や福岡空港、釧路空港に対して赤字だから必要ないと言えるでしょうか？

また路線バス以外の定期運航の長距離バス、近距離バスも、必ずしも黒字ではありません。しかし交通インフラとして重要な役割を担っています。空港だから黒字でないといけない、という理論は成り立ちません。

完全民営化となっても、空港は県民、そして来訪者にとってのインフラとして機能しなければなりません。現状の債務や今後かかる経費について、一定を県が空港予算として面倒を見ることを条件として、運営権者を募るべきだと考えます。周辺地域に波及効果のあるインフラであるのなら、そして利便性が高い空港があることによって享受するものが利用者、県民にとって大きいのであれば、現時点よりも改善こそ望まれますが、空港自体が赤字でも今は問題ないと考えます。

目先の収支に捉われることなく、運営会社は県民のみなさんの期待に応えながら、県も協力をして運営について広く理解を頂くようにしなければなりません。

東海道新幹線の新駅を設置

富士山静岡空港の地下には、東海道新幹線が走っています。空港と新幹線が同じ場所に存在しているのですから、これを生かさない理由はないでしょう。

　しかし、静岡県内において、新幹線の駅は6駅あります。また、空港の近くには掛川駅があります。直線距離で約18・5キロ。新幹線が通ったとすれば、恐らく10分も掛からずに到着する距離です。

　少し鉄道について整理したいと思います。

　リニア中央新幹線が２０２７年の開業を目指しています。計画が発表されたころは遠い未来に思いましたが、今から10年後の話です。利用者の時間に対する費用対効果の考え方もさまざまだと思いますが、東京～名古屋を40分ノンストップで移動したい人は、新幹線でなく、リニアを選択していくはずです。２０４５年目標の大阪開通後は、東京～大阪では1時間7分で到着する計画です。

　リニア中央新幹線は静岡県内の10キロほどの区間を通過するのみです。駅も作られませんから、リニアに乗る人は静岡県内に降り立つこともなく、静岡県民がリニアを使い他県に移動することもありません。超高速の鉄道が整備された後、東海道新幹線は県民にとってどのようなものになっているでしょうか？　現状では、例えば静岡駅にはのぞみは1本も停車せず、ひかりは上下線ともに1時間に1～2本、後は各駅停車のこだまが2本停車します。

　JR東海は民間の会社です。もし費用対効果を極めるのであれば、リニア開通後は利用者の減る東海道新幹線は今後減車するかも知れません。しかし、貴重なインフラとしてJR東海と静岡県民が互いに歩み寄ることができればどうでしょうか？

　空港の地下に線路が走っているとはいえ、民間企業にとっては大きなチャレンジです。採算予想も読みづらく、投資している株主や債権者の銀行がどこまで納得するか分からないまま、経営陣の安易な回答は引き出せないと思います。しかし、さほど遠くない未来には、富士山静岡空港はさらに注目され、インフラとしての利便性もさらに向上するはずです。その時、県民はどう思うでしょうか？

　空港建設が60％も済んでいたにも関わらず、在京マスコミが批判をし、地権者でもなく近隣の自治体にすら住んでいないグループが反対を叫んだ過去があります。あとには立木１本があった理由のみで、なぜか知事の責任を問われ知事が辞職する事態も発生しました。しかし実際に開港してみたら、今では国際線で39万５３０人、国内線では30万８９３７人(7)も利用する空港になったのです。現時点でも空港があって良かった、と言えると思います。

　２０２０年には東京でオリンピックが開催されます。他の都市が交通インフラを進めた結果、国内や海外からの旅行客で賑わう姿を見ながら「新幹線駅、作っておけば良かった」では遅いのです。県としても調査を進めて(8)、ＪＲ東海との折衝に早急に挑むべきだと考えます。

カジノの可能性

法務省出入国管理統計によると、富士山静岡空港の出入国者数は、２０１４年は19万１０００人で、全国の空港で８位であり地方管理空港の中で１位です(9)。主な要因は中国からのチャーター便で訪れる中国人が増えたことによるものです。

　昨年までは空港周辺市町の宿泊施設は爆買い中国人ツアー客で満杯になり、朝になると大型バスで他の地域に移動、という光景が毎週末のように見受けられました。東京都内のビジネスホテルも以前より予約しづらい状況となり、比較的安価だったホテルチェーンも、今では値上げをしています。

　全国的に中国人の訪日ブームでしたが、今年に入り中国政府による輸入品への関税引き上げが決まり、「爆買い」と言われた現象も下火になりました。中国経済は必ずしも安定しているわけではなく、今後同じような現象が起きることはないでしょう。中国のみならず、人の往来が国の経済状況や政策によって変わることは往々にしてあることです。

しかし来日する外国人は中国の方々だけではありません。今後も日本への来訪者は増えると予想されています。在日外国人は、何を目的に日本に来るのか？　そして日本は、何を求められているのか？　分析をする必要があります。

観光庁の２０１４年の統計によると、訪日外国人が期待していることは、日本食を食べること（1位）、ショッピング（2位）、自然・景勝地観光（3位）となっています。

また旅行消費額を費目別に見ると、２兆２７８億円のうち、ショッピングが７１４６億円（35・２％）、宿泊料金が６０９９億円（21・３％）となっています[10]。

ここで少ないのが、娯楽・サービスの消費額で、４６５億円（２・３％）となっています。遊園地や温泉をこれから増やすことは少し困難かも知れません。が、日本ではまだまだ馴染みのないカジノはどうでしょうか？

カジノと言えばラスベガス、マカオと想像されやすいですが、東南アジアにおいてカジノの整備、建設は急速に進められています。シンガポール、カンボジア、フィリピンに続き、ミャンマーでも法整備が進められているところです。

「ギャンブル依存症が増える」「治安が悪くなる」というのが、カジノに反対の方の意見です。ほんとうにそうでしょうか？

現在の日本にギャンブルがないわけではありません。キチンと公営管理の元、競馬、競艇、競輪、宝くじが運営されています。射幸性の高いパチンコなどと混同されてはいないでしょうか？

治安が悪化することもありません。カジノのある国は治安が悪い、というイメージがあるようですが、たとえばフィリピンではカジノ周辺はその国内で一番治安のよい場所になっています。

明治19年8月、東海道線の工事が決まった時、「蒸気機関車の煙で、町がすすけたり火事になる」「火車の音で魚が逃げる」「振動で農作物の結実が悪くなる」と大騒ぎになったそうです。

新しいことを始めるに当たり、不明なことも多いぶん、不安も増長されます。面白おかしく批判をするマスコミに惑わされぬよう、正確な情報を提供し、納得を得るのも重要なことでしょう。また、現在の東南アジアのカジノのように中国人観光客だけを取り込むのではなく、信頼度の高い日本の初のカジノであることを売りにして、この静岡県から発信することができれば、アジア以外の方々も多く訪れ、空港の利便性も飛躍的に向上するとともに、この「静岡」という名前が世界に広まることでしょう。

空港建設決定当時の榛原町長だった大石哲司氏の著書にはこう記されています。「静岡空港問題にヒーローはいない。関わった全ての人が、命掛けでこの問題に取り組みました」。

富士山静岡空港の政策提言を行うにあたり、静岡県が空港を軸にしてどのように変化していくか、ますます楽しみになりました。先人が悩み、苦労して建設された大切な空港です。少々宿題も残されていますが、20年～30年後の未来を見据えて、県民総動員で解決をしていけば恐れるものはありません。箱物だ、コンクリートだという批判には屈せず、静岡県民の、静岡県民による、世界の人々をおもてなしする施設として、つねに先を見た進化を期待してやみません。

静岡県に便利な空港があって当たり前！という静岡県を、我々の世代から未来の子供たちに渡したいと思いませんか？　今の静岡県の姿があるのは、先人たちが私達に残してくれたものなのですから。

【引用文献】

1.「静岡空港、搭乗者最多59万人（15年度1月末時点）」『静岡新聞』静岡新聞社、２０１６年2月13日

2.「航空貨物（国内・国際）取扱実績」富士山静岡空港　http://www.mtfuji-shizuokaairport.jp/facility/cargo-terminal/performance/

3.「リムジンタクシー「満足」８割　静岡空港⇔浜松市街地」『静岡新聞』静岡新聞社、２０１５年12月16日

4.「民間運営の目的明確に　新体制移行へ議論　静岡空港」『静岡新聞』静岡新聞社、２０１５年11月19日

5.「64地方空港の「赤字額」１５５億円超　平成25年度」『産経新聞』産経新聞社、２０１６年１月９日

6.「国管理25空港が営業赤字＝黒字は新千歳と小松」国交省　http://www.jiji.com/jc/zc?k=201603/2016030100759&g=eco

7.「15年搭乗者19万人増　静岡空港、中国路線が寄与」『静岡新聞』静岡新聞社、２０１６年1月15日

8.「静岡県予算案空港新駅に10億円　異例の予備費計上」『静岡新聞』静岡新聞社、２０１６年2月16日

9.「外国人出入国19万人　静岡空港倍増、全国８位に」『静岡新聞』静岡新聞社、２０１５年5月29日

10.「訪日外国人消費動向調査」『観光庁統計白書』観光庁国土交通省、２０１４年

■産業問題

製造業の復興と復権

静岡県内における航空産業～他県に学ぶ姿勢～

酒井浩一

２００８年のリーマンショック後、静岡県の県内総生産（ＧＤＰ）は落ち込み、リーマンショック前の水準を回復していない。本稿では、胆となる製造業の復権について詳述し、さらに、航空産業の課題ならびに政治の役割について他県の例も含めて論じる。

静岡県の県内総生産（ＧＤＰ）に見る推移

２０１４年、内閣府が行った国民経済計算（ＧＤＰ統計）によると、静岡県の県内総生産（ＧＤＰ）は、リーマンショックのあった２００８年を境に大きく落ち込んでいる。県内総生産が近い福岡県と比較すると、福岡県も２００８年に大きく落ち込んでいるが、２００９年ではほぼ横ばいまで回復し２０１０年には増加に転じている。一方、静岡県は、２０１０年以降回復するもののリーマンショック以前までの水準に回

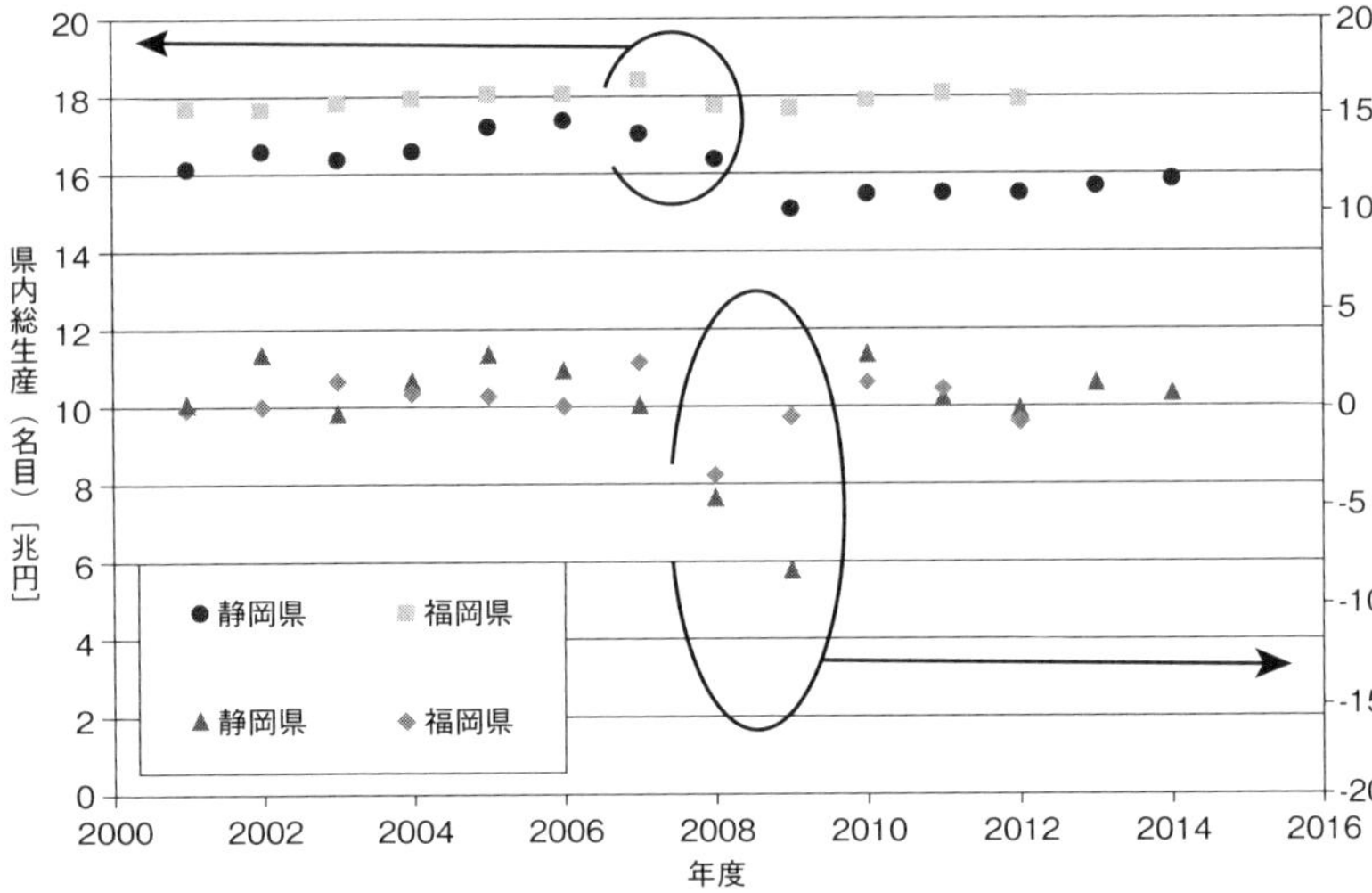

図表１　静岡県の県内総生産（名目）

出所：内閣府県民経済計算（平成13年度～平成15年度）

復していない（図表１）。

主な原因として、製造業への依存の高さが挙げられる。静岡県の「経済雇用情勢」（平成25年12月現在）によると、都道府県のＧＤＰに対する製造業の占める割合が、全国平均18・１％（図表２ａ）であるのに対して、静岡県は31・２％となっており、２位の不動産業の約２・５倍を占めている（図表２ｂ）。

リーマンショックによって廃業を余儀なくされた会社に加え、維持存続のために海外に移転した多数の会社がリーマンショック後も県内に戻れないなどの理由によりＧＤＰが好転しないと推測される。

その影響は雇用にも現れている。県が発表した２０１３年の「経済情勢」によれば、静岡県内有効求人倍率の推移を全国と比較したのが図表３である。

静岡県は、リーマンショック以前には全国の有効求人倍率を上回っていたにもかかわらず、２００９年に逆転し、それ以降全国平均を上回っていない。

図表４には静岡県の新規求人数を産業別に示した。

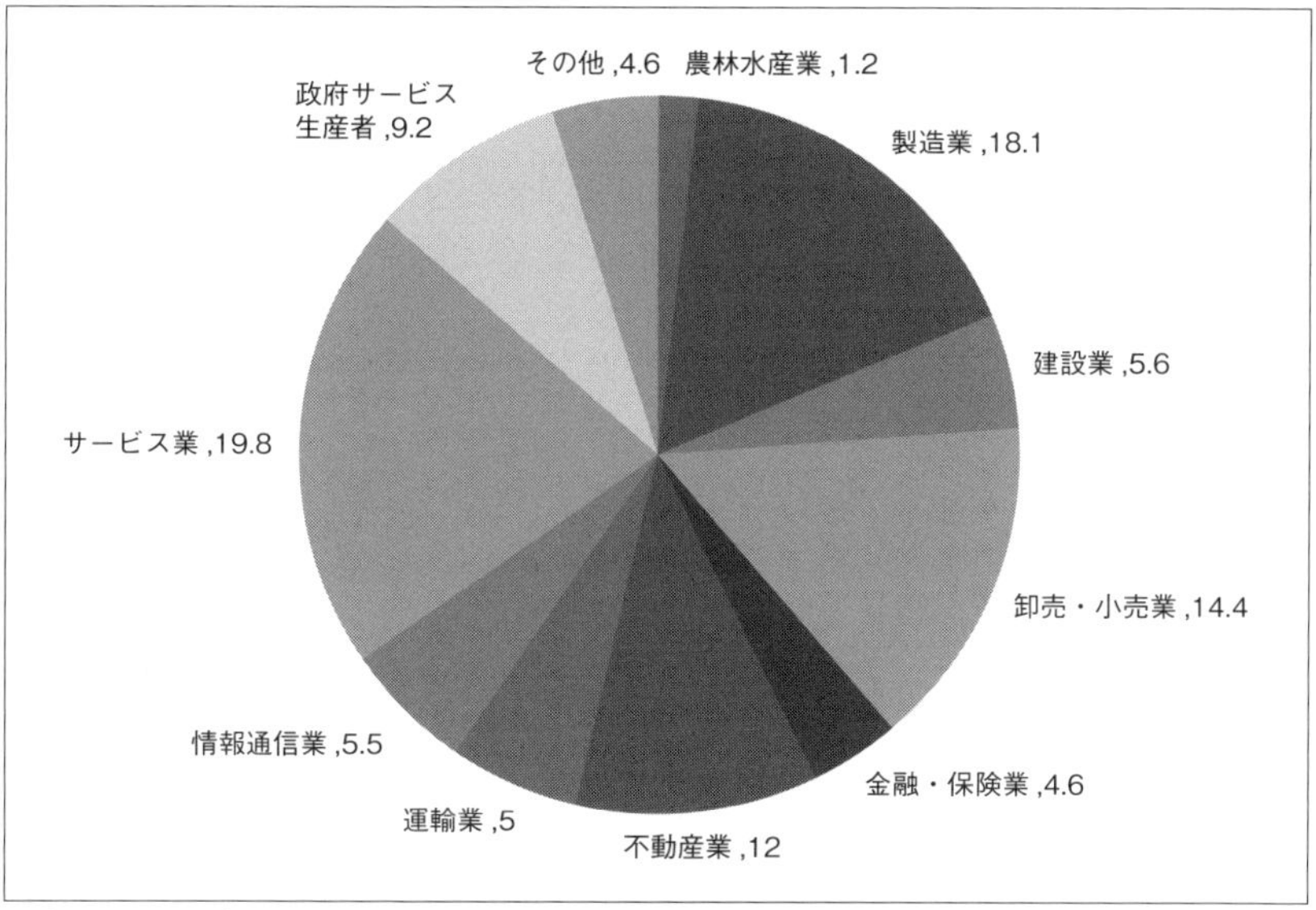

図表２ａ　平成24年名目国内総生産

出所：内閣府「平成24年度国民経済計算」（平成25年12月）

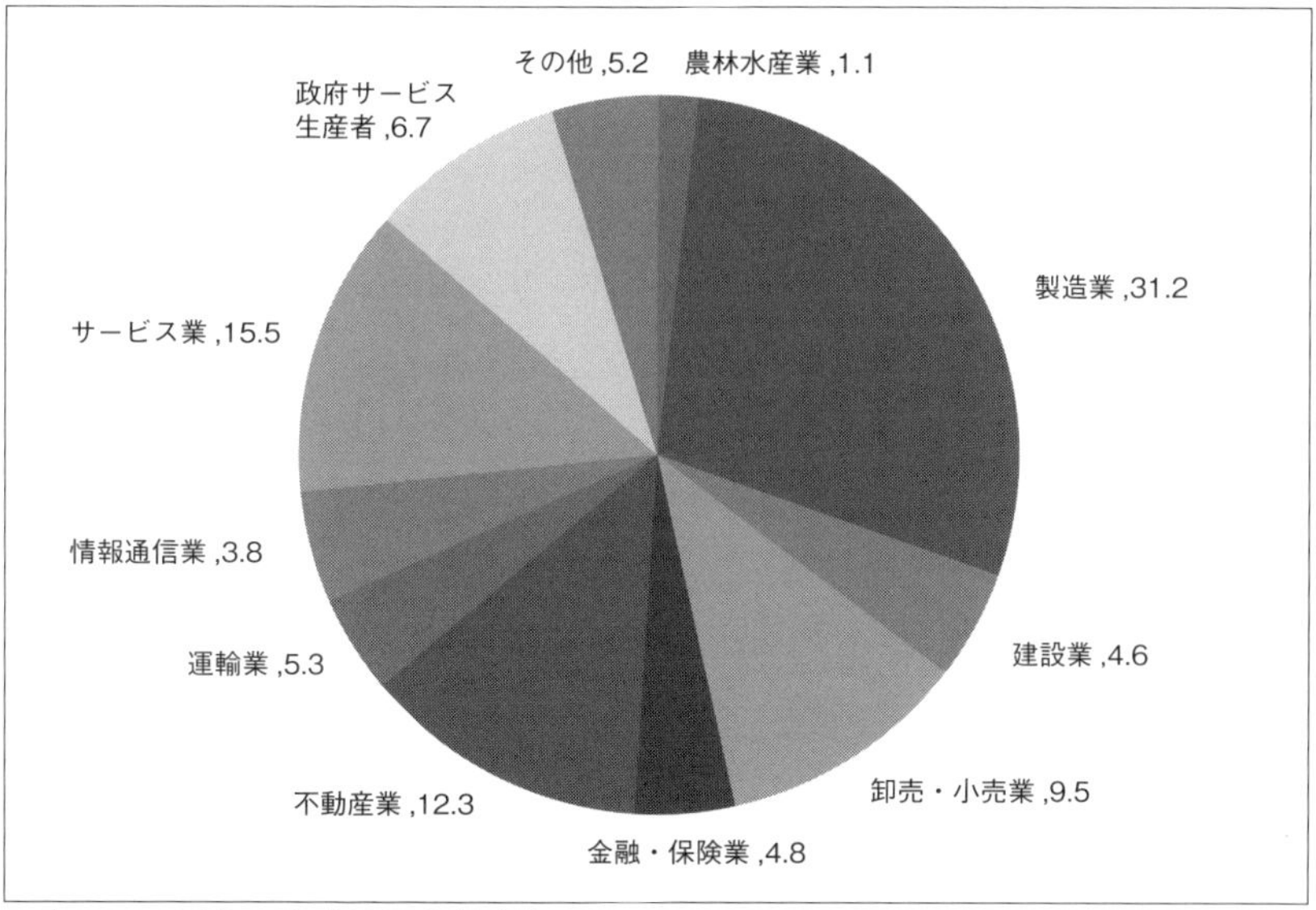

図表２ｂ　平成24年名目県内総生産

出所：静岡県「平成24年度県民経済計算（速報）」（平成25年７月）

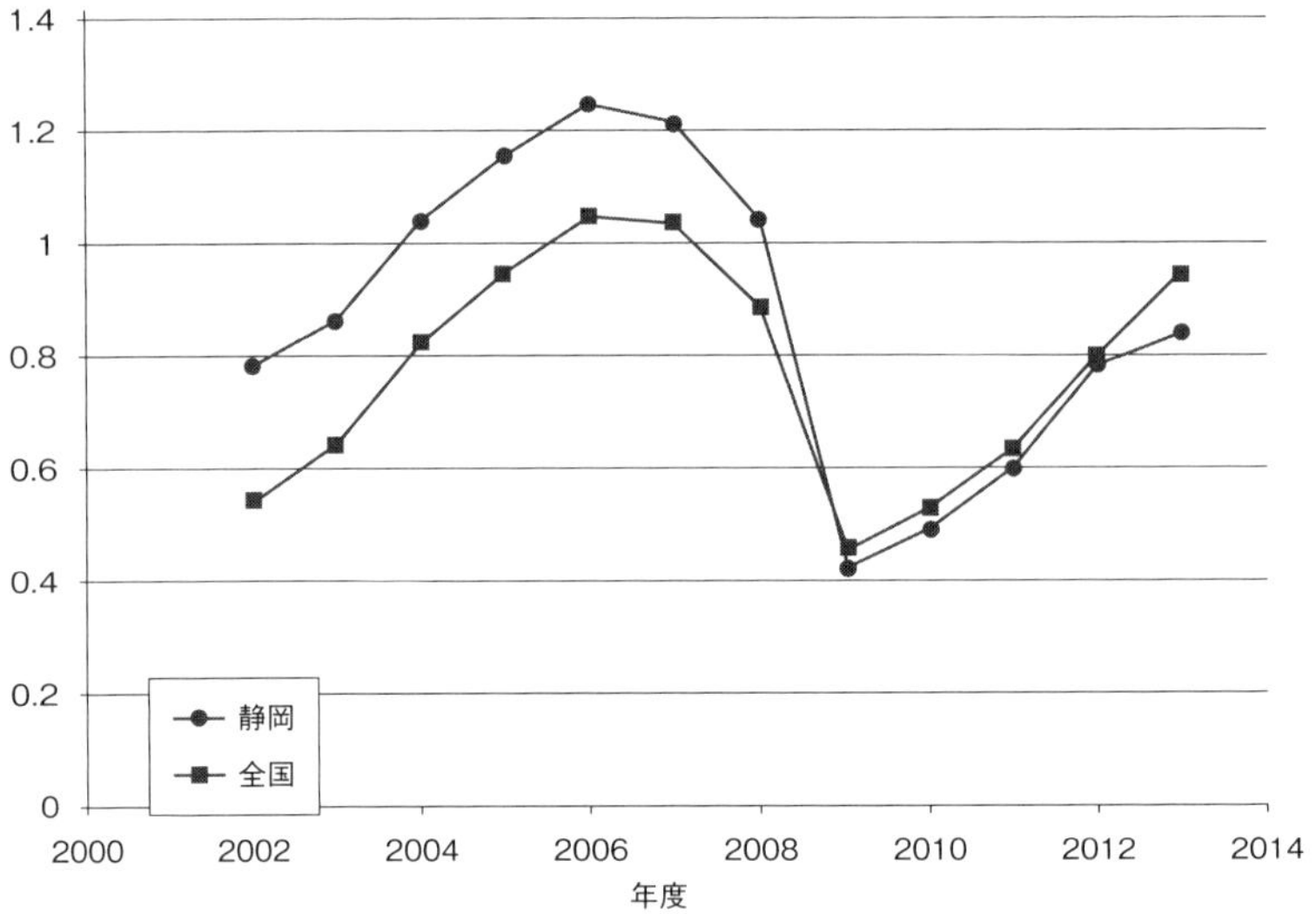

図表３　静岡県内有効求人倍率の推移

出所：静岡県「静岡県の経済情勢」（平成26年）

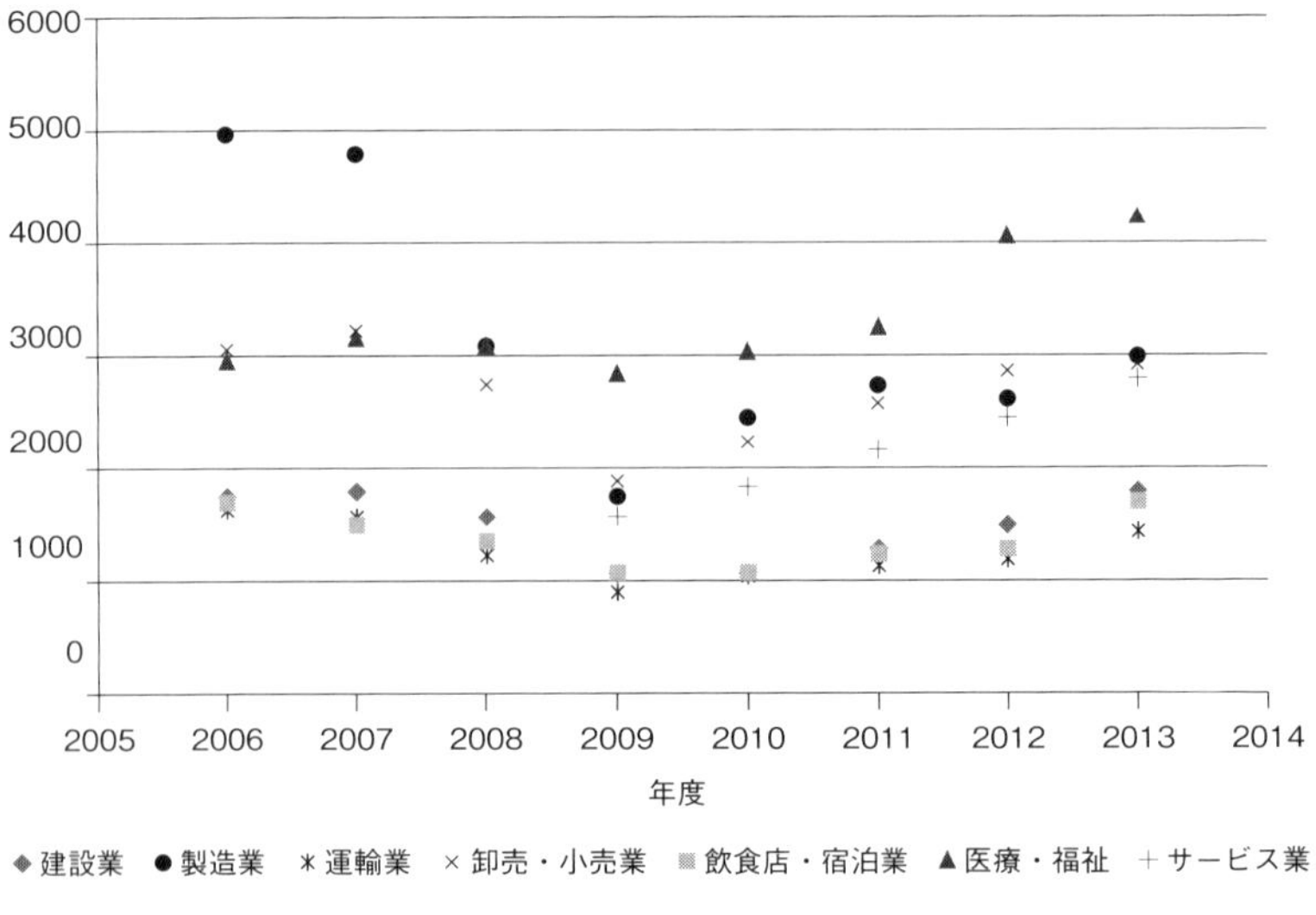

図表４　静岡県の新規求人数（産業別）

出所：静岡県「静岡県の経済情勢」（平成26年）

リーマンショック後、「医療・福祉」分野は回復し堅調に伸びており、他の産業分野もほぼリーマンショック前の水準まで回復している。しかし「製造業」分野の求人は激減し、その後一定の回復は示したものの、依然としてリーマンショック以前の水準に戻っていない。２０１５年11月27日付の静岡新聞によれば、「静岡県内求人１・２倍台に回復。全国値に並ぶ」と題された記事があるが、詳細を読むと製造業は４・２％減少している。本論文では、製造業の復権が静岡県の産業回復のカギを握っているという視点から論述を進めていく。

航空産業が切り開く未来

前述したように、県内総生産ならびに有効求人倍率を好転させるためには、やはり、製造業の復権がカギとなる。

注目したいのが航空産業である。図表5に示す通り、２０３４年の世界の航空旅客予測は２０１４年の２・５倍になると予測されており、それに伴ってジェット旅客機の新規需要も代替需要を上回ると予測されている。

それは、図表6に示す通り、20年間で4兆円ドルとも予想されている。さらに、車の部品点数が3万点であるのに対し、航空機器は３００万点ともいわれ、裾野が広い産業である。

図表7に世界主要各国の航空宇宙工業生産額とＧＤＰ比のグラフを示した。

日本の生産額は１・74兆円であり、アメリカと比較すると11分の1で、第5位のカナダと比較しても半分以下である。またＧＤＰ比でみても、主要各国が１～２％台で推移しているのに対し、日本は０・36％と突

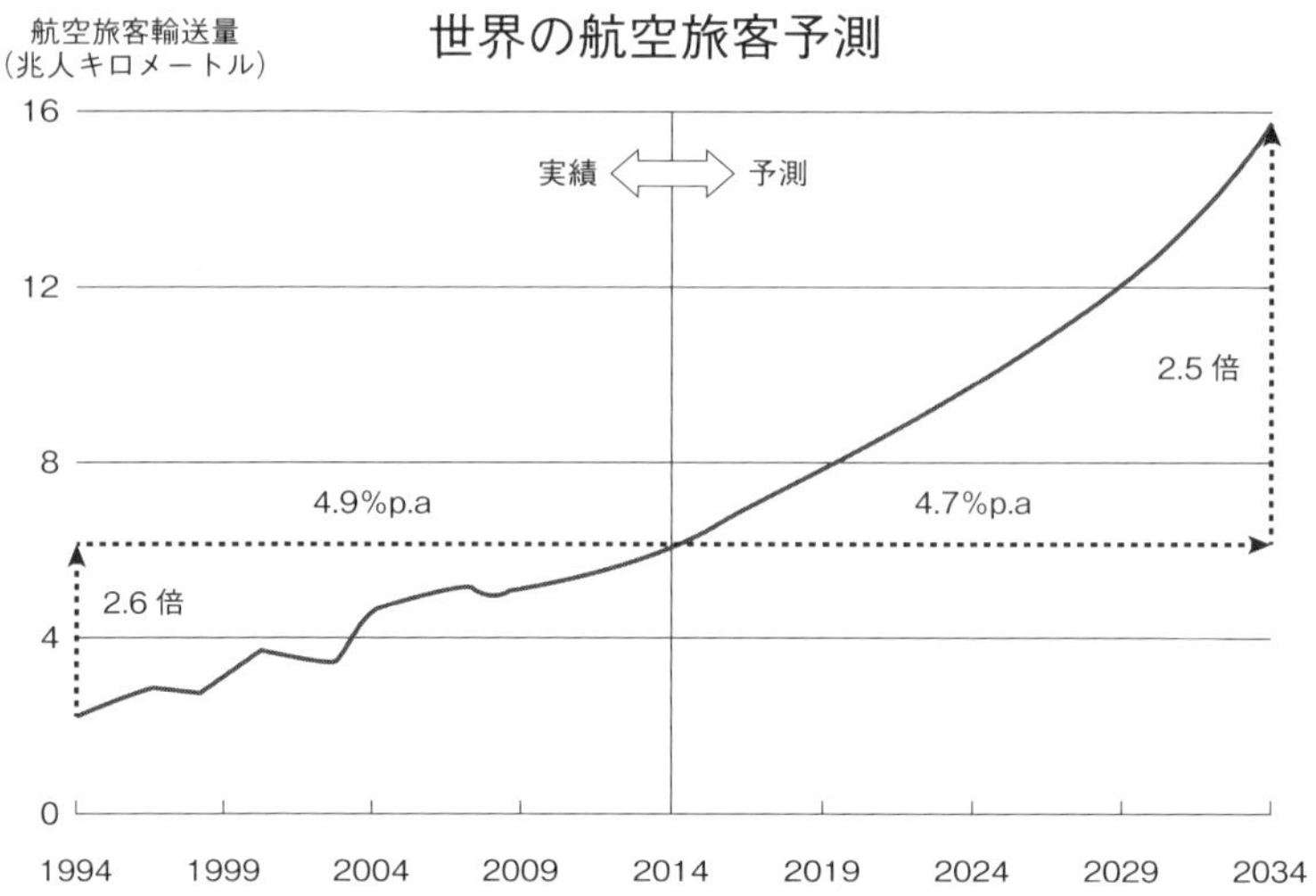

図表５　世界の空港旅客予想

出所：一般社団法人日本航空機開発協会「民間航空機に関する市場予測」

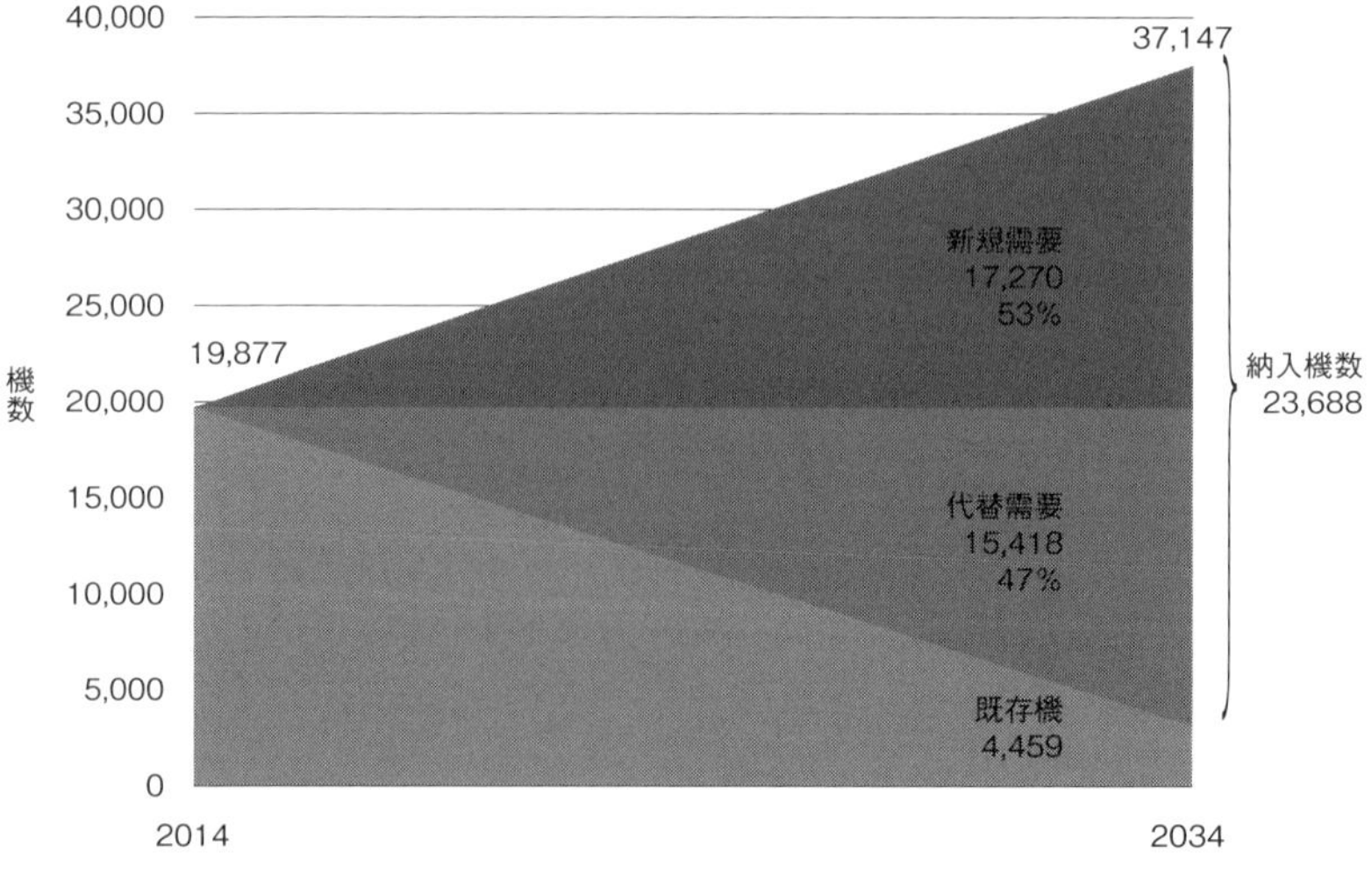

図表６　ジェット旅客機の新規需要予想

出所：一般社団法人日本航空機開発協会「民間航空機に関する市場予測」

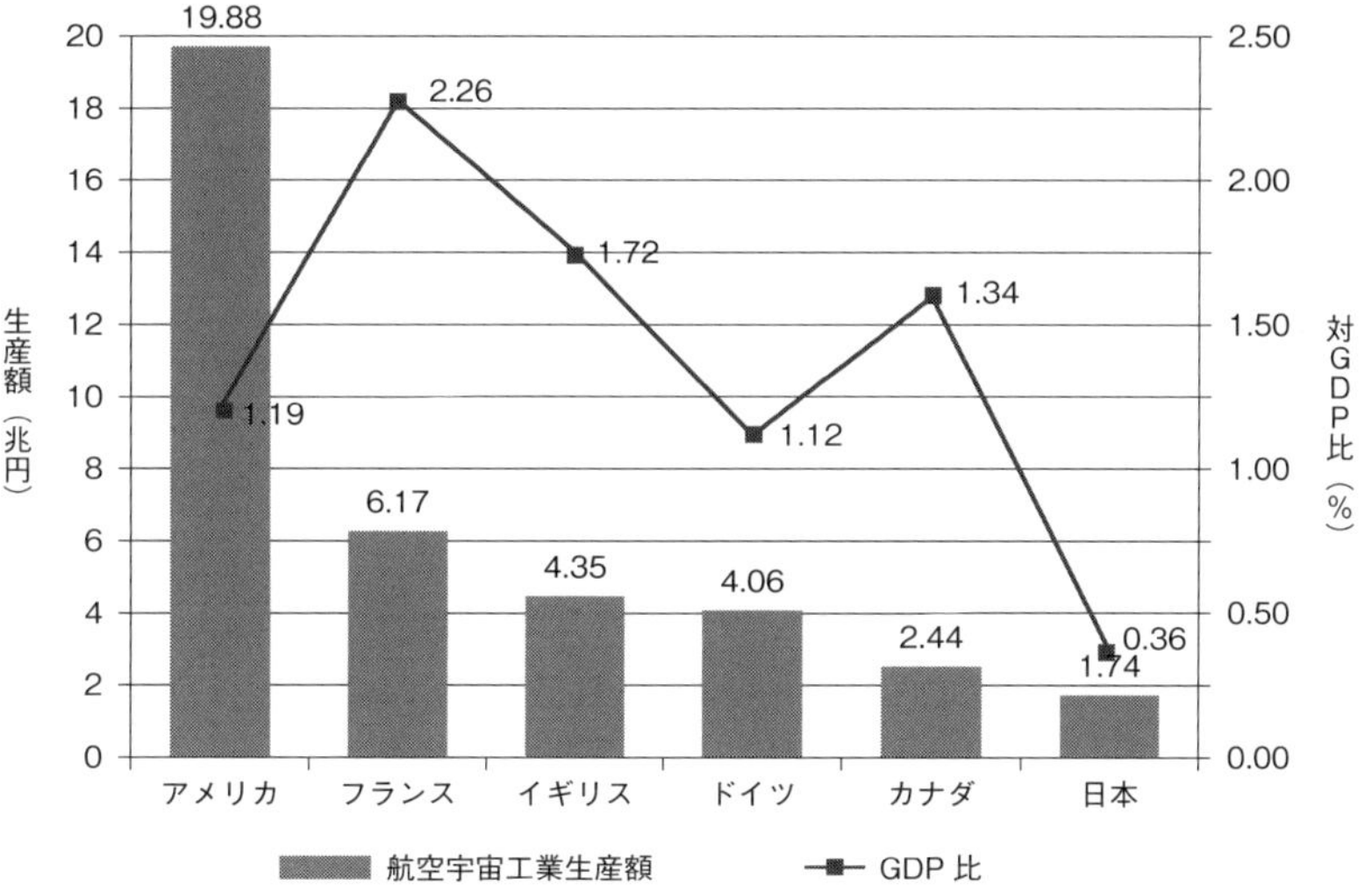

図表７　航空宇宙工業生産額とＧＤＰ比
出所：一般社団法人日本航空宇宙工業会「航空宇宙産業データベース」（平成27年７月）

出して航空宇宙工業分野で弱いことがわかる。ＧＤＰを指標とすれば５兆円程度の生産額があってもおかしくはない。

近年、強い関心を寄せられている民間航空産業に関する経済・経営的な研究は日本では主として１９８０年代から行われてきた。この背景には、第二次世界大戦後の日本ではＹＳ―11を除いて民間航空機が成立しなかったことに加えて、冷戦構造の確立により、航空産業は主として軍需に力点が置かれ、民間航空機への関心が薄かったことが考えられる。この傾向は、冷戦が崩壊する１９８０年代から変わり、１９９０年代以降は世界の民間航空機に関する論考が増加し、さらには世界から国内へと視座が変化してきた[1]。これまでのハブ・アンド・スポークに基づく大量輸送からポイント・トゥ・ポイントによる小・中量輸送への転換が進み、航空需要の増大が予想され、航空機需要の将来的な高まりが見込まれている。この現象はすでに実際に始まっており、日本航空では経営再建に伴うオペレーションコストの低減と燃油高騰への対策としてダウンサイジング（機体の小型化）を図った。[2]

経済産業省が２０１０年６月に策定した「産業構造ビジョン２０１０」では、２０２０年に航空産業の売上高２兆円（２０１４年の約２倍）、２０３０年に売上高３兆円（２０１４年の約３倍）をめざすとしている。そして、具体的な施策として、航空機システムを含めたモジュール単位での設計・開発を行うと記載している。[3]「産業構造ビジョン２０１０」策定の１年後に、国において総合特別区域（総合特区）の第一次指定が公表され、愛知県、岐阜県、名古屋市はじめ12地方公共団体が共同で指定申請した「アジアＮｏ・１航空宇宙産業クラスター形成特区」が国際戦略総合特別区域として指定された。これらを契機に、日本の航空産業は国もしくは県主導で行われるようになってきている。

航空産業の新技術ならびにその課題

航空機は、燃費性能が直接収益性に直結するため、少しでも軽い材料を機体に使用する動きがある。新型のボーイング７８７の機体重量の半分は、炭素繊維と樹脂で構成された炭素繊維複合材料（ＣＦＲＰ：Carbon Fiber Reinforced Plastic）でできている。[4]従来のアルミニウムの機体に比べ燃費は20％も向上し、環境にも財布にもやさしい材料である。さらにＣＦＲＰは金属より耐久性に優れ、錆びないという特徴がある。[5]

図表８にボーイング７８７の部位別使用材料を示す。材料別の重量比率は、複合材料：50％、アルミ合金：20％、チタン合金：15％、鉄：10％、その他：５％といわれている。[6]

炭素繊維複合材料の比率が増えるにつれ、新しい問題も浮き彫りになってきている。ＣＦＲＰは、主な構

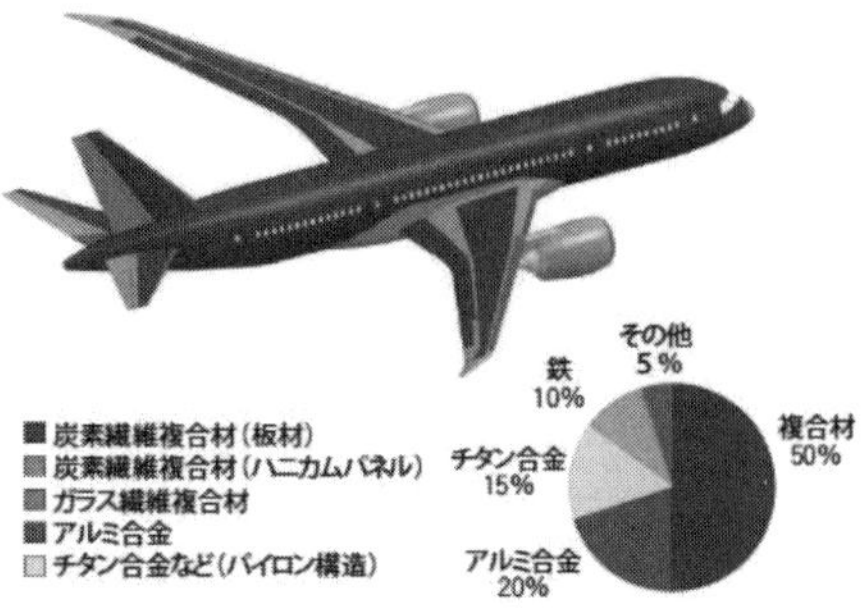

図表８　ボーイング787の部位別使用材料
出所：川崎重工技報「第171号航空宇宙特集号」

造材料の中で、いちばん軽くて、高剛性、高強度な材料という特長をもっている。その結果、トリミング（切断）加工や穴開け加工などの切削加工現場においては加工に難しさが伴う、いわゆる難削材であり、特に他の材料に比べ切削工具の切れ刃に発生する摩耗や損傷が大きく、その工具寿命時間も極端に短いことや[7]、加工後のＣＦＲＰ表面剥離などの加工形状精度など問題も多い[8]。また、米ボーイングの最新機Ｂ７８７では日本企業が機体の35％、エンジンの15％を供給している[9]。

他県の企業支援体制～航空産業を中心に～

ここで航空産業における他県の事例を紹介し、最後に静岡における取り組みを紹介する。

【愛知県】[10]

愛知県は、国から「アジアＮｏ・１航空宇宙産業クラスター形成特区」に指定され、世界を市場として航空産業を展開している。２０１２年には、宇宙航空研究開発機構（ＪＡＸＡ）と「航空分野に係る連携協力協定」を結び、ドイツと共同で実験用航空機「飛翔」を活用した飛行実証実験を実施した。また昨年9月には、日本で初めてとなる、多数のマッチング実績を誇る航空宇宙分野の国際的なビジネス商談会「エアロマート」を開催。海外の大手機体メーカーやそのサプライヤーが多数来日し、国内外の企業との活発なビジネス交流が行われた。その結果、県、名古屋市などでは「航空宇宙産業販路開拓支援事業実行委員会」を組織し、この地域の航空宇宙分野の中堅・中小企業の商談支援などを実施している。

製造における高い技術水準を追求する同県は、航空機部品製造認証（Ｎａｄｃａｐ：ナドキャップ、ＪＩＳＱ９１００）の円滑な取得を促進するため、助言・指導を行う専門家を派遣している。審査はすべて英語で行われるなどハードルは高いが、２０１５年1月現在、Ｎｄｃａｐでは国内最多となる26件を取得している[11]。

その支えになっているのは、充実した研修と教育制度であろう。

「航空機製造技能基礎研修」では、航空機製造人材の育成を図るため、中堅・中小企業の採用間もない社員などを対象として、航空機製造の基礎知識の習得を目的とした研修を実施。

「技術者育成研修」では、産業技術センターにおいて、航空機部品の高度な加工技術に対応できる技術者を育成するため、航空機特有の設計（３次元ソフト：ＣＡＴＩＡキャティア）、加工（５軸加工）及び検査（３次元超精密測定器）に関する研修を実施している。

それらの成果は、新号機ＭＲＪの開発や製造、ボーイング７８７型機の増産などに対応し、この地域の航空産業の裾野を拡大。よりいっそうの振興を図るため、「航空機部品供給システム研究会」を発足し、製造業の興隆に力を注いでいる。

【三重県】[12]

同県では、２０１５年3月に「みえ航空宇宙産業振興ビジョン」を策定し、実現に向けて取り組んでいる。

同県も人材の育成に力を注いでいる。たとえば、国内の専門機関と連携した「航空産業がよくわかる講座（12日間）」（航空機生産技術者育成講座）を開催。人材育成の資金として航空宇宙産業人材育成支援補助金（補助上限400千円／社、補助率1／2）を支給している。

また、ナドキャップやＪＩＳＱ９１００などの取得の推進のために専門のコンサルタントを派遣し、航空宇宙産業認証取得支援補助金（補助上限2000千円、補助率1／2）を支給している。

中小企業に対する事業拡大に向けた設備投資、研究開発の推進にも手厚く、「メイド・イン・三重ものづくり推進事業（航空宇宙枠）」や「中小企業高付加価値化投資促進事業」など、製造業に力を注いでいる。

【広島県】⒀

静岡県の航空機部品製造の導入の方法論は、広島県の自動車部品製造のためのプロジェクトが参考になる。広島県では2009年から炭素繊維プロジェクトチームが発足、3年ごとに以下のようにテーマを変え、県主導で研究開発を行っている。

・2009～2011年度

『熱可塑ＣＦＲＰを、プレス成形方式で自動車部品の試作を行い、材料、設備、生産工程を通した低コスト生産プロセスを構築する』

・2012～2014年度

『炭素繊維複合材料を用いた自動車部品製造のための実用化技術を開発する。立体賦形性の向上、成形品質の向上などを目指した「材料中間材料作製技術」、「製品設計・解析技術」及び「成形技術」の一貫した生産プロセスを構築する』

・２０１５～２０１７年度

『６年間のプロジェクト研究成果（①ＣＦＲＰに対応した設計・解析技術、②ハイサイクルプレス成形技術、③中間材料技術）をベースに、県内企業の課題・ニーズに即した共同研究を実施し、炭素繊維複合材料（ＣＦＲＰ）の自動車部品などへの実用化を目指します』

上記のプロジェクトで得られた結果は、研究報告・機関誌に報告されるとともに学会発表・口頭発表が多数行われている。内外の企業はこれらの活動を見聞きすることで、広島県の自動車産業に対する姿勢ならびに企業の技術力の高さを目の当たりにすることができる。静岡県の航空産業において、広島県の例のように県主導で、技術力を補完できるような研究、開発の側面を支援する必要があろう。その支援によって多くの研究者を巻き込み、単なる一企業の取り組みではなく、航空産業に特化したコンソーシアムを形成し、バリュー・チェーン（価値連鎖）を生むことが可能になると考える。

静岡県の航空産業

前述した「アジアNo.1航空宇宙産業クラスター形成特区」は、２０１１年12月22日、12地方公共団体が共同で指定申請し、２０１４年６月26日、静岡県の中堅・中小企業も国際戦略総合特別区域として指定された。(14)

その先駆けとして、まず２０１０年に、浜松市内にある企業が、浜松航空産業プロジェクト「ＳＯＬＡＥ」を組織した。(15) 特区指定後の２０１４年11月には、「ＳＯＬＡＥは航空機部品の一貫生産・共同受注体制の構築をめざす「ｓｏｌａｎｅｔ（そらネット）」を設立した。しかし、企業間の技術力の差もあって連携が難しく、各社が個別に受注しているのが実情と報じられている(16)。

静岡県は他県に遅れを取ってはいるが、徐々に航空産業が浸透してきている。浜松市を中心とした静岡県西部では機械加工が盛んであり、技術力も高い。そのため航空部品で使用される難加工材料を切削加工ならびにレーザー加工などの高い技術力で対応できる可能性が高いが、航空機固有の認証（Ｎａｄｃａｐ：ナドキャップ、ＪＩＳＱ９１００）取得が進んでおらず課題を残している。

また、アジアＮｏ・１航空宇宙産業クラスター形成特区の指定も近隣他県に対して進んでいない。自動車産業の技術が航空産業にも転用できる可能性が高く、静岡県は航空産業をさらに推進するべきである。自動車の１００倍のニーズをもつ航空機の部品製造は無限の可能性を秘めており、自動車において高水準の技術を誇るわが県の中小企業の参入は、次の世代の製造業興隆のカギとなる。

２０１6年1月7日付の「ニュースイッチ」（日刊工業新聞社）によれば、航空産業では複数企業による一貫生産体制の構築に向けた動きが具体化している。中部地域を中心とする中堅・中小企業10社でつくる「航空機部品生産協同組合」は、三菱重工の後押しを受け、同社松阪工場（三重県松阪市）に機体部品の〝共同工場〟をつくるために生産設備などを出しあい、２０１６年後半の製造開始をめざすとあり(17)、中小企業が単独ではなく、新たな仲間を得て、新たな航空分野で挑戦する姿が見受けられる。また、中小企業が航空産業に関わっていく機会はこれからが本番になるが、大きな期待がもたれる。

すでに述べた通り、経済産業省が策定した産業構造ビジョン２０１０において、２０３０年に航空産業の売上高3兆円（２０１４年の約3倍）を達成することをめざすとしている。静岡県がこの一翼を担うとすれば、航空産業のみでリーマンショック前の17兆円の水準に、さらに、企業や人口増加に伴う部分でその上をめざすことが可能であると考える。

静岡県としても愛知県や三重県さらには広島県が取り組んでいることに学び、県独自の取り組みとして航空産業を活性化することで、製造業の復興を切に願う次第である。

【引用文献】

1.「日本における航空産業の動向と新規参入に向けた展開」機械経済研究、P43
2.「日本における航空産業の動向と新規参入に向けた展開」機械経済研究、P44
3.「産業構造審議会産業競争力部会報告書～産業構造ビジョン２０１０～」経済産業省、P１７９
4.「日本がリードする21世紀の革新素材」炭素繊維協会、P3
5.「航空機の軽量化を支える炭素繊維複合材料」東レ㈱複合材料研究所、P２２６
6.「新中型民間機を中心とする設計技術について」（公財）航空機国際共同開発促進基金、P3
7.「航空機用等の炭素繊維強化プラスチック（ＣＦＲＰ）の加工技術の開発に関するフィージビリティスタディ」財団法人機械システム振興協会、P8
8.「平成23年度戦略的基盤技術高度化支援事業『ＣＦＲＰ部材（難切削材料）の切削加工を低コストで可能とする専用加工機械の開発』」中部経済産業局、p3
9.「大空舞う『日の丸部材』航空機60兆円市場の最先端に」日本経済新聞、２０１１年11月7日
10.「航空宇宙産業の振興」愛知県　http://www.pref.aichi.jp/soshiki/jisedai/0000016133.html
11.「中小企業の航空産業への参入のためのガイド」中小企業庁、P19
12.「三重県の航空宇宙産業振興」三重県　http://www.pref.mie.lg.jp/SSHUSEKI/HP/88496000001.htm
13.「炭素繊維プロジェクトチーム」広島県　http://www.pref.hiroshima.lg.jp/soshiki/27/tanso-pj.htm

14．「アジアＮｏ・１航空宇宙産業クラスター形成特区」愛知県　http://www.pref.aichi.jp/kikaku/sogotokku/
15．「浜松航空産業プロジェクト『ＳＯＬＡＥ』」　http://www.hamamatsu-solae.com/
16．「クルマの未来　逆風の中で（中）　商機導く、航空機の実績」静岡新聞アットエス
17．「航空機で広がる中堅・中小企業の『共同受注』や『部品一貫生産』」ニュースイッチ日刊工業新聞、２０１６年１月７日

■農業問題

6次産業と静岡農業のこれから

生産・加工・流通でわかる静岡農業の現実

池谷和正

世界の先進国の中でも特に食料自給率の低い日本。その打開策として、政府は「農林水産業の6次産業化」に取り組んでいる。豊かな自然環境に恵まれたわが県は、風土を生かして多彩な農産物を育み、物作り技術にも長け、6次産業化を進めるための大きな可能性を秘めている。生産・加工・流通の3つを連携させ6次化を進めるために何が必要なのか？　現状と課題を踏まえながら、静岡農業の未来を探る。

静岡県の農業6次産業化について

世界人口の急激な増加により、食料需給要問題が深刻度を増している。中でも日本の食料自給率は、先進国の中でもかなり低い。日本にとって食料自給率を高めることは喫緊の課題であるといえよう。

平成25年、政府は成長戦略の一つとして「攻めの農林水産業推進本部」を設置し、多くの施策を実施してきている。その代表ともいえる取り組みが農林水産業の6次産業化である。そんな中、静岡県の農業の未来はどうなるのか。県の農業6次産業化について探った。

農業経営基盤の強化の促進に関する基本的な方向

静岡県経済産業部は平成26年4月、「農業経営基盤の強化の推進に関する基本方針」を出している（図表1）。その第1の1に掲げられた「農業の展開方向」を以下に引用する。

農業は多彩で新鮮な農産物の供給のほか、就業機会の創出、県土の保全、水源の涵養、自然環境の保全、景観の形成等多面的な機能を果たしている重要な産業である。また、資源を合理的に活かして、新しい産業の創出など地域の総合的な生産力を拡大し、新たな活力を生み出すことのできる産業でもある。

このため、新たに農業経営を営もうとする青年等を確保するとともに、経営感覚に優れた効率的かつ安定的な農業経営の育成を進め、経営熟度に応じたビジネス経営体への発展を積極的に推進する。さらに農用地の集積・集約化や耕作放棄地の再生利用、1次、2次、3次産業の有機的結合による6次産業化の促進等により、活力ある農業生産構造への一層の強化を進める。

本県で生産される食材数（野菜、果樹、作物、畜産物、林産物）は339品目で、花きも含めれば1043品目で全国トップクラスの生産品目数を誇っている。また、「農芸品」と呼ぶにふさわしい、高品質で多様な農産物の生産・提供が県内各地で行われている。本県は、このような多彩な農産物を始め、豊富な水、高度な技術などモノを生み出すさまざまな資源を有しており、これらの資源を新たな視点で組み合わせて活用する「ものづかい」の考え方を基本に、新しい「食と農」のビジネスを創出する。(1)

単位：t

項目	年次	全国計	上位5都道府県					静岡県の順位	備考
			1位	2位	3位	4位	5位		
水稲	25	8,603,000	新潟 664,300	北海道 629,400	秋田 529,100	山形 415,300	茨城 411,400	33位 89,100	収穫量
茶（生葉）	25	383,400	**静岡 144,100**	鹿児島 123,000	三重 33,100	宮崎 19,300	京都 13,700	1位	収穫量
だいこん	24	1,168,000	北海道 158,200	千葉 140,500	青森 106,800	鹿児島 92,000	宮崎 88,600	14位 22,200	出荷量
ばれいしょ	24	2,061,000	北海道 1,716,000	長崎 99,700	鹿児島 77,800	茨城 36,100	千葉 26,600	7位 12,900	出荷量
さといも	24	109,300	宮崎 21,100	千葉 16,500	埼玉 11,600	鹿児島 8,980	栃木 5,470	10位 3,490	出荷量
キャベツ	24	1,265,000	愛知 248,000	群馬 226,800	千葉 116,200	茨城 86,000	神奈川 75,900	14位 13,200	出荷量
ちんげんさい	24	42,300	茨城 11,700	**静岡 7,600**	群馬 3,010	愛知 2,980	埼玉 2,350	2位	出荷量
ほうれんそう	24	217,800	千葉 32,700	埼玉 24,500	群馬 18,500	宮崎 16,100	茨城 13,800	15位 3,840	出荷量
みつば	24	14,900	千葉 2,810	愛知 2,580	茨城 1,580	**静岡 1,340**	埼玉 1,260	4位	出荷量
セルリー	24	31,200	長野 13,100	**静岡 7,000**	福岡 3,270	愛知 2,560	香川 663	2位	出荷量
カリフラワー	24	17,600	徳島 2,320	茨城 2,010	愛知 1,900	長野 1,570	福岡 1,120	12位 565	出荷量
レタス	24	529,100	長野 185,400	茨城 81,500	群馬 52,200	兵庫 29,500	長崎 25,100	7位 18,800	出荷量
ねぎ	24	382,800	千葉 60,000	埼玉 48,600	茨城 39,100	北海道 25,200	群馬 15,100	10位 8,930	出荷量
たまねぎ	24	968,700	北海道 616,500	佐賀 113,300	兵庫 77,000	愛知 26,200	長崎 23,100	6位 10,300	出荷量
トマト	24	644,500	熊本 100,400	北海道 53,400	茨城 44,700	愛知 43,000	千葉 39,500	15位 13,400	出荷量
さやえんどう	24	16,500	鹿児島 3,910	和歌山 2,980	愛知 1,120	福島 1,040	北海道 749	8位 485	出荷量
えだまめ	24	50,000	千葉 6,590	山形 4,880	北海道 4,660	群馬 4,510	埼玉 4,460	14位 876	出荷量
いちご	24	149,000	栃木 24,000	福岡 17,100	熊本 11,500	長崎 10,100	**静岡 9,770**	5位	出荷量
メロン	24	159,600	茨城 39,300	北海道 27,300	熊本 25,000	山形 10,800	青森 9,680	6位 9,170	出荷量
みかん	24	757,300	和歌山 147,600	愛媛 118,400	**静岡 108,400**	熊本 77,700	長崎 53,600	3位	出荷量
キウイフルーツ	24	25,500	愛媛 6,890	福岡 5,040	和歌山 3,270	神奈川 1,770	**静岡 1,210**	5位	出荷量

図表1　静岡県農業経営基盤の強化の推進に関する基本方針

出所：農林水産省統計部「作物統計」（平成26年5月）

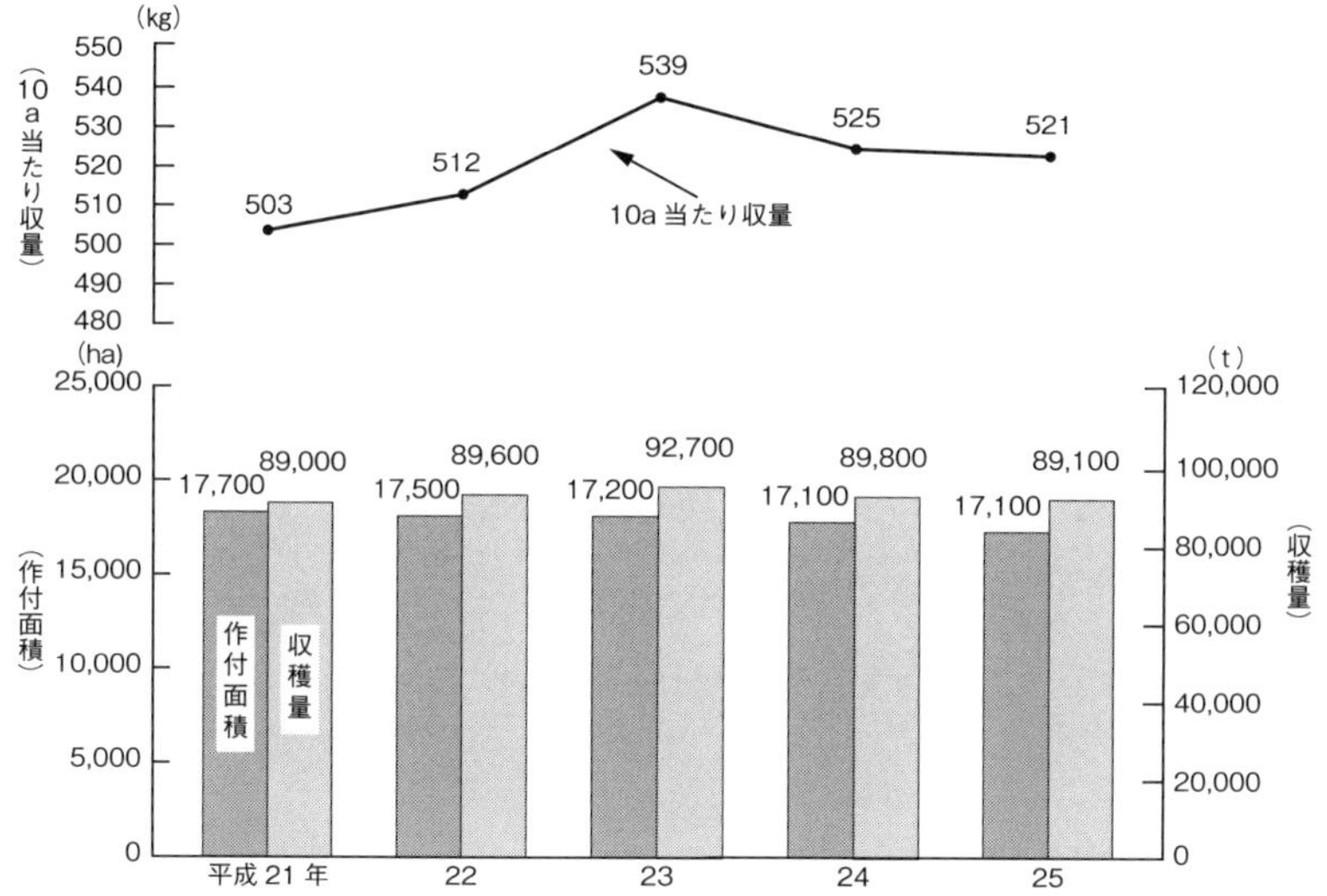

図表２　水稲の作付面積、10アール当たり収穫量及び収穫量の推移

出所：農林水産省統計部「作物統計」（平成26年５月）

主な農産物の現況について

県の農業の未来を考えるためには、現在の状況をしっかりと踏まえておく必要がある。

そこで、静岡県内で生産されている主な農産物の収穫量（出荷量）と全国順位についてまとめた図表１をもとに、各品目の現況を詳細にみていこう。

まず全国第33位である、水稲の生産動向と、品種別収穫量について見てみる（図表２・３）。

平成25年の水稲作付面積（子実用）は１万７１００ヘクタール、収穫量は８万９１００トン、10アール当たり収穫量は５２１キログラムである。

ちなみに、平成21年の水稲品種別収穫量割合は、「コシヒカリ」が39・２％で最も高く、次いで「あいちのかおり」が17・６％となっている。

次に、県の主要な作物で、収穫量で全国１位の茶について図表４に示した。これを見ると平成25年の茶の摘採実面積は１万６５００ヘクタール、生葉収穫量は

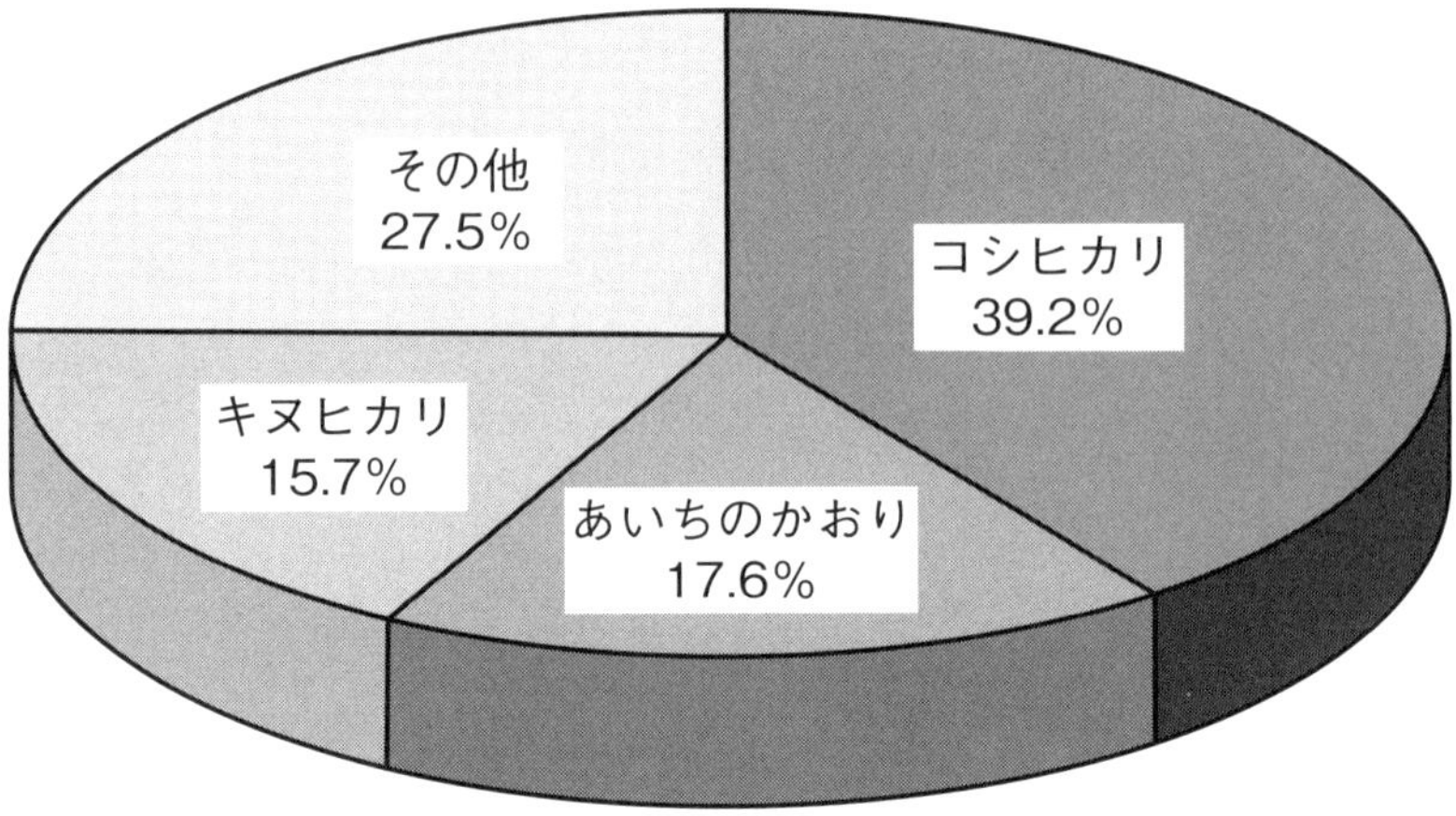

図表３　水稲の品種別収穫量割合（平成21年産）
出所：農林水産省統計部「作物統計」（平成26年５月）

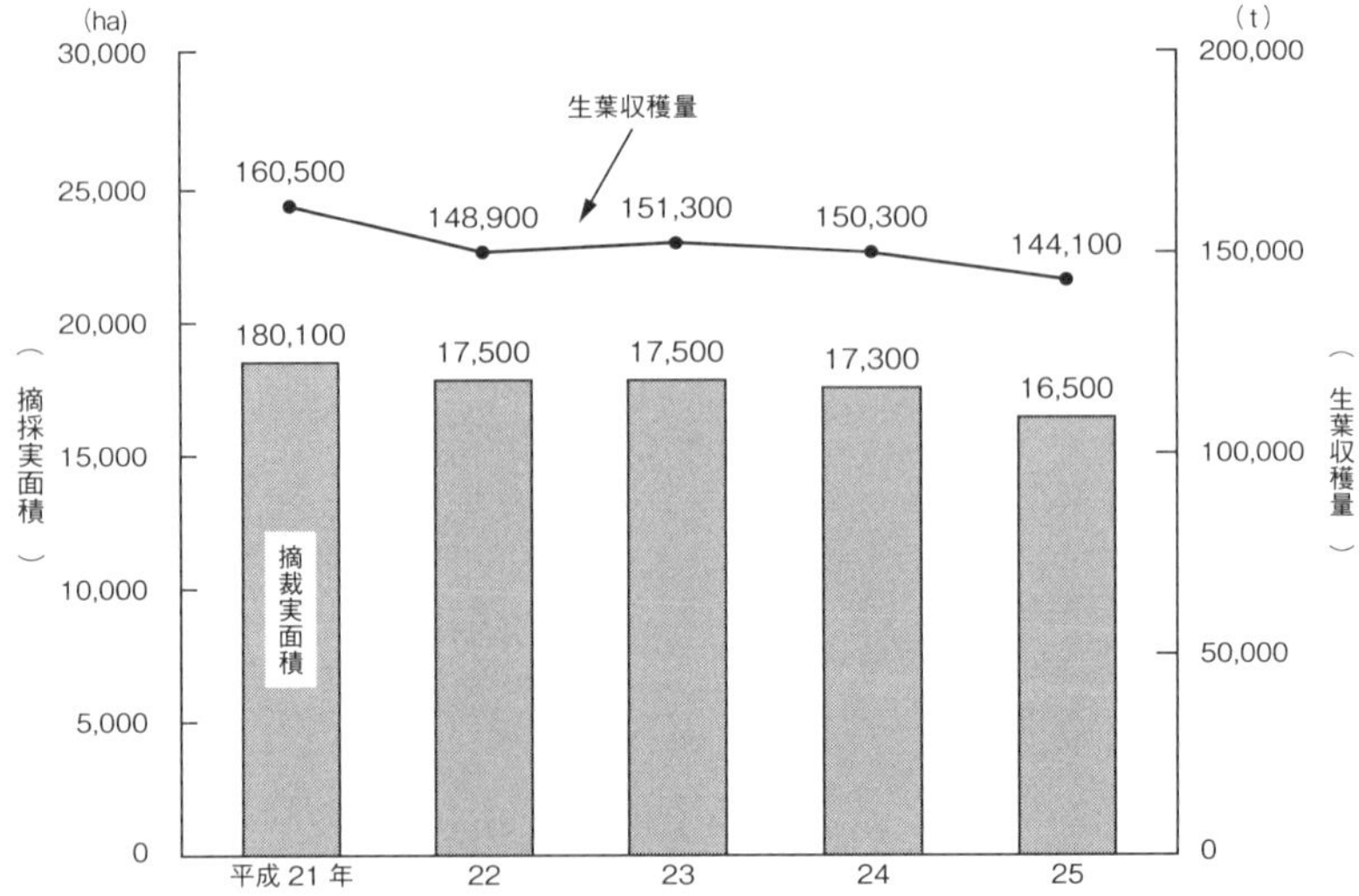

図表４　茶の摘採実面積及び生葉収穫量の推移
出所：農林水産省統計部「作物統計」（平成26年５月）

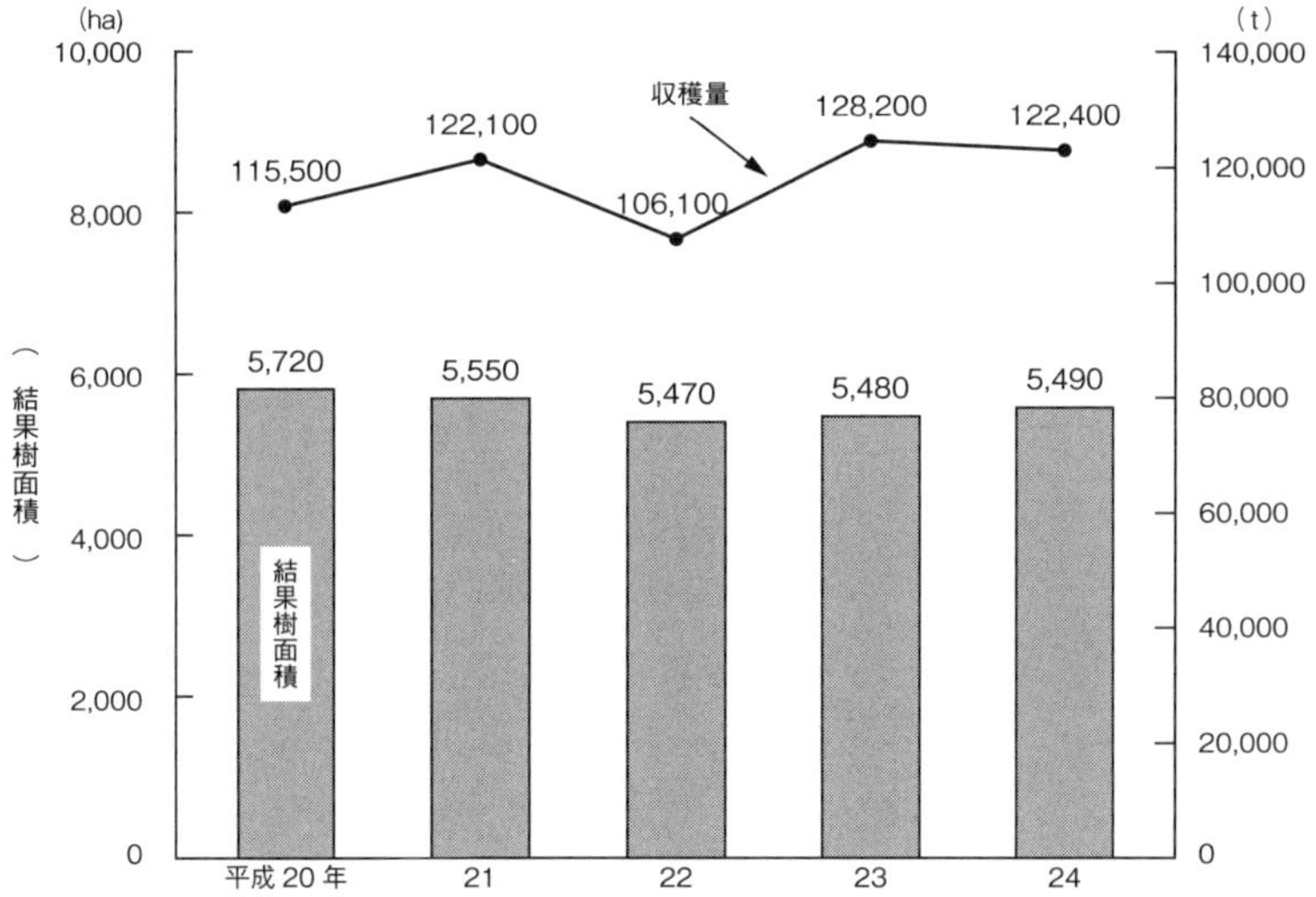

図表５　みかんの結果樹面積及び収穫量の推移

出所：農林水産省統計部「果樹生産出荷統計」（平成26年５月）

14万４１００トンであり、24年に比べてそれぞれ８００ヘクタール（４・６％）、６２００トン（４・１％）の減少となっている。

では、全国３位のみかんはどうであろう。平成24年のみかんの結果樹面積は５４９０ヘクタールで、23年に比べ10ヘクタール（０・２％）増加したが、収穫量は12万２４００トンで５８００トン（４・５％）減少している（図表５）。

作付面積は、レタスが７８７ヘクタール、ばれいしょが６７７ヘクタール、だいこんが５７０ヘクタール、ねぎが４６４ヘクタール、キャベツが４３２ヘクタールで23年に比べてそれぞれ16ヘクタール（２・０％）、17ヘクタール（２・４％）、12ヘクタール（２・１％）、７ヘクタール（１・５％）、１ヘクタール（０・２％）の減少となっている（図表６）。

これらの図が示すように、静岡県内で生産されている作物は、ここ数年減少傾向にあることがわかる。なおレタスについては、市場の需要に応えるために企業が生産に参入していることを考え合わせれば、生産者

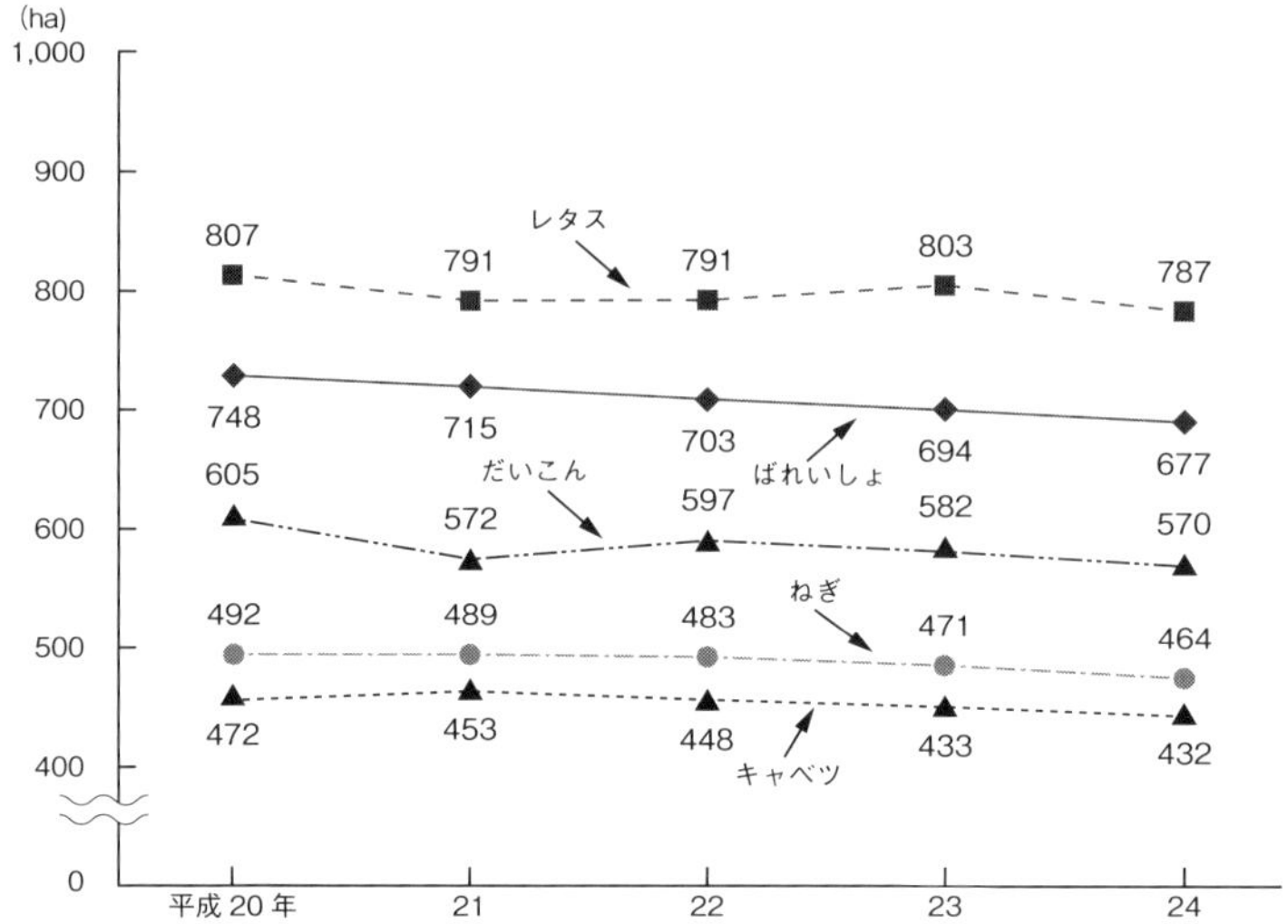

図表６　主要野菜の作付面積の推移

出所：農林水産省統計部「果樹生産出荷統計」（平成26年５月）

減少という、データには見えてこない現状があることも踏まえておく必要がある。

提示したデータは平成20年～平成25年までの調査であり、現在はさらに減少していると推測できる。先の図に示した通り静岡農業のポテンシャルは全国と比較して大きいものであることは変わりない。６次産業化へ向けた動きがあってもおかしくはないし、その成功事例も年ごとに発表されている。だが、いまだ拍車がかからない現状がある。

静岡県の農業６次産業化は進むのか？

静岡県の基本方針を見ると、農業は「新しい産業の創出など地域の総合的な生産力を拡大し、新たな活力を生み出すことのできる産業である」としているが、先に示したような生産力の低下を考えると懸念が残る。また、生産される品目数についても「野菜」「果樹」「作物」「畜産物」「林産物」の合計で３３９品目、「花き」も含めれば１０４３品目となり全国トップクラスとされるものの、これが今後どの様に変化していくのであろうか。

農業と言っても作る作物は多種多様である。何より「横に長い静岡県」、他県と比べて色々な作物を生産できる可能性を秘めていることは、この先の農業6次産業化にとって大きな弾みになるであろう。だが、同時に弱点も浮き彫りになってくる。生産者側に大きな課題があるのだ。その一つに農家の高齢化が挙げられる。

農業従事者の現状

各農業集落のうち経営者が65歳以上である割合を「50％未満」、「50～80％未満」及び「80％以上」に分け、図示した（図表7）。

これを見ても、65歳以上の農業経営者が占める割合が目立っている現状である。20年後、果たしてどのような状況になっているか心配である。

後継者がいれば

もちろん後継者に恵まれた農家もある。静岡市のしいたけ農家のケースを紹介しよう。その若者は、某有名自動車販売店を早期退職し、実家の跡継ぎとして農業の道へ入った。彼が実家の農業に興味を示した理由に、「農業で生活できる」「稼げる」という2つが大きかったという。一般的に、農業に対する過酷な労働のイメージは拭えない。家族経営ならば収入はある程度見込めるかもしれないが、常に現場を家族で24時間体

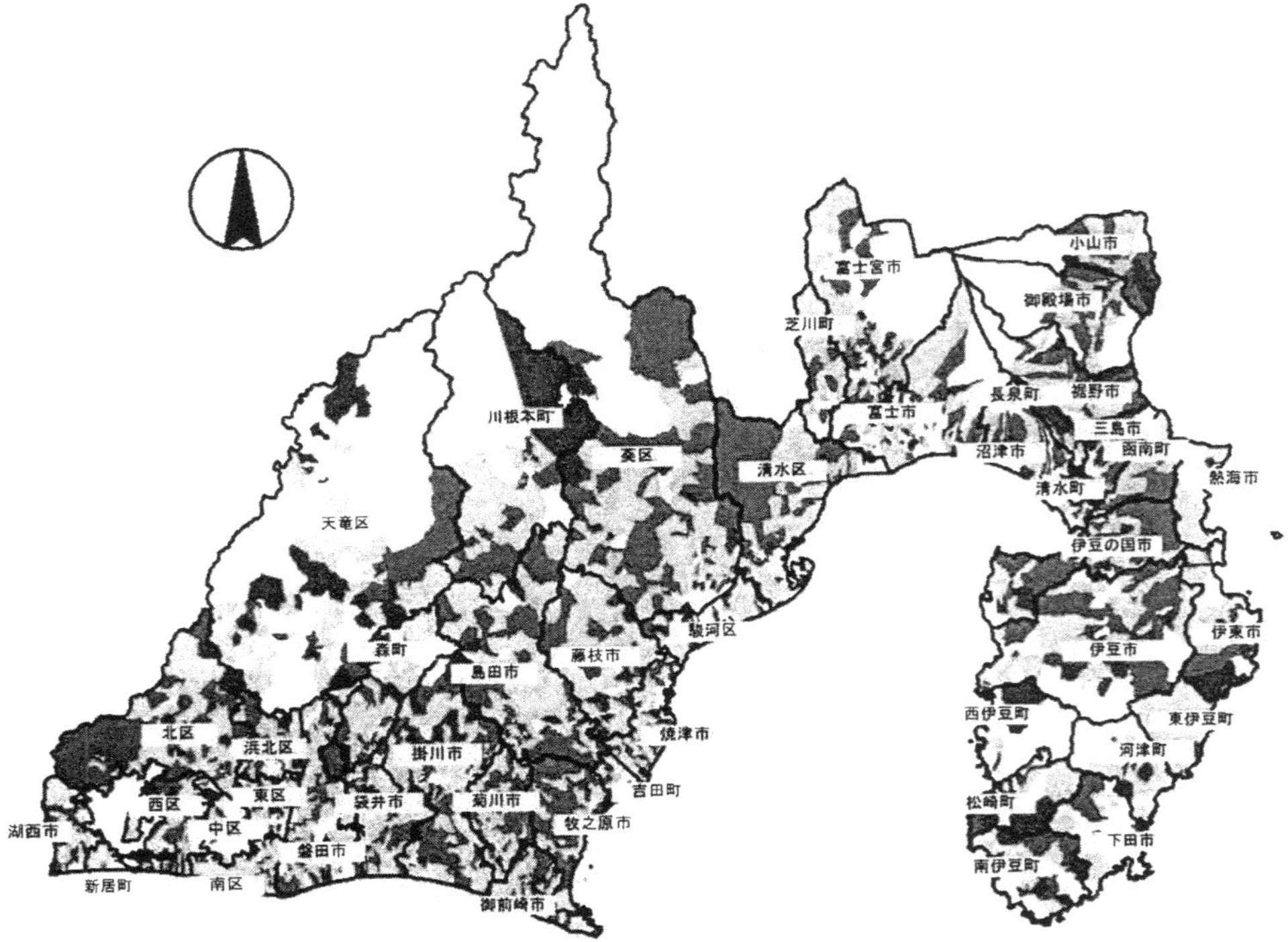

色	区分
	80%以上
	50～80%
	50%未満
	販売農家が2戸以下、もしくは自給的農家のみの集落

図表７　農業経営者の高齢化状況

出所：農林水産省「2010年世界農林業センサス」

制の管理をした場合、時間的余裕がなくなることは否めないであろう。今の若者が農業を一つの職業として見ることができない要因として、このようなリスクによって将来的イメージが抱けないことが大きい。この若者は、それをどのように克服していったのであろうか。

彼が農業を始めて最初に取り組んだのは作業改革であった。限られた敷地を最大限利用して、無駄をなくし、より安定した生産量の確保を目指したのである。次に、全ての作業を家族で担うのではなく、軽作業に関しては障がい者の雇用を積極的に行った。そして彼は、しいたけの市場調査と同時に商品流通についても徹底的に調べ上げた。限られた生産量でどれだけ利益を上げられるか。しいたけの加工も含めバリエーションをどのように増やすのか。

このようにして彼は努力を続け、家族や雇用者と共に「生産」「加工」「販売」をやりきった。彼が元々農業だけをしていたら、果たして同じように一定の結果を出せただろうか。おそらく農業以外に別の仕事で培った「販売」や「流通」などの知識や経験を農業に活かせたことが、彼の発想や行動力につながったのだろう。「日本の食卓は俺が守る」。若者らしい彼の一言に静岡農業の6次産業化への希望を感じる。

新規就農者数の現状

たとえ後継者がいても全てがこのようにうまくいくわけではない。それぞれの農家で独自の努力が進められているのは確かであろう。新規就農者を確保する上では農業でしっかりと生活が成り立つというイメージを作りだすことが大切である。

若者をターゲットとしたセミナーなど農業への窓口が開かれてきたことにより、農業に対する若者の職業

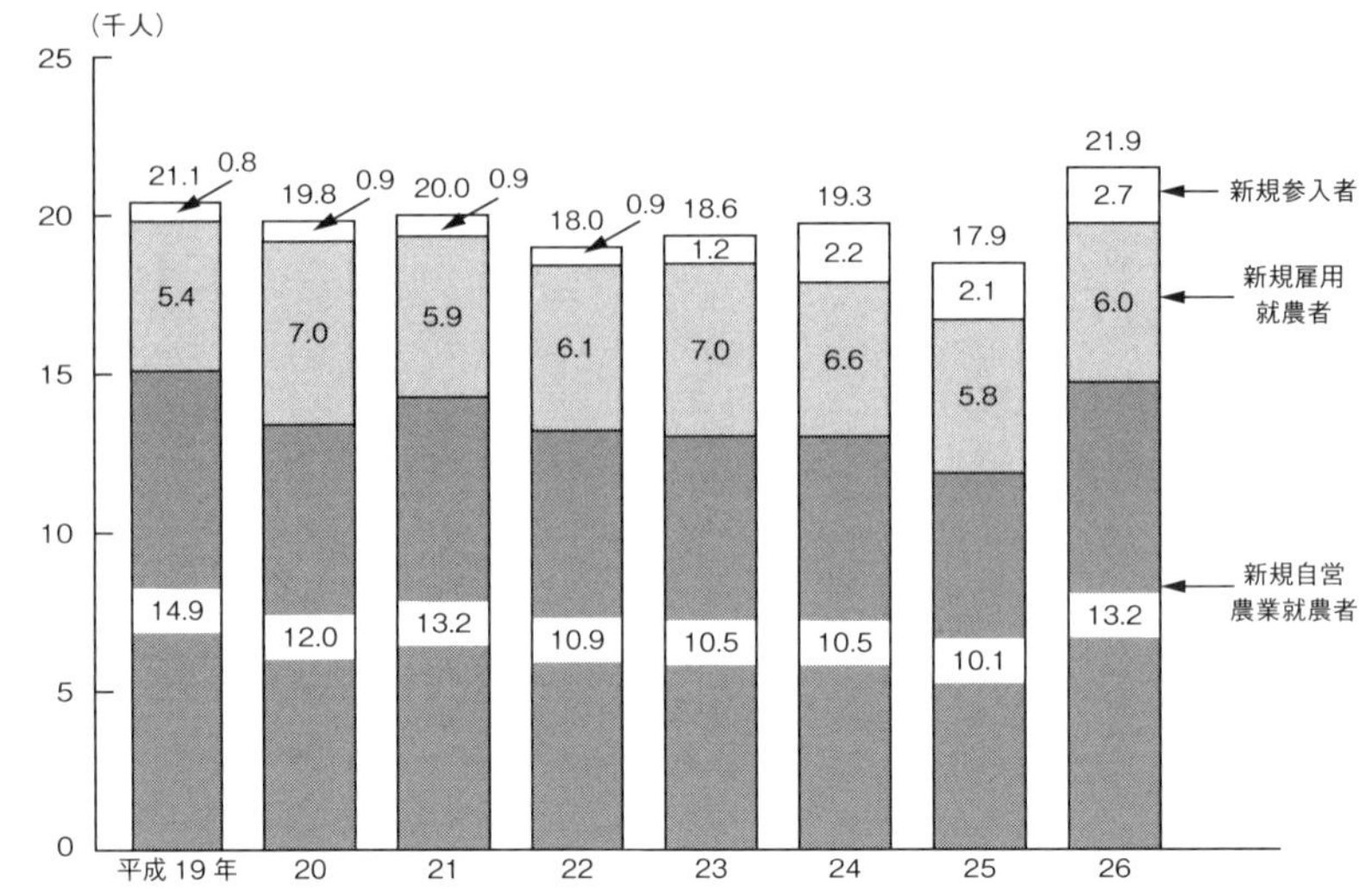

図表８　49歳以下の新規就農者数の推移

出所：農林水産省　大臣官房統計部「農林水産統計」（平成27年９月４日公表）

観に変化が出てきている。だが、若者の就農率にはほとんど変化が見られない。

ここで49歳以下の新規就農者数の推移を見てみよう（図表８）。平成20年〜平成25年までは２万人程度の推移で減少傾向となっている。26年には若干の回復を見せているものの、資金的問題や農地法などさまざまな手続きもふくめ、農家になるハードルが高いことに変わりはないようだ。

現状が続けば、近い将来、農業従事者不足問題が静岡農業に大きなダメージを与えることになるであろう。

今これをやらなければ、静岡県の６次産業化に未来はない

「農作物生産環境の改善」は、静岡県の農業６次産業化にとって急務であると考える。安定した食料供給のため、生産者は日々努力をしているが、従事者の負担は年々大きなものになりつつある。その理由の一つ

に、県内の農地・施設における基礎的なインフラの老朽化がある。

昭和30年代後半から全国的に進められてきた農業インフラ整備も現在となっては古くなり、生産者独自の補修では間に合わない状況である。また、近年自然災害が増えていることから道路・河川といったインフラ整備は農業インフラを含めて考えていかなければならないと思う。

「農業従事者減少対策＋従事者高齢化対策×人材育成対策」も重要になっている。

６次産業化が進むにつれて農業の現状が見えてくる。どれほど高い技術力をもっても人間が生き物を育てることに変わりはない。マニュアルだけでは進まないのも農業の難しいところである。経験豊富な熟練者が減る前に、次の世代を確保していかなければならない。

生産＋加工＋流通＝６次産業である。この３つが連携しなければ６次化は進まない。だがそれでも、静岡農業のポテンシャルは高い。これを伸ばしていくには、１次、２次、３次の３産業全体でカバーした人材育成が必要であり、各産業の連携プレーが今後のカギである。収益性を明確にした真の働く場所づくりが大事だといえる。

静岡ミニマム６モデルから再スタート

静岡県では、農業６次産業化はなかなか厳しいといった話をよく聞くが、果たしてどうであろうか。地産地消や農商工連携といった動きは、これまでも静岡県内の至る所で進められてきた。どの基準で成功か失敗かの線を引くか難しいところもあるが、物づくりに長けている静岡県である。物を作る技術があることは、それだけ人材が育っていることであり、人が育つということは地域がそれだけ豊かだと考える。県内各地で地域色をうまく出しつつ、横へ横へと連携は進んできているはずである。

ところで、最近話題になっているふるさと納税を見てみると、静岡の力を感じるヒントがある。平成27年度ふるさと納税ランキングで全国2位の焼津市。返納品である品数日本一を謳っているだけあり、地域色を生かした水産物や水産加工品が人気である。

注目すべき点は、行政がこのふるさと納税は地域の産業振興を第一と考え行動しているところである。水産業界と行政がともに日本一を目標に取り組んだ結果である。静岡農業6次産業化もより良いマッチングにより進化する可能性がうかがえる。

そこでそれぞれの地域の実情を把握したうえで、2次産業が栄える地域とのミニマムマッチングがこの先の6次産業化へのステップになるのではないか。地域によっては1次産業（漁業）と2次産業（加工）がすでに成熟期を迎えており、製造品目が違う農業と加工業との新たなマッチングの可能性が考えられる。これが更なる6次化への推進力の一つとなるのではないだろうか。

小さな取り組みだが、ポテンシャルが高いからこそ実現可能な取り組みになるはずだ。各地域にある弱点（人材・加工・流通）を県内全域でカバーするくらいの取り組みをしなければ、真の6次産業は発展しない。ところで都市部では、あらゆる農産物が季節を問わずいつでも手に入る環境となり、食が持つ本来のイメージ（味）が薄れつつある。食材は揃うが、果たしてそれだけでいいのであろうか。食材はひとつひとつ、育つ場所が違う。地のものは別の地のものとマッチングすることで、新しい物（味）が生まれ、しかも懐かしい物（味）となりうる。地方のもつ力がそこにある。

安定した生産がどれだけ難しいことか。安心して食べられることが、どれだけありがたいことか。そういうことをもう一度農業から学び直す時代になっているのではないかとも思う。

6次産業化は、まさにこれからの静岡農業を支え考えていくためにも真剣に取り組むべき課題である。さらには静岡モデルとして、「生産」・「加工」・「流通」すべてが県内ででき、さらには「人材」も育つ静岡らしさがいっぱいつまった新たなモデルとして、今以上に進化させていかなければならないと思う。

【引用文献】

1. 「静岡県農業経営基盤の強化の促進に関する基本方針」静岡県経済産業部、平成26年4月

■健康・医療問題

早期発見早期治療で世界一健康な地域へ

新たな技術と予防医学でつくるクオリティ・オブ・ライフ

杉森賢二

超高齢社会を迎えた今、地域医療の問題として、早期発見早期治療による予防医療への取り組みが求められている。世界の長寿国日本、その中でも現在全国2位の健康寿命県である静岡県が再び1位を奪回するために必要な政策は何か。医薬品・医療機器生産高4年連続日本一という同県の特性を活かし、ファルマバレープロジェクトを実践する医療健康産業研究開発センターや地元の中小企業への取材を通し、健康予防対策を政策として提言する。

世界一の健康長寿県へ

世界の健康長寿国日本、その中で静岡県の健康長寿ランキングは、全国1位を誇ってきました。しかし、2013年、厚生労働省が発表した「都道府県男女別健康寿命」によれば、静岡県の健康寿命は73・90歳で、前回調査の2010年から0・37歳延伸していたものの、残念ながら、山梨県に次いで全国2位と順位

健康寿命上位５県

順位	男性		女性	
1	山梨県	72.52歳	山梨県	75.78歳
2	沖縄県	72.14歳	**静岡県**	**75.61歳**
3	**静岡県**	**72.13歳**	秋田県	75.43歳
4	石川県	72.02歳	宮崎県	75.37歳
5	宮城県	71.99歳	群馬県	75.27歳
全国	－	71.19歳	－	74.21歳

本県試算による男女計

順位	男性・女性		試算の考え方
1	山梨県	74.19歳	①平成25年の男女毎の健康寿命に平成25年10月の男女の人口をそれぞれ掛け合わせ合算 ②上記の合算値を総人口（男女人口の計）で割り戻し、総人口ベースの健康寿命を算出
2	**静岡県**	**73.90歳**	
3	宮崎県	73.67歳	
4	福井県	73.58歳	
5	群馬県	73.48歳	
全国	－	72.74歳	

図表１　健康寿命上位５県・男女上位５県

出所：厚生労働省「都道府県男女別健康寿命」（2013年）

を落としました（図表1）。

静岡県は世界一の健康長寿県の形成を目指したファルマバレープロジェクト第3次戦略計画を新たに提示しました[1]。

これまでも「健康増進・疾病克服」と「県民の経済基盤の確立」の両輪で施策を推進してきましたが、今後静岡がんセンターを中心にした世界レベルでの研究開発の充実、地域企業の医療健康分野・市町村のプロジェクトへの参加などをよりいっそう活発化し、医療現場のニーズ（ベッドサイドニーズ）に応える製品や技術を国内外に販売することで、さらなる医療の質の向上を目指します。

今回、静岡県では、国が提示した男女別の健康寿命を基に、男女総合健康寿命を都道府県別に算出しました。健康寿命とは、日常的に介護を必要とせず自立して生活できる期間のことをいいます。男女別では、男性が72・13歳で全国3位、女性が75・61歳で全国2位となっています。男性は前回から0・45歳、女性は0・29歳伸ばしましたが、ともに一つずつ順位を落と

順	平成22年度		平成23年度		平成24年度		平成25年度	
	都道府県	該当者％	都道府県	該当者％	都道府県	該当者％	都道府県	該当者％
1	静岡県	12.70	静岡県	12.92	静岡県	12.82	静岡県	12.67
2	山梨県	12.92	山梨県	12.95	山梨県	12.99	岐阜県	12.89
3	佐賀県	12.99	岐阜県	13.28	佐賀県	13.57	山梨県	12.99
4	岐阜県	13.07	新潟県	13.49	岐阜県	13.27	長野県	13.21
5	神奈川県	13.16	神奈川県	13.50	新潟県	13.27	佐賀県	13.31
全国		14.42	全国	14.63	全国	14.45	全国	14.28

※厚生労働省提供データは、男女計のみ。詳細な集計表は提供されていない。

図表２　国による特定健診の結果

出所：厚生労働省「特定健康診査・特定保健指導に関するデータ」（2014年）

しました。順位を下げた理由として、人口構成比が全国一律と仮定した際の人口10万人あたりの死亡率が、男性で前回より上昇したことなどが挙げられます。

また、２０１４年の都道府県別特定健診結果において、静岡県は４年連続でメタボリックシンドローム（以下メタボ）が最も少ない県と発表されました（図表２）。しかし、県が独自に分析したデータによると、メタボ該当者及び予備群の割合は、経年比較では男性中年層及び女性高齢層において減少があったものの、該当者は男性35・６％で３人に１人、女性10・７％で９人に１人であり、引き続き対策が必要とされます。さらに、県内に本拠地を置く医療保険者（全90）のうち、83医療保険者の協力を得て詳細に分析したデータ（医療保険数ベース92・２％、受診者数ベース95・３％をカバー）によると、２０１３年は前年に比べ４万２１１５人の増加がみられました。その他、高血圧症有病者の割合は、男性38・８％、女性31・５％、糖尿病有病者の割合は、男性11・２％、女性５・５％となっています[2]。

県ではメタボ該当者及び予備群の減少に向けて、地域や企業と連携しながら、増え始める働き盛り世代を中心にした生活習慣病対策に取り組んでいく必要があります。

また、今後、県独自の健康長寿プログラム『ふじ33プログラム』[3]（図表３）の普及を図り、社会健康医学の視点に立った化学的な研究も深めていくとし

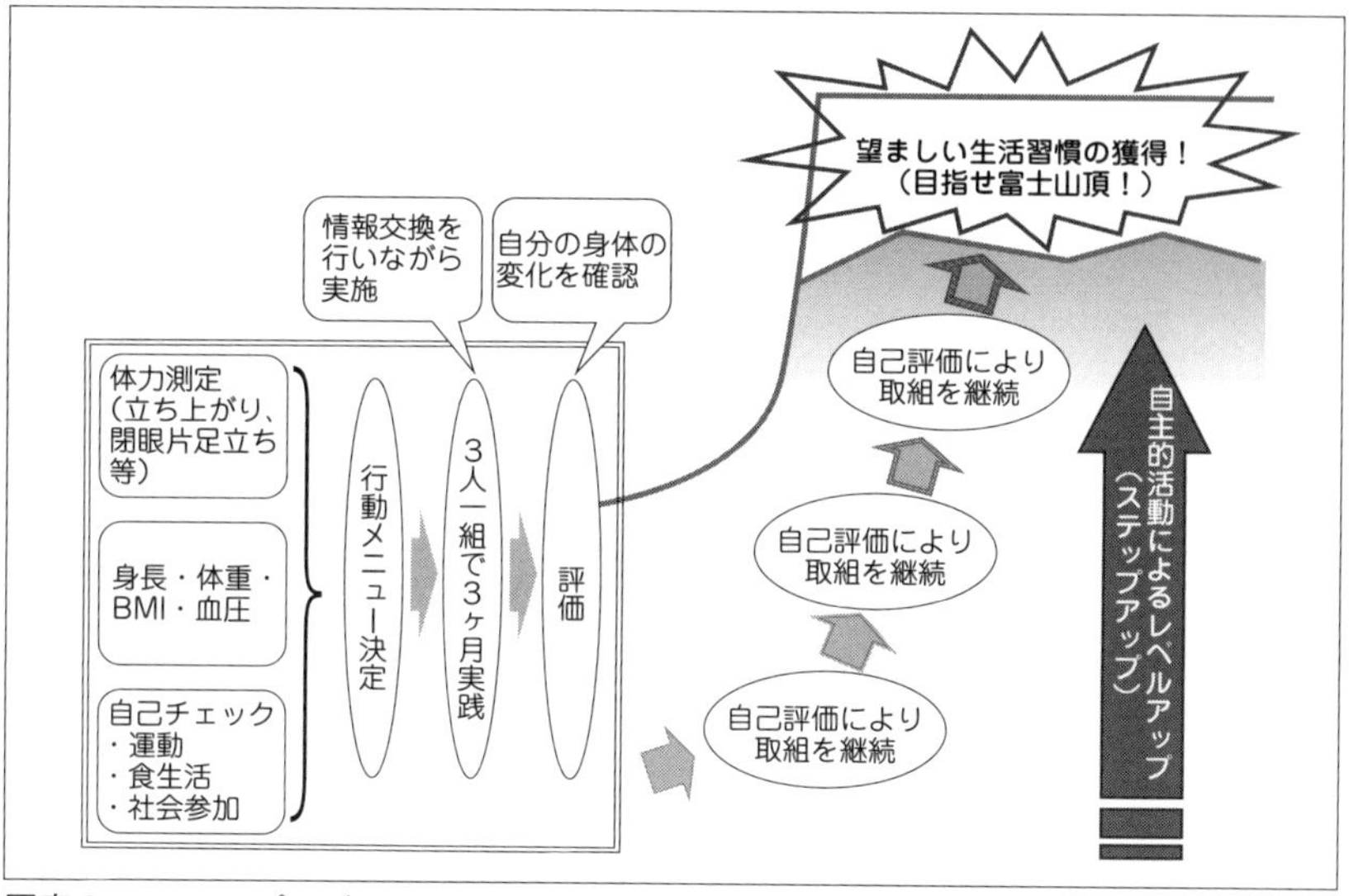

図表３　ふじ33プログラム

出所：静岡県「ふじ33プログラムガイドブック」P5

ています。『ふじ33プログラム』は、「運動」「食生活」「社会参加」の３分野に関する取り組みを、一人でやるより効果の高い「３人一組」で実践し、自ら設定した目標を３カ月後に評価していくもので、生活習慣の改善や健康寿命の延伸を目指しています（図表４）。

県が１９９９年から高齢者約１万４０００人を追跡した結果によると、「運動」「食生活」「社会参加」の３分野で望ましい生活習慣を有する高齢者は、課題がある高齢者に比べ、死亡率が半減し長生きする傾向があると発表しています（図表５）。この結果を基に、地域で自主的活動を行いレベルアップしていくことが生活習慣の改善につながっていくと考えられます。

また、もう一つの課題として、県内の医療体制の整備があげられます。２０１４年医療人材状況では、県内の人口10万人あたりの医師数は、１９３・９人で、２０１２年の前回調査に比べ４％増加し、上昇幅は全国水準（３・１％）を上回っていました[4]（図表６）。しかし、全国平均の２３３・６人からは依然大きな開きがあり、全国順位も47都道府県中40位と医師不足状

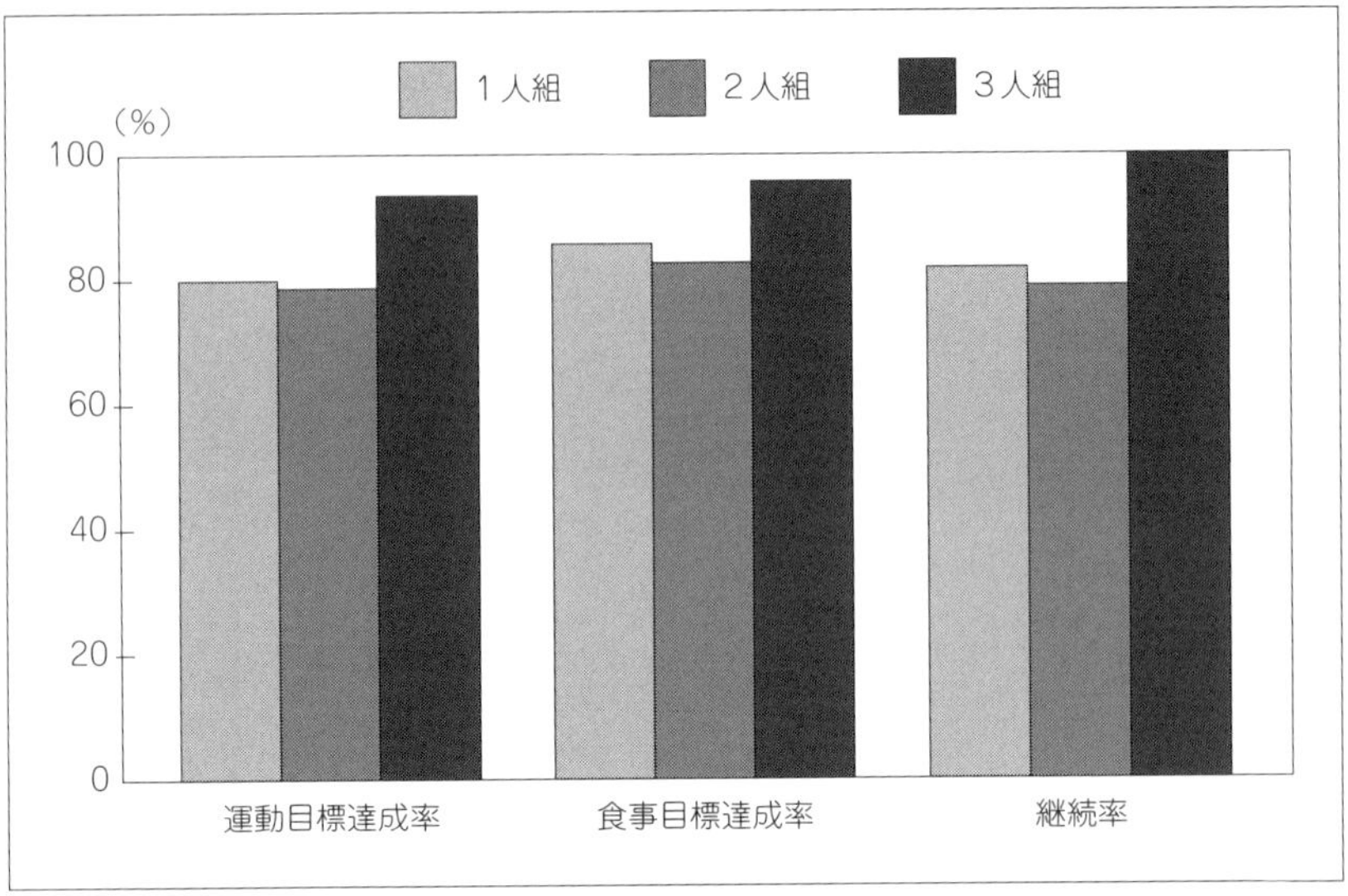

図表4　3群間による各データの変化量の比較

出所：静岡県「ふじ33プログラムガイドブック」P36

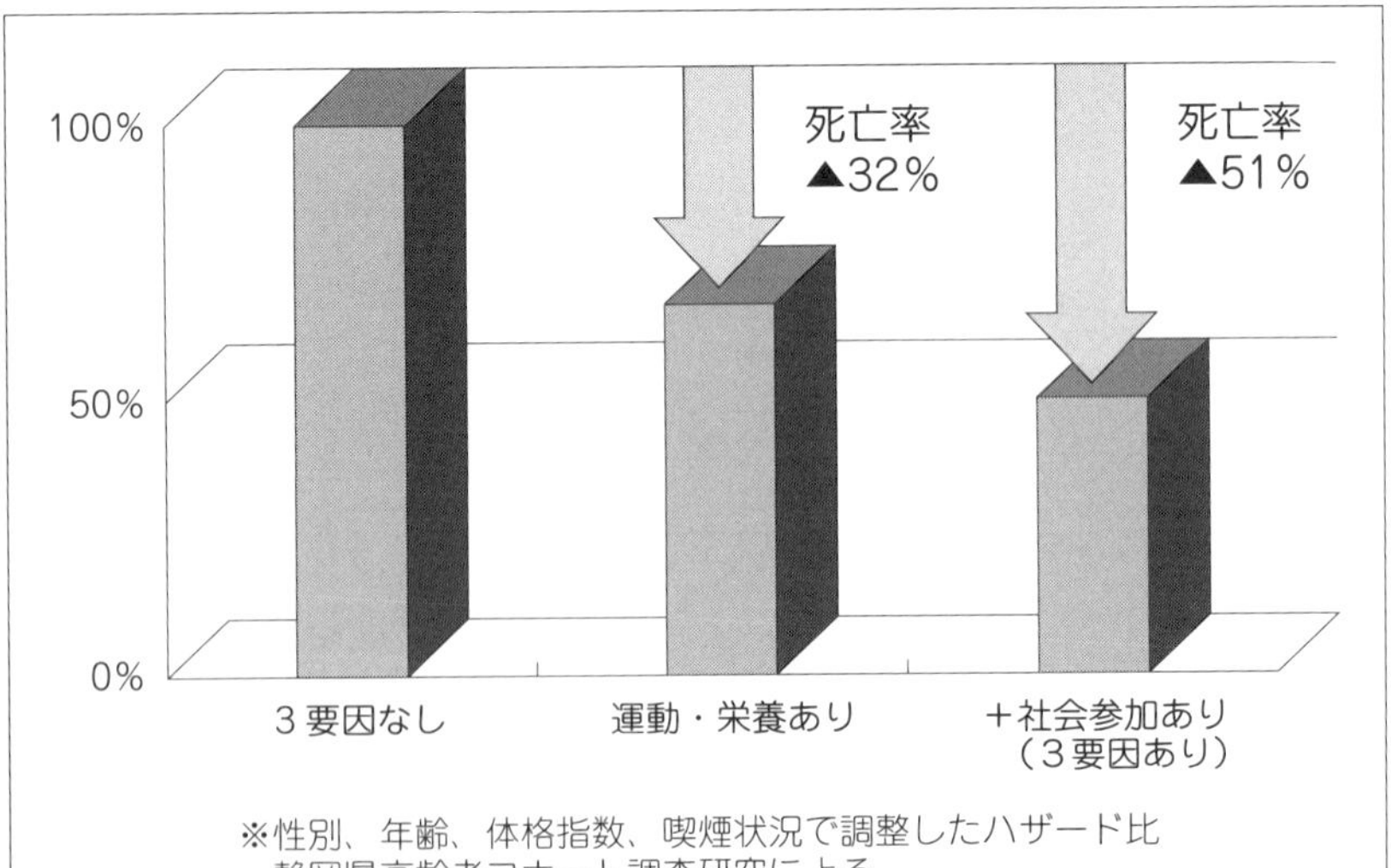

図表5　運動・栄養・社会参加の有無と死亡率

出所：静岡県「ふじ33プログラムガイドブック」P35

		2014年	2012年	増加率
人口10万人当たりの県内医師数	全国	233.6人	226.5人	3.1％
	静岡県	193.9人	186.5人	4.0％
	全国順位	40位	41位	

				増加数
県内医師数	全国	29万6845人	28万8850人	7995人
	静岡県	7185人	6967人	218人
	全国順位	11位	12位	

図表６　人口10万人あたりの県内医師数と県内医師数

出所：静岡新聞「県内医療人材状況」（平成28年1月12日）

態が続いています。県は、医学部卒業後の県内勤務を条件にした全額免除の奨学金制度で若手の取り込み策を強化するほか、現在策定中の地域医療構想にも「医療従事者の確保・養成」の項目を盛り込み、団塊世代が75歳以上になる２０２５年に向けた医療体制の構築を目指しています。医師確保策の柱である奨学金制度は、２０１５年度現在１１０人が利用し新たに県内での勤務を開始、また、県内病院の専門研修医25人を『ふじのくに次世代医師リクルーター』に委託し、臨床研修病院合同説明会に派遣するなど、県の医療に関心をもてるような取り組みを展開しています。

　また、医師不足と同様に不足が指摘されている看護職員の人口10万人あたりの数は１０４３人で、全国順位41位と未だ改善が見られていません。医師確保が厳しい県内において、看護職員の確保も求められます。病院病床数以上に、過疎地域における医師、看護職不足が深刻となっています（図表７・８）。

　その他、平成25年医療施設調査では、都道府県別の人口10万人対病院病床数調査において、静岡県の精神病床は全国平均２６６・９に対して１７９・８の全国順位43位、一般病床も全国平均７０４・９に対して５６８・１の全国順位43位という結果

平成25(2013)年10月1日現在

	全病床		精神病床		感染症病床		結核病床		療養病床		一般病床	
全国	1236.3		266.9		1.4		5.2		257.8		704.9	
多い県	高知	2473.4	鹿児島	585.5	島根	4.3	高知	18.8	高知	904.7	高知	1063.0
	鹿児島	2054.8	長崎	569.0	大分	3.4	香川	12.5	山口	682.7	大分	1005.6
	熊本	1956.7	宮崎	521.8	山梨	3.3	京都	11.7	徳島	559.7	北海道	984.5
	徳島	1939.7	佐賀	510.0	和歌山	3.3	熊本	11.4	鹿児島	548.5	岡山	961.4
	長崎	1934.4	徳島	508.6	岩手	2.9	岡山	11.2	熊本	519.5	香川	931.5
⋮	⋮	⋮	⋮	⋮	⋮	⋮	⋮	⋮	⋮	⋮	⋮	⋮
少ない県	東京	959.7	静岡	179.8	奈良	0.9	宮城	2.7	東京	168.7	静岡	568.1
	千葉	923.3	愛知	174.8	千葉	0.9	山形	2.6	埼玉	167.5	千葉	558.5
	愛知	908.4	東京	173.2	大阪	0.9	三重	2.4	千葉	155.3	愛知	542.8
	埼玉	856.2	滋賀	169.1	神奈川	0.8	埼玉	2.4	神奈川	147.3	神奈川	513.2
	神奈川	815.8	神奈川	152.7	埼玉	0.4	神奈川	1.8	宮城	131.0	埼玉	486.5
(最大／最小)	3.0		3.8		9.6		10.3		6.9		2.2	

注：1）小数点第1位の数値は、小数点第2位を四捨五入して表示している。
　　2）（最大／最小）は、四捨五入する前の数値で算出している。

図表7　人口10万対病院病床数
出所：厚生労働省「平成25年（2013）医療施設調査・病院報告の概況」（平成26年9月2日）

となっています。一方、病院の1日平均外来患者数は、全国平均１０９１・９人に対し、全国でいちばん少ない８３３・６人となっています。

これらの結果から、静岡県は全国的にもいちばん病院にかからない傾向が見られ、それぞれが健康に対しての意識が高く、各自が予防を行っているということが考察できますが、病気になった際の医療環境整備については課題も残ります。病気になっても、地域で安心して治療できるための医療環境の整備、それを支える医療人材の育成は、今後県全体で取り組んでいかなければならない政策になるでしょう。

また、世界一の健康長寿県をめざすためには、日本の過去35年死亡原因の第1位「がん」に対しての取り組みも重要です。国立がん研究センターの統計によると、がんは今後も増え続けることが予想され、現在75歳以上の患者は40%、15年後には約56%を占めることが予想されています。また、県立静岡がんセンターの統計では、肺がん胃がんは高齢患者の増加が著しく、若年層は減少傾向に、一方で大腸がんは高齢者と若年

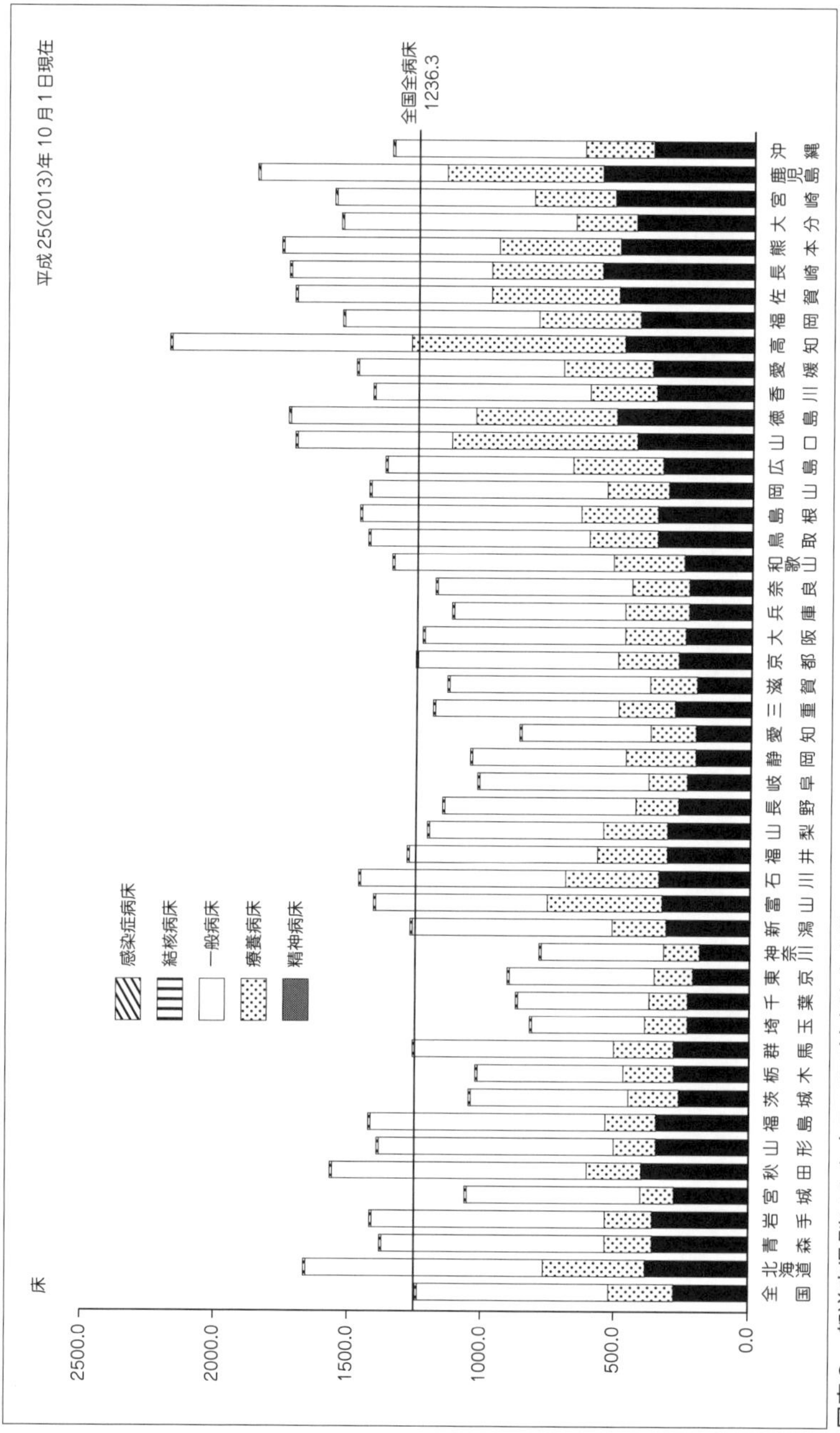

図表８　都道府県別にみた人口10万対病院病床数

出所：厚生労働省「平成25年（2013）医療施設調査・病院報告の概況」（平成26年９月２日）

層のどちらも増加し、子宮頸がんと乳がんは65歳以下が増えています。これは若年層の方ががんにかかりやすいものの、検診により発見が早くなったということがいえます。乳がんについては、日本女性のがんの第1位でだいたい12人に1人がかかる計算になります。発病年齢は30代から増加し、40代後半から50代前半でピークを迎え、ある程度高齢になってから増加する肺や胃などのがんに比べると発生に大きな違いがみられます。

国立がん研究センターは、1999年~2002年のあいだにがん診療を始めた全国16施設の約3万5000症例の分析によると、10年後に患者が生存している割合を示す10年生存率は58・2%と発表しました(図表9)。このデータにより、ほぼ全てのがんで早期に発見し、治療を始めることで良好な結果が得られることを確認することができました。早期発見、早期治療を行えば全てのがんによる死亡を減らすことができ、そのためにも『がん予防』の取り組みが重要です。

がんの予防策はさまざまで、一つだけ行っていればいいというわけではありません。がんに対する教育もその一つです。がんを学ぶのは大人だけが対象ではなく、がんの病名を告げられたとき、気が動転してしまうのは、本人だけではなく家族も同じです。このような事態を防ぐためにも、またがんにかからないための予防策としても、大人も子どもも誰もが病気にかかる可能性があることを自覚しておく必要があります。そのため、県内義務教育の中でも、成長に応じて「がん」をテーマとした授業で学ぶ機会をつくることが必要と考えます。子どもたちは現在でも小学校で命の大切さを学んでいるでしょう。一部の中学校では、専門医によって、がんの基本知識や治療法など出前授業として紹介する活動が始まっています。学校により温度差はあるかもしれませんが、県内の学校で命の大切さや「がん」について学ぶことが、将来の予防医学につながる大切な取り組みだと考えます。

部位	病期				全体
	1	2	3	4	
食道	64.1	36.9	15.4	4.8	29.7
胃	95.1	62.7	38.9	7.5	69.0
結腸	98.6	85.2	74.8	8.7	70.6
直腸	94.1	83.3	63.0	6.0	68.5
大腸	96.8	84.4	69.6	8.0	69.8
肝臓	29.3	16.9	9.8	2.5	15.3
胆嚢（たんのう）・胆道	53.6	20.6	8.6	2.9	19.7
膵臓（すいぞう）	29.6	11.2	3.1	0.9	4.9
喉頭	93.9	63.0	53.0	54.1	71.9
肺	69.3	31.4	16.1	3.7	33.2
乳房	93.5	85.5	53.8	15.6	80.4
子宮頸（しきゅうけい）	91.3	63.7	50.0	16.5	73.6
子宮体	94.4	84.2	55.6	14.4	83.1
卵巣	84.6	63.2	25.2	19.5	51.7
前立腺	93.0	100	95.6	37.8	84.4
腎・尿管	91.3	76.4	51.8	13.8	62.8
膀胱（ぼうこう）	81.4	78.9	32.3	15.6	70.3
甲状腺	100	100	94.2	52.8	90.9

図表９　がんの種類別10年生存率

出所：静岡新聞（平成28年1月20日）

佐賀県は、２０１６年度から全国で初めて、県内の中学3年生を対象に胃がんの主な原因とされる「ヘリコバクター・ピロリ（ピロリ菌）」の感染検査を始めました。[5] 各学校で実施されている健康診断の尿検査の尿を用いて、任意で感染症の有無を調べ、感染症の疑いがあるとされた生徒については追加で検査を行います。若いうちに予防しておけば、胃がんのリスクは大きく軽減されるということから、除菌の治療費は全額助成となっています。佐賀県の先進事例を踏まえ静岡県でも早急に研究し、取り組んでいただきたいと願います。現在、胃がんは日本で最も多いがんといわれています。塩分の高い食品の過剰摂取や喫煙などが全てのがんのリスク因子といわれていますが、もう一つ挙げられるのがこのピロリ菌です。50代後半では約70%が感染しており、20代でも10%が感染しているといわれています。「ピロリ菌感染者の胃がん発症率は、非保菌者の5倍といわれており、さらに感染者がＣａｇＡというたんぱく質を保有していると12・5倍に跳ね上がる」[6]といわれています。ピロリ菌は抗生物質で除菌でき、胃がん発症のリスクも下げられます。それにより、２０１３年にはピロリ菌除菌の保険適用範囲が胃の内視鏡検査実施を要件に慢性胃炎にまで拡大されています。

年度	受診率	全国順位	出　典
平成20年度	38.4%	18位	厚生労働省医療費適正化推進対策室提供
平成21年度	42.2%	15位	厚生労働省医療費適正化推進対策室提供
平成22年度	43.6%	13位	厚生労働省医療費適正化推進対策室提供
平成23年度	45.6%	12位	厚生労働省医療費適正化推進対策室提供
平成24年度	47.4%	12位	厚生労働省医療費適正化推進対策室提供
平成25年度	49.3%	11位	厚生労働省医療費適正化推進対策室提供

図表10　特定健診受診率

出所：静岡県健康福祉部医療健康局健康増進課（平成26年）

年度	胃がん	肺がん	大腸がん	子宮がん	乳がん
平成20年度	14.7	33.8	21.6	26.1	16.8
平成21年度	14.5	34.3	22.9	26.8	21.5
平成22年度	13.9	32.3	22.8	29.8	25.1
平成23年度	13.2	31.6	25.0	30.4	24.9
平成24年度	12.3	30.4	24.7	28.7	23.8
平成25年度	13.4	27.1	26.1	40.4	37.9

図表11　がん検診の受診率（地域保健・健康増進事業報告）

出所：静岡県（平成26年）

がん予防には特定健診受診率、がん検診の受診率の改善が重要とされます。厚生労働省医療費適正化推進対策室提供データでは、静岡県は２０１３年特定健診受診率49・３％で全国11位、がん検診の受診率は胃がん13・４％、肺がん27・１％、大腸がん26・１％、子宮がん40・４％、乳がん37・９％となっています（図表10・11）。

静岡県内において、がん予防に対する意識は高まりつつあり、県立静岡がんセンターのある駿東郡長泉町では、２０１６年度より成人を対象とした健康診査、各種がん検診等を実施し、すべてのがんに適用される「がん検診自己負担無償化」を始めました。対象は、胃がん検診35歳以上、子宮頸がん検診20歳以上、乳がん検診20歳以上、肺がん検診40歳以上、大腸がん検診40歳以上、前立腺がん検診50歳以上となっています。２０１５年度データを見ると、受診対象者の受診率は、胃がん検診が24・80％、子宮頸がん検診が37・70％、乳がん検診が48・６％、肺がん検診が49・20％、大腸がん検診が39・６％、前立腺がん検診が53％となっています。

県が目標とする２０１７年の検診受診率は、胃がん、肺がん、大腸がんが40％以上、乳がん、子宮頸がんにおいては50％以上を目指しています。特に胃がんは目標達成率との差が大きく、長泉町にとっても胃がん予防への取り組みが重要となっています。また、今後はがん検診自己負担を無償化することによって受診率を改善し、健康予防を促進する取り組みを県全体で実施し、受診率を上げていく必要があると考えます。

国の指針に基づくがん検診の検査の対象年齢は、子宮頸がんを除けば40歳以上となっていますが、年齢の上限はありません。その中で、働き盛りの40代から50代がなかなか検診を受けられない現実をよく耳にします。現在働き盛りの層が、仕事のため検診を受けられていないのが要因の一つとして考えられます。その改善策として、勤務先地域での検診が可能となれば、働き盛りの層が丸一日仕事を休まなくても受診することが可能となり、受診率の増加が期待されます。

がん検診自己負担無償化を開始したこの長泉町には、胃カメラ検査のため経鼻内視鏡専用検診車を世界で初めて導入し、出張経鼻内視鏡検診の実現をした池田病院という病院・検診センターがあります。働き盛りの多忙な事業所の職員が仕事を休む必要なく検査できるように、経鼻内視鏡検診車を使用して胃がん検診を行っています。また、検診車だけでなく病院内の内視鏡室でも経鼻内視鏡検査を行い、２０１５年は、年間７０００名以上に対し行っています。

経鼻内視鏡は、鼻腔のみの局所麻酔のため検査中である自分の胃内の映像をリアルタイムで見ることができ、検査医と話しながら検査を受けることができます。直径５・９ミリと細径ながら高精密で、腹部を切らずに済む内視鏡治療が可

写真1　経鼻内視鏡専用検診車
提供：池田病院

全体目標：がんによる死亡者数を減少させます（75歳未満の年齢調整死亡率（※）の20％減少）

区分	計画策定時（平成17年）	現状（平成23年）	目標（平成29年）
75歳未満の年齢調整死亡率（人口10万対）	86.2	79.6	69.0

※年齢調整死亡率
年齢構成の異なる地域間で死亡状況の比較ができるように年齢構成を調整した死亡率。この死亡率を用いることによって、年齢構成の異なる集団について、年齢構成の相違を気にすることなく、より正確に地域比較や年次比較をすることができます。

図表12　がんによる75歳未満の年齢調整死亡率
出所：静岡県「静岡県がん対策推進計画（第２次）」Ｐ４（平成25年３月）

能な早期胃がんもこの経鼻内視鏡にて数多く発見されているようです。成果については、日本内視鏡学会、がん検診学会２０１０年～２０１３年のＶＥＧＷ（欧州消火器関連学会）にて学会発表されています。鼻腔麻酔のみの検査のため、楽で安心、バリウム検査より精度の高い胃がん検診として国立がん研究所も厚生労働省も、２０１４年より、対策型検診のバリウム検診と有効性同等と推奨しています。また、大腸の内側を内視鏡スコープにて観察し、大腸内の炎症や潰瘍、ポリープ、がんを発見することができる大腸内視鏡検査も行っています。検査中に粘膜組織の一部を採取したり、ポリープを切除することができ、採取した組織やポリープを病理（顕微鏡）検査することでより詳細な検査が可能となっています。他にも、各種Ｘ線検査・乳腺マンモグラフィー・ヘリカルＣＴ・ＭＲＩ検査、大腸ＣＴ検査などの画像診断機器を使用して専門的診断を行っており、町からがんの死亡者を出さず、そのデータを全国へ発信するための長泉スタディ実現に向けて日々取り組んでいます。

大腸がんも、ポリープがんの状態で発見できれば、発見時の内視鏡切除で根治を得ることができます。なによりも、受診者に受けていただくことが重要なのです。

県が掲げるがんによる年齢調整死亡率は、２０１４年計画策定時の86・２％を、２０１７年69・０％に減少させる設定となっています（図

表12）。

この町が取り組むがん検診自己負担無償化、検診による早期発見、最新技術を用いた早期治療の徹底が、住民の健康維持に重要なのです。そして、世界一の健康長寿県実現のためのポイントとなることは間違いありません。

県立がんセンターとファルマバレープロジェクト

がんは、1981年に日本人の死因第1位となって以降、現在も変わらず3人に1人はがんで亡くなっていると言われています。また、生涯のうち男性の2人に1人、女性の3人に1人はがんにかかると推測されています（図表13）。

県は、1995年「静岡県新世紀創造計画」において、県民の死亡原因の1位となっているがんの制圧に取り組む拠点病院を県東部地区に整備することを決定し、2001年に富士山麓ファルマバレー構想を発表しました。

2002年にファルマバレー第一次戦略計画を策定、同年9月に病床数313床「静岡がんセンター」を開院、2003年にはファルマバレーセンターを開設、2005年11月には研究所が完成しました。

また、2008年3月には「静岡県がん対策推進計画」も策定され、その後、これまでの計画の成果や国の「がん対策推進基本計画」を踏まえた第二次戦略計画が定められました。2009年には管理棟が完成、2011年には第三次戦略計画が策定され、ふじのくに先端医療総合特区の指定を受けました。2012年には病院本棟の改修工事が完了し、2015年には病床数が611床にまで増床されています。

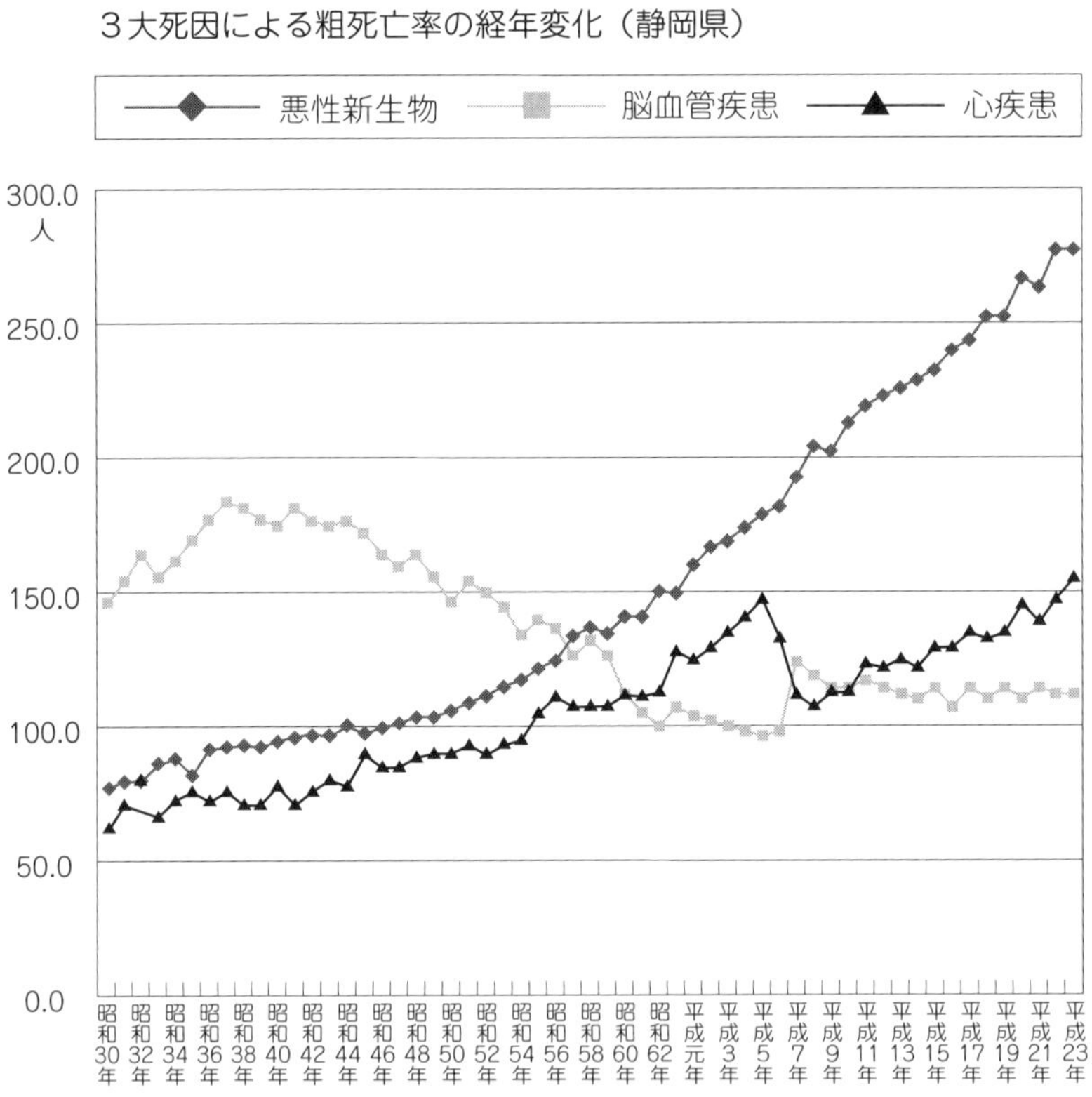

区分	平成14年	平成15年	平成16年	平成17年	平成18年	平成19年	平成20年	平成21年	平成22年	平成23年
悪性新生物	230.2	232.5	240.7	244.4	251.8	252.6	266.3	263.7	277.1	277.1
脳血管疾患	112.6	114.1	108.1	114.7	108.6	110.0	108.2	112.3	111.9	111.2
心疾患	119.4	126.8	126.5	134.4	132.5	134.2	145.7	138.3	147.6	155.1

図表13　静岡県の３大死因による粗死亡率の経年変化（人口10万人対）
出所：静岡県「静岡県がん対策推進計画（第２次）」P103（平成25年３月）

県は、県民ががんについての正しい知識を持ち、自ら積極的に予防と早期発見に努めることができるよう、情報提供や健康教育を充実させることを戦略として、予防・がん検診、受診・診断・治療、医療連携・緩和ケア、情報提供・医療相談、研究などに積極的に取り組んでいます。

日本の医療、医学の研究も進歩し、その技術は世界最先端であることは間違いありません。そして、食文化や予防医療による健康長寿の国としても、世界に誇れる文化が根付いています。その中でも、静岡県が誇る医薬品・医療機器の合計生産量は、２０１３年から4年連続全国1位で、昨年はその合計生産量が年間約1兆円となりました。県はファルマバレーによる産業集積の取り組みにより、6年後には2兆円という大きな目標を掲げ、２０１６年3月には静岡県立がんセンターそばに、医療産業のさらなる発展を目的とした「静岡県医療健康産業研究開発センター」を開設しました。２０１６年3月に、テルモ株式会社と東海部品工業株式会社に一部引き渡しを行い、9月1日フルオープンとなりました。

当センターの研究開発室は第一期の募集を終え、選考の結果、県内に事業所をもつ大手企業二社と地元の中小企業が入居することが決定しました。この計画は今後も継続して行われる予定です。

まず一社は、セラミックス・コラーゲン・金属を素材とするインプラント製品およびこれらの素材を複合化した製品、またこれらの製品の組み合わせでより相乗効果が期待される製品の研究・開発事業を展開する「テルモ株式会社」、もう一社は、全身と口腔の関わりをベースに、がん患者の支持療法及びＱＯＬ向上に用いる製品の研究・開発事業を展開する「サンスター株式会社」です。

そして、地元の中小企業からは、六角ボルト、精密ネジ、冷間精密鍛造製品、マイクロネジ、マイクロパーツ、手術用部品、インプラント製品の研究開発・設計・製造を行い、難削材（チタン）の切削加工でリーマー・タップレンチのような手術用部品から、人工歯根・頭蓋骨用ネジ・骨固定用プレート・スクリューなどのインプラント製品全般を製造している、螺子・医療機器製造業の「東海部品工業株式会社」と、超音波診断装置や透析装置の医療機器基板製造技術を活かした医療機器製造の研究・開発事業を展開し、障がい者雇用や地域支援を積極的に行っている「深澤電工株式会社」が入居となりました。今後も追加の企業募集を行う計画で、大手企業と地元中小企業、近隣の沼津国立高専や、県内の大学との連携が期待されています。

しかし、今後のファルマバレーへの取り組みを進めていく上では目標を達成するための大きな問題が存在します。それは、地元の中小企業を医療産業として育て上げるための地域と県の連携やサポート体制、仕組みがまだしっかりと確立されていないということです。また、プロジェクトとしてスタートしたにもかかわらず、県予算も減少し、産業発展のための支援が不十分であることが見受けられます。目標達成のために必要なのは、地元の中小企業を医療製造業として育て上げ、そしてそれに携わる人材を育てることです。

その中で、下請けを行う地元の中小企業で、既に医療品関連の製造を開始したという例もいくつかあります。今回は、静岡がんセンターがある長泉町で会社を経営され、今回センター開設と同時に入居が決定した「深澤電工株式会社」を取材しました。

当社は、創業当時、電子機器メーカーの100％下請けを行っていました。そのため、事業経営が取引企業の景気動向に直接左右されるといった問題がありました。しかし、現在では電子部品などさまざまな製造技術を習得し、50社もの企業との取引を行っています。品質管理にも力を注ぎISO9001（品質）・14001（環境）を取得、センター入居研究開始に合わせ、医療機器製造業登録も取得し、現在、プリント基板設計製作、表面実装・N2対応、ユニバーサル基盤製作、ケーブル・圧着・圧接、制御装置組立・ユニット組立、ソフト設計・ハード設計、分析装置組立修理、エックス線装置組立修理などを行っています。技術面の他にも、当社は、ちょっと体の不自由な人（障がい者）・ちょっと歳の多い人（高齢者）の雇用促進、徹底した5S（整理・整頓・清掃・清潔・躾）の実施、積極的な地域社会貢献など、環境面にも力を注ぎ、人や地域を大事にする企業という印象を持ちました。

取材を通じ、医療機器製造を開始するための準備はもちろん、研究を進めていくためには企業の努力だけでは難しいことが分かりました。県や市町村との連携、情報収集、大手企業コンサルタントによる教育機会の確保など、ファルマバレープロジェクト実現のためには、施設管理と人材育成が必要不可欠と言っていいでしょう。

県は、この企業など中小企業に対し、ファルマバレーの一環として、大手医療機器製造メーカーのOBを派遣するなど医療機器の研究・開発から製造に至るまで、ベッドサイドのニーズに応える「ものづくり」、医療産業を担う「ひとづくり」、そして健康サービスが充実し高次都市機能が集積した「まちづくり」の実現に向けた取り組みを行っています。世界に通用するこのファルマバレーの取り組みには中小企業をサポートするかれらの経験が重要で、その経験をどう活かすかが目標達成の近道と考えます。

この産業は、今日や明日作ってすぐできるものではないという意味で、ワインやウィスキーの醸造に例えられます。一つの製品が完成し市場に出るまでに、多くの費用や長い年月がかかります。せっかくその産

写真2　職場風景

提供：深澤電工株式会社

写真3　ファルマバレーセンター全体

業に興味をもつ企業があっても、ハードルが高いと事業への参画に踏み切れないでしょう。そうした問題を改善するための費用の確保、助成金や融資の金利緩和制度など、金融機関との連携も重要となります。県や市町村は、プロジェクト実現のために、そのきっかけを作りハードルを下げるための支援に力を入れて取り組む必要があります。県内地域の企業が、どれだけこの医療機器製造の産業に携わることができ、その施設管理と人材育成ができるか、それがこのプロジェクトの成功のカギとなるはずです。

　この産業は、国内にとどまらず海外へ広がる可能性も秘めています。このプロジェクトにより、開発拠点の共有整備を活用し、新製品開発を加速できる環境を確立することができれば、これからの時代を見据えた地元企業の海外進出も現実のものになります。これまでの日本企業の海外進出は、仕入れ原価や人件費を抑えるために海外の企業に製造を委託していたため、下請けの仕事も減少し、技術や産業の質自体が低下してしまった印象が残ります。県が取り組むこのファルマバレープロジェクトの目標達成は、産業集積として、地域の中小企業が大手医療機器製造メーカーと手を組みＯＢの経験やノウハウを身につけ、世界に通用する医療機器を生み出し、国内や海外へ発信していくことが成功につながると言えるでしょう。今後、この静岡から「健康」「医療」というキーワードで、ものづくり、ひとづくり、まちづくりの実現に向け、世界展開していくためのファルマバレープロジェクトの活動が期待されます。

【引用文献】

1．ファルマバレーセンターＨＰ　http://www.fuji-pvc.jp/center/
2．「61万人の特定健診データ分析の結果」静岡県健康福祉部医療健康局健康増進課
3．「平成24年開発『ふじ33プログラム』」静岡県健康福祉部医療健康局健康増進課
4．静岡県ＨＰ　www.pref.shizuoka.jp/
5．佐賀新聞ＨＰ　http://www.saga-s.co.jp/news/saga/10101/274560
6．「知って役立つ、がん医療」静岡県立静岡がんセンター２０１５公開講座

■障がい者福祉問題

1億総活躍社会を目指して
障がい者一人一人が輝く社会を目指して

山本裕三

障がい者の就労支援や今後の制度設計において大事なことは何かを探るため、行政、就労継続支援事業者、特別支援学校、生活介護事業者の方々にインタビューを行い、さまざまな角度から「障がい者就労支援」について考える。その中から浮かび上がったのは、一つの共通した言葉「障がい者一人一人に向きあい理解すること」。そこに焦点を当て、それを実現することで、私たちは「障がい者就労支援」がなくとも社会の中で障がい者が自立し、自然に活躍できる未来をつくっていくことをめざす。

平成25年6月、「障害を理由とする差別の解消の推進に関する法律」（いわゆる「障害者差別解消法」施行は一部の附則を除き平成28年4月1日）が制定されました。「障害者差別解消法」とは、国連の「障害者の権利に関する条約」の締結に向けた国内法制度の整備の一環として、全ての国民が、障がいの有無によって分け隔てられることなく、相互に人格と個性を尊重し合いながら共生する社会の実現に向け、障がいを理由とする差別の解消を推進することを目的としています[1]。

この「障害者差別解消法」により、今後、国の行政機関や地方公共団体、民間事業者による障がいを理由とする差別を防ぐ対策が義務化され、行政機関や分野ごとに障がいを理由とする差別の具体的内容などを示す「対応要領」「対応指針」を作成することを義務づけされており、今後、本格的かつ具体的な障がい者の社会進出促進が期待されています。この章では、障がい者の社会進出促進には欠かせない、そして第三次安倍内閣が掲げる「1億総活躍社会」の実現には欠くことのできない「障がい者就労」に関して記していきます。

障がい者就労の歴史

戦後、本格化した障害者雇用施策は、1947年制定の「職業安定法」、1958年制定の「職業訓練法」に内包される形で始まりました。その後、現在の障がい者雇用の基礎となる「身体障害者雇用促進法」が制定され、促進法の改正の中で義務雇用制度や一定の割合で障がい者を雇用していない事業者から納付金を徴収する「障害者雇用納付金制度」が整備されました。1987年には、法律名は「障害者の雇用の促進等に関する法律」とされ、2002年には障がい者雇用支援策の拡充として障害者就業・生活支援センター事業、職場適応援助者事業などが実施されました。2015年4月には、障害者雇用納付金制度を改正、納付金制度の適用を労働者数200人から100人を超える企業へ拡大し、さらに障がい者雇用及び障がい者就労制度を拡充しています。このような動きの一方で、就労者、雇用者のミスマッチもおこっており、制度拡充とともに、私たちは障がい者雇用に関してより深い理解をする必要があります。

障がい者に対する就労支援に関して

障がい者就労といっても障がい者の状況はさまざまであり、以下のように、状況に応じて主に3種類の就労支援に分けられます。[2]

（1）就労移行支援事業

就労を希望する65才未満の障がい者で、通常の事業所に雇用されることが可能と見込まれる者に対して、①生産活動、職場体験などの活動の機会の提供、その他の就労に必要な知識及び能力の向上のために必要な訓練、②求職活動に関する支援、③その適正に応じた職場の開拓、④就職後における職場への定着のために必要な相談等の支援を行う。（利用期間：2年）

（2）就労継続支援A型事業

通常の事業所に雇用されることが困難であり、雇用契約に基づく就労が可能である者に対して雇用契約の締結等による就労の機会の提供その他の就労に必要な知識及び能力の向上のために必要な訓練等の支援を行う。（利用期限：制約なし）

（3）就労継続支援B型事業

通常の事業所に雇用されることが困難であり、雇用契約に基づく就労が困難である者に対して就労の機会の提供及び生産活動の機会の提供その他の就労に必要な知識及び能力の向上のために必要な訓練等の支援を行う。（利用期限：制約なし）

就労支援は「障がい者の自立」だけではなく、障がい者の社会参加や社会との接点・居場所づくりという側面もあり、利用者によりその目的や思いは異なります。その点を個別に丁寧に理解し、障がい者一人ひとりの視点に立ち、段階や状況に合わせた事業を行っていくことが必要です。以下で、この3事業の先進事例を紹介し、「それぞれの事業の課題や今後の方向性」に関して記述していきます。

事例1．就労移行支援事業

障がい者とともに歩む掛川市の障がい者就労推進事業「障がい者新規就労５００人サポート事業」

事業所に通常雇用の可能性がある障がい者の就労移行支援事業として、平成27年度、静岡県の市町村としては初めて庁内に常設の「障がい者新規就労５００人サポート事業推進室」という専属部門を設立した掛川市。担当者インタビューとともに、就労移行支援のありかたや、今後の課題を提起していきます。

「障がい者」をひとくくりで見ない、「就労希望者本人としっかりと向き合う」就労支援を目指して

Q．企業の障がい者の法定雇用義務の範囲が、社員数２００名以上の企業から１００名以上の企業へと広がったことからも分かるように、障がい者就労は、全国的に本格化してきています。その中で掛川市は、平成27年度に静岡県内の市町村では先行して、役所内に障がい者の就労支援を行う部署を常設しましたが、その経緯をお聞きかせください。

A．掛川市における障がい者雇用率は平成24年当時１・５％で、県平均や全国平均の１・７％よりも低く、課題の一つでした。従来、障がい者就労は国の施策という考えが一般的でしたが、この課題を解決するため、市独自の障がい者就労支援施策を進めることにしました。しかし、市町村単位で障がい者の就労支援に取り組んでいる例はほとんどありませんでした。そんな中、まずは、「障がい者千人雇用」を掲げ、障がい者就労支援事業で先行している岡山県総社市に視察に行きました。総社市の担当職員の話を聞いて、事業所も10数件視察にいきました。そして、視察後の平成25年、法政大学坂本光司教授を座長にお迎えして、「障がい者新規就労５００人サポート事業」をスタートさせました。その後、サポート室を設置し、委員会ではさまざまな意見がでましたが、優先順位として三事業を選びました。①市が直接実施する障がい者雇用の推進、②指定管理者事業所等、市が関係する事業所への障がい者雇用の働きかけ、③障害者優先調達推進法に基づく障がい者就労事業所からの物品購入・業務委託等の間接雇用の推進です。そしてこれらの事業の実現のために「障がい者新規就労５００人サポート事業推進室」を設立しました。

掛川市福祉課　サポート室の皆様

Q．設立に際してご苦労されたことなどあれば教えてください。

A．障がい者新規就労５００人サポート事業推進室の職員採用です。障がい者のことがよくわかり、なおかつ雇用先である企業のこともよく理解し、時には特別支援学校やハローワーク、商工会との連携も必要です。そのすべてを満たす人材を探すことに苦労しました。実際、採用が決まったのは推進室設立の直前になりましたが、前職特定非営利活動法人で就労支援を行っていた方を運よく採用できました。

（以降　現場スタッフへの質問）

Q．前職では、特定非営利活動法人で障がい者の就労支援をされていたということですが、企業訪問などされてみて違いはありますか？

A．市の職員として訪問できるということはかなり大きいと思います。事業所や会社に初めて訪問した際、話を聞いてもらいやすいですね。法定雇用率の変更などもあり、会社の人事や総務の方も興味をもっていただけているようで、行政の信頼性は疑問のハードルを下げることができます。

Q．企業訪問を通して見えてきた課題は何でしょうか？

A．先ほども言いましたが、入り口はかなり入りやすく、人事や総務の方は熱心に聞いてくださることが多いのですが、企業の現場へと話を持っていくと、現場としては納期や生産目標等から「受け入れる余裕がない」という声があがってしまうことがあります。そこは、「障がい者」という言葉に対してのイメージが先行してしまうのかもしれません。就労希望者本人がどういう方かを知る前に話が止まってしまいます。

Q．まだまだ、社会では「障がい者」とひとくくりで捉えられているのだと思いますが、企業理解を深めるためにはどうすべきだと思いますか？

A．就労希望者本人を、まず障がい者としてみるのではなく、客観的に「人材」として、長所をみつめることだと思います。健常者でも長所、短所があるわけですから、それと同じように当事者の能力を客観的に判断することが必要だと考えます。長所にしっかりと目を向けて、企業で活躍するようにマッチングをしていく。そのためにも、企業側も就労希望者がどういう方でどのような長所があるかを知り、障がい者にもさまざまな方がいることを理解する必要があります。そして企業の法定雇用数を満たすためにということではなく、戦力として企業で活躍できるようになればと思います。

Q．一度就職しても離職することもあると思いますが、離職率はどうですか？

A．離職率は、３割程度です。実際、就労してからの継続フォローが肝心です。その点においても、行政が直接そして安定的に就労支援をおこなっているメリットは大きいと思います。

就労支援は、「障がい者就労を通して、障がい者のライフデザイン」をともに行っていくこと

Q．就労移行支援事業の今後の展開に関してお聞かせください。

A．「障がい者新規就労５００人サポート事業推進室」を利用される方々の中には、生活に困窮されている方々もいらっしゃいます。そのような方々の生活相談にしっかり耳を傾けるために社会福祉協議会やさまざまな機関、団体との連携が必要です。たとえば、体験入社期間中は企業からの給与がない場合もあります。そのような時は雇用開発助成金の紹介などさまざまな情報提供を行い、相談者の生活をともに考えるようにしていくべきと考えます。

事例２．就労継続支援Ａ型事業所「アトリエ」

障がい者のことをより知ってもらい、社会に羽ばたくためのステージとして

先述の掛川市の「障がい者新規就労５００人サポート事業」の一環として、掛川市で新しい取り組みが始まりました。

２０１６年３月12日（２０１６年２月取材）、掛川市内の市営の果樹園に民間事業者の力を借りて、就労継続支援Ａ型事業のレストラン「アトリエ」がオープンしました。運営される平松きよ子代表に就労支援の在り方についてお話をうかがいました。

代表の平松きよ子氏

障がい者が、社会、そして一人でも多くの方々とふれ合う機会をつくりたい

Ｑ．就労継続支援事業所を設立した経緯を教えてください。

Ａ．事業所の設立の経緯の前に、なぜ障がい者就労に興味をもったか話をさせてもらうと、私は、掛川市の「障がい者新規就労５００人サポート事業」の座長もされている法政大学坂本光司教授のゼミに２００７年から在籍しておりました。そのゼミ活動をとおして、日本全国の企業訪問をしました。その中で、企業の中で働き、輝いている障がい者の方々に出会いました。ゼミに入る前は、障がい者と触れる機会もなく、もし接する機会があってもどうしていいかわからなかったのが実際のところでした。ただ、障がい者が働く姿や、直接接する機会が多くなるにつれて、「私たちと何もかわらない」ということがわかってきました。確かに、障がいによって、苦手なことや表現の仕方の違い、表現自体がうまくできないということはありますが、私たちが、しっかりと障がい者の気持ちや考えを理解することができれば、私たちと同じだと感じました。そんな経験を通して、「いつかは、障がい者と関わる仕事をしたい」と思っていました。そのような思いをずっともっていて、今回掛川市が市営果樹園の活用事業を募集していると聞き、就労継続支援事業所としてレストラン事業の提案を掛川市に行いました。

Q．なぜレストラン事業にしたのですか？

A．それは、障がい者が働く姿を一人でも多くの方々に見ていただきたいと思ったからです。障がい者自身、そして障がい者雇用を理解をしてもらうためには働いている姿を見てもらい、接してもらうことがいちばんだと思います。先述しましたが、私自身も障がい者のことを知るきっかけとなったのは、大学院のゼミ活動で、実際に企業で働く障がい者の働く姿を見たことがきっかけでした。この経験を一人でも多くの方々にしていただきたい、そのためには、多くの方々に来ていただくレストラン事業がよいと考えました。たとえば、レストラン「アトリエ」に、会社を経営している方や農業をしている方、お店を経営している方など事業をしている方々に来ていただき、障がい者が働く姿をみて、障がい者のことを理解し「いっしょに働きたい！」と思う方が一人でも増えればと思います。

盛況のレストラン「アトリエ」

通路も広く障がい者目線の厨房

障がい者とともに一流のお店をめざす

Q．就労支援の方向性としてはどうお考えですか？

A．私は、このレストラン「アトリエ」を、障がい者の就労継続支援事業所として全面的に打ち出そうとは思っていません。それは、今後、アトリエで就労訓練する障がい者はいつか、社会にでて企業に就労することを目指しますから、「働く障がい者とともに、お客様に喜ばれる一流店をめざす」という思いがなければいけないと考えているからです。最初からいろんなことができなくても、一緒に考えて、一緒にお店をつくっていきたいと思っています。その中では、特にコミュニケーションを大事にしていきたいと考えています。要望もしますし、意見も聞きます。とにかくコミュニケーションがいちばん大事だと思います。とはいっても障がい者の方々が得意なこと、そうでないことは人それぞれです。今回、アトリエを就労継続支援A型事業所としてご紹介いただいてますが、私たちは、就労支援B型事業も展開する予定です。個人に合わせた就労のかたちを目指していきたいと思っています。そして就労支援B型からA型、一般就労へという流れを作っていきたいです。

事例3．就労継続支援B型事業所「特定非営利活動法人掛川障がい者支援センターきらら上内田」

地場産業をともに創り支える、地域とつながる就労支援。地場企業の使命として

掛川市で、「青ネギ生産」「干し芋加工」「茶製品包装」の就労継続支援B型事業所を運営している特定非営利活動法人「掛川障がい者支援センターきらら上内田《かみうちだ》」。理事の丸山祐三氏に話をお聞きし、地場産業と障がい者就労のつながりの必要性をお伝えします。

障がい者就労＋地場産業創出＋遊休農地活用

Q. 就労継続支援事業所を設立した経緯を教えてください。

A. 12年前に「高齢者のサービスが充実していない」と感じ、高齢者の介護事業グループホームの運営をスタートしました。福祉というと、最近は高齢者のための事業所ばかりができて違和感を感じており、そんな時に、障がい児をお持ちの方の話を聞きました。特に学校を卒業してからの進路に関して悩んでおられると聞いて、「障がい者への就労支援事業をやろう！」と思ったことがきっかけです。

理事の丸山祐三氏

Q. 設立時に苦労されたことをお聞かせください。

A. まずは、設立資金です。融資を銀行にお願いするにも、特定非営利活動法人ですので難しい部分もあり、補助金を探すも社会福祉法人格がなければ申請ができません。結局は、銀行の融資が決まりましたが、資金準備に関してはご苦労される方は多いと思います。営利目的ではないと言っても事業計画や収支計画がしっかりとしていなければ銀行融資も受けられないわけです。とはいうものの、社会福祉法人は設立までの道のりが厳しく、民間参入を活発化させるためには、設立に関しての行政支援を推進する必要性を感じます。

干し芋の生産工場にて

Q．きらら上内田の事業内容を教えてください。

A．協力企業の農業法人で遊休農地を利用した青ネギとサツマイモの生産をしています。青ネギは出荷準備、サツマイモは遠州名物「干し芋」の生産業務をお手伝いしています。また別の協力企業の製茶会社では、パッケージや梱包材の仕上げ業務を行っています。2社はグループ企業で内情を以前からよく知っていましたので「どの業務をまかせてもらうか」はある程度、想定していました。

Q．特徴はどんなところだと思いますか？

A．お茶も干し芋も掛川の地場産業です。原料も含め、市内で循環している事業だということです。その地場産業を一緒に支えるメンバーとして障がい者が就労訓練をしている。そのことは、訓練生自身にも自覚してもらっています。「自分たちが掛川の産業を支えている」という意識こそが、地域と障がい者のつながりになると思いますし、就労においてのモチベーションにもなっています。

Q．協力企業の製茶会社、農業法人ともに、従業員数が100人を超えていないので障害者雇用納付金制度の適用外で障がい者を就労する義務はないですよね？

A．そうです。障がい者の雇用義務は両社ともないです。私がきらら上内田をつくった理由は、100人以上社員がいなくとも、障がい者就労のためにこのような事業がしっかりとできる、ということを証明したかったからです。いろいろな企業が、自社の作業を整理し、「どうすれば障がい者が活躍できるか」を考えれば、きらら上内田のような就労継続支援事業所を設立できるということです。特に私たちのような、地場産業に関わる企業にはぜひ取り組んでいただきたいと思います。そして、「地場産業を障がい者とともに支える」企業が一社でも増えればと思います。ちなみに静岡県内の企業で、きらら上内田を事業モデルに就労継続支援事業所を設立した企業もあります。従業員数が１００人以下だから障がい者就労に関わらなくてよいというわけではなく、どんな規模の会社でもできることはあると思います。

Q．今後の目標をお聞かせください。

A．１人でも多く一般就労につながっていくことです。グループ企業で一般採用になった訓練生もいますが、グループ企業以外でも就労できるように力を入れていきたいと思います。そのためにも、きらら上内田では作業所だけではなく、農場や加工場等さまざまな場所で就労をしてもらっています。今後の一般就労に向けて、自分の特性に合わせたさまざまな作業に柔軟に対応できるようになってもらうためです。そして１人でも多く就労をとおし、社会参加する障がい者を応援していきたいと考えます。

事例４．教育現場から考える障がい者就労

「社会自立と社会参加」を目指し、「自ら光る子」を掲げキャリア教育を行っている特別支援学校。今回は、長きにわたり障がい児教育、そしてキャリア教育、障がい者就労に関わっておられる静岡県立袋井特別支援学校の進路指導主事竹内啓司氏にお話しをうかがいました。インタビューを通して教育現場から考える障がい者就労に関してお伝えします。

進路指導主事の竹内啓司氏

Q．障がい者就労が近年ますます社会的に注目を浴びています。このような状況をどのように感じますか？

A．特別支援学校は、生徒たちの将来的な就労や社会参加に向けてキャリア教育を長年行ってまいりました。現在、行政やハローワーク、民間等、障がい者就労に関わる機関や団体が少しずつ増えていることはうれしいことです。国の方針でも障がい者の法定雇用率の引き上げや障害者雇用納付金制度の対象範囲拡大などにより、中小企業事業主の関心も高まっています。私は25年ほど特別支援学校で働いています。昔のことを思い出すと、データや情報もなく、毎日企業に飛び込んでは断られる、の繰り返しでした。今よりも障がい者自体の理解もされていなかったと思います。20年前に飛び込みで、ある企業にうかがいましたが、当時は就労につながりませんでした。しかし、今から2年前、飛び込みで始めてうかがってから18年後に、卒業生がその企業で働くことになったときは、とてもうれしかったです。

Q．特別支援学校では、どのようなキャリア教育を行っているのですか？

A．特別支援学校の教育は「社会自立と社会参加」を目指していますので、すべてがキャリア教育につながるものですが、特に就労というところでいえば、さまざまな作業学習、そして企業にうかがって行う現場実習になります。作業学習に関しては工作、縫製、農作業などを行っています。作業学習で作ったものはバザーなどで販売をしています。バザーでは保護者だけでなく、地域の方々にも「生徒たちはこれだけできるんだよ」ということをアピールする場所だと考えています。

現場実習は、３６００社の登録企業から、その生徒の特性や意向、住んでいる地域に合わせ、保護者とも相談して実習先を決めています。実習は、生徒と企業がお互いに理解をし合うとても大事な機会です。ミスマッチしないように、本人や保護者、そして企業と十分にコミュニケーションをとって行っています。

Q．実習、就労先の企業に関してお聞かせください。

A．障がい者就労先というと大企業が多いイメージが強いかもしれませんが、卒業生の就職先として、中小企業も多くあります。中小企業の場合、一部の職員だけではなく、職場全体が入社した障がい者のことを理解していると、うまく障がい者も職場にとけ込んでいくことができます。雇用義務のない１００名以下の企業でも就労実績がたくさんあります。

Q．障がい者就労の課題は何だと思いますか？

A．課題は何点かありますが、まずは、本人と保護者、そして企業の求めていることのギャップです。本人や保護者は雇用条件や支援体制を重視し、企業は責任感や目的意識、そしてルールを守って仕事ができるかどうかを重視します。私たちは教育現場として、生徒に対しての目標設定や意欲づけ、適切な支援方法の具体化、事業所への適切な情報提供などで、お互いのギャップを埋めていく必要があると考えます。そして就労後の定着に関しても課題があります。私達は、就労に至ったとしてもそのあとに職場を辞めてしまった場合、できる限りの支援はしますが、十分には手が回りません。入学で忙しい４・５月は、卒業生の就職後のサポートに忙しい時期です。卒業生が就職後に、職場に定着するまで二人三脚でサポートができるジョブコーチなどの支援が必要だと考えます。

Q．就労支援の今後に関してお聞かせください。

A．袋井支援学校では、現在、行政の商工観光課や商工会議所等と情報交換や連携を深めています。会議所では、経営者が集まる機会で、障がい者就労に関してお話しをさせていただきました。今後も福祉以外の機関や団体とのつながりも強め、障がい者就労がより理解され、卒業生が1人でも多く社会自立と社会参加を実現できればと思います。

Q．今後必要なことは何かお聞かせください。

A．行政やその他の機関、団体等に協力してほしいことは、情報発信です。情報発信に協力いただき、事業者が障がい者を理解する機会をもっと増やし、法定雇用率を満たすためだけではなく、企業自体が障がい者本人を深く理解して雇用をするようになればと思います。

事例5．生活介護事業所放課後等デイサービス「それあ〜ど」

障がい者の社会参加は就労だけではない

障がい者の就労支援に関してインタビューしましたが、障がい者の社会との接点は、就労だけではありません。たとえば、重度の心身障がいがあり就労が困難な場合など、就労以外での社会とのつながりを必要と

理事長の池谷氏とご家族

している方がいることも忘れてはなりません。

「一億総活躍社会」をめざすためには、「活躍＝就労」だけではなく、「活躍＝社会の一員としての実感や幸せを感じ生きること」であることが重要です。

そのことを紹介するうえで、特定非営利活動法人Ｈａｒｍｏｎｙ理事長池谷直士氏に、医療的ケアが必要な重度心身障がいの方々の現状や事業所設立時の思いをうかがいました。Ｈａｒｍｏｎｙでは、静岡県西部地区の医療法人以外では初となる、医療的ケアを必要とする重度心身障がい児（者）のための生活介護事業所放課後等デイサービス「それあ～ど」を２０１５年４月に開設しました。

Ｑ．医療的ケアが必要な重度心身障がいの方々の現状をお聞かせください。

Ａ．まず、医療的ケアが必要な重度心身障がい児に関して話をすると、これらの児童は、特別支援学校に通っている子もいますが、特別支援学校も看護師が不足しているという話を聞きます。そのような状況の中で、学校には通えない児童のために、訪問教育も実施をされています。ただ、特別支援学校の高等部を卒業した後の行き場所は限られており、かなりの人数がそのまま自宅での生活となり社会との接点が切れてしまっています。そこに加えて、介助者である親の高齢化も問題で、将来に対しての不安を抱えておられる方々もたくさんいます。浜松市にも医療的ケアが必要な重度心身障がい者は私が知る限りでは１００名以上いると聞いています。

いちばん困っている人に手をさしのべたい

Q．医療法人ではない特定非営利活動法人で、医療的ケアが必要な重度心身障がい者施設を設立することは大変だと思いますが、なぜ設立しようと考えたのですか？

A．実は、当初は他の事業を考えていました。ただ、「関わった人すべてを笑顔に」をテーマに事業を行ってきた自分たちのほんとうにやるべきことは、いちばん困っている人たちのための事業ではないかと考え直しました。そして医師である妻や当法人のスタッフに、「困っている方が多く、支援が十分ではない医療的ケアが必要な重度心身障がい者のために事業をやりたい」と伝えたところ、皆がその意見に賛同してくれて挑戦する決意ができました。

Q．これまでにご苦労された点をお聞かせください。

A．構想を始めたのがちょうど2年ほど前だったと思います。ようやくオープンまでこぎつけましたが、いろいろと苦労がありました。まずは資金です。医療的ケアが必要な重度心身障がい者を受け入れるための施設は、寝たきりの方々はずっと天井を見ることになるため、照明でまぶしくならないような位置の工夫や床暖房、また体を自由に動かせない方々が視覚で楽しむ設備であるスヌーズレンなどの特別な設備など、施設環境に関するさまざまな工夫を必要とし、ただでさえ資金がかかります。

行政補助は、高齢者のグループホーム施設整備等にはあるのですが、重度心身障がい者に関しては補助がなく、自己資金でなんとかしなければなりませんでした。

それと、生活介護事業所の行政指定登録が困難でした。なぜならば、生活介護事業所は高齢者やその他の障がい者事業を含むからです。行政としては、高齢者やその他の障がい者事業者での登録数でいっぱいなので、これ以上は登録者数を増やせないということでした。ただ、医療的ケアが必要な重度心身障がい者のための生活介護事業の登録数は、私たち法人を含めて極めて少ないはずでしたが、生活介護事業所という大きな一くくりで考えられてしまったためなかなか申請が通らず苦労しました。

Q．医療的ケアが必要な重度心身障がい者支援に関しての課題は何だと思いますか？

A．医療的ケアの部分だと思います。たとえば介護報酬に関して、医療的ケアの部分は換算されないため、施設側が看護師分の費用を持たなければなりません。私達の場合、開設予定の「それあ〜ど」の隣に医師である私の妻が診療所を併設しますので、その点はなんとかなりますが、この課題をクリアしなければ民間で設立するには大きな壁になります。今後、私たちのように、生活介護事業所と医療施設やその他の福祉施設が隣接するかたちをとり、相互に助け合う、福祉と医療の集積型の事業所が増えればと思っています。

カーサ・ソレアード

Q．最後に事業所設立に向けての思いをお聞かせください。

A．私自身、重度一級の身体障がいを抱えており、話すことができる以外はすべて人の介助を必要とします。そういった状況下でありながら、医師である妻と結婚し1人の子どもを授かり、会社を経営させていただく機会に恵まれました。しかし、ここまで来るにはほんとうに数えきれないくらいたくさんの方々の支えと協力があり、その方々のおかげで今の私が存在しているといっても過言ではありません。これだけ恵まれた環境にある私が役立つことがあるとすれば、同じような状況にある方々のために自分を生かすことだと思います。施設のコンセプト「カーサ・ソレアード」（ひだまりの家）の名にふさわしく、「人・心・環境」すべてにおいて温かみのあるものにしていきたいと考えております。

まとめ（政策提言の方向性）

今回、障がい者就労や障がい者の社会参加に関し、さまざまな方々にいろいろな角度からお話しをお聞きしました。その中から、今後の障がい者就労を推進するために必要なことを以下にまとめます。

①行政が障がい者就労に関して旗を掲げ推進し、積極的な情報発信を行い、行政自ら障がい者の就労機会の創出を行うこと
②障がい者就労支援を福祉の枠だけで考えるのではなく、縦割りを超えて商工農観等の連携を強化する施策
③事業者への障がい者及び障がい者就労への理解を広げ、深めるための施策及び条例の制定
④就労者と企業側のニーズギャップを埋める施策
⑤就労後の定着率を高めるサポート
⑥就労という形での社会参加が難しい障がい者の居場所づくり

施策を行っていく上で最も重要なことは、「障がい者を一くくりで考えるのではなく、一人一人をより理解すること」です。この理解がなければ、どのような施策を行ったとしても真の障がい者就労にはつながらないと考えます。障がい者の社会参加の一つの要素にすぎず、今後も多面的な視野に立ち「一人ひとりによ

り添う」障がい者福祉を追い求めていかなければならないと考えます。

【引用文献】

1.「障害を理由とする差別の解消の推進」内閣府　http://www8.cao.go.jp/shougai/suishin/sabekai.html

2.「障害者の就労支援対策の状況」厚生労働省　http://www.mhlw.go.jp/bunya/shougaihoken/service/shurou.html

■子育て・教育問題

教育環境のあり方

家庭と地域で支える教育を目指して

石田江利子

従来のゆとり教育による学力水準の低下やいじめ問題が、連日大きく報道されている。対応策として、学校教育の質の向上、そして他人への思いやりや規範意識を持つ児童や生徒の育成が急務となっている。静岡県では、個人として自立し、人との関わり合いを大切にしながら、学校、家庭、地域等、社会総がかりで『有徳の人』の育成」を目指す。

日本の教育の問題点

高度経済成長期を経て、日本は１９８０年代に経済的な安定期に入り、私たちは物質的な豊かさを享受できるようになりました。進学率は上昇し、豊かな社会で育った子どもが増加する中で、子どもと教育をめぐる環境も大きく変化し、社会や経済の発展にともなった新たな教育問題が生まれています。特に、これらの

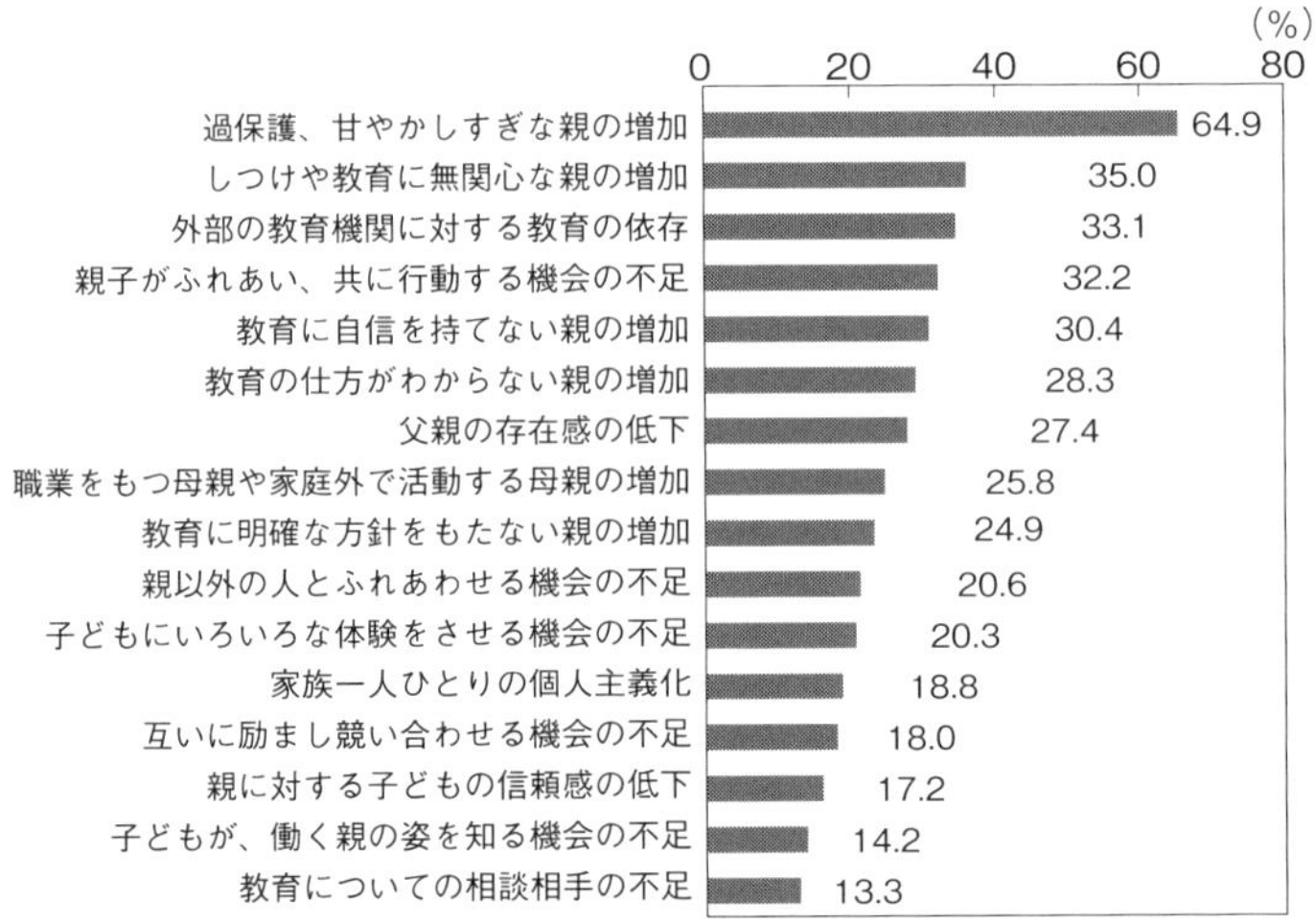

（注）全国の20歳以上の者約10,000人を対象に調査（複数回答可）。
資料：「青少年と家庭に関する世論調査」1993年・総理府

図表1　家庭の教育力が低下している理由

出所：総理府「青少年と家庭に関する世論調査」（1993年）

変化にともなう子ども自身の意識の変化に、現在の教育は十分対応していないと感じます。

地域においては、以前に比べ半数以上が地域の教育力の低下を実感しているとの報告があります。また、都市化や核家族化が進む中で子育てにおける母親の負担が増え、それが少子化を助長しているともいわれています。家庭や地域の教育力の再生を図る必要性を強く感じます。

家庭とは、子どもと親・家族のふれあいの場であり、同時に幼児期に必要な基本的な生活習慣などを身につける場ですが、家庭の教育機能が低下し、そうしたことが困難になってきているようです。

昨今では、親が親としての役割を果たせないケースが生じるなど、家庭内での子どもへの虐待や暴力が社会問題化しています。日本の歴史を振り返れば、江戸時代のころは「父親が子どもを育てた時代」といわれました。命をかけての出産は母子ともに負担が大きく、出産後の子育ては父親の役目とされていたのです。しかし、高度経済成長とともに、父親はお金を稼ぎ、母親が育児に専念するようになります。子どものよりよい成長のためには母親だけでなく父親の育児・教育への参加が必要ですが、長時間労働などで父親が子育てに参加できない状況が生まれています。また、一昔前は上の子どもが弟・妹・近所の子どもの子守りをするなど、赤ちゃんに寄り添いながら成長し、親になる前に多くの経験をしていました。このように、親になるための準備教育が行われない中で、就学前の子育ては家庭任せ、母親任せにされ、その結果、母と子は〝カプセル状態〟に追い込まれています。母親はストレスと孤立に悩み、子どもの心の発達にゆがみを生んでいる現象もでてきています。

そうした中で重要になってくるのは、地域の子育て支援システムの充実と、親が子育てをしながら働き続けるための条件整備を早急に進めること。それと同時に、家庭や地域社会と連動した、子どもの道徳性を育むための教育が今日的課題だと考えます。

道徳教育の必要性

社会環境の変化、家庭や地域社会の教育力の低下により実体験が減少し、子どもの活力が弱まり、ひいては道徳性まで低下してきているといわれます。ここにはそれを育成すべき道徳教育に問題があることがわかります。最大の要因は先に述べたように学校だけにあるのではなく、道徳教育を家庭や地域社会と連動しながら進めていないということにあると思います。

道徳性は、道徳的な価値観を子どもの生活に結び付け、日常生活において実際に試したり生かしたりすることで育成されるものです。学校の道徳の時間に目指している道徳の実践力も、道徳と子どもの生活とを結び付けることで培われます。しかしながら核家族化や少子化の進行、いわゆる一人っ子の割合が増加している中では、子どもが兄弟姉妹や親戚同士、友人同士で遊んで切磋琢磨したり、祖父母などと触れあったりする機会が減少しています。さらには地域社会においても、地縁的なつながりや人間関係の希薄化が進み、子どもの心の成長の糧となる生活体験や自然体験も減少してしまっています。また、子どもの生活スタイルが自然環境から離れることにより、人間としての逞しさや自他の命の尊さを知る機会が奪われていることも指摘されています。

道徳とは本来、徳を育む教育のことで、昔から知識よりも徳が最優先・最重要とされてきました。歴史上の偉人といわれる人の多くは儒学や朱子学といったものを学び、世のため人のために尽力されています。その代表的な人物は「金治郎さん」でお馴染みの二宮尊徳さんです。これまで多くの小中学校に尊徳さんの銅像が置かれています。

二宮尊徳は１７８７年、神奈川県小田原市栢山《かやま》に生まれ、１８５６年に栃木県の今市で亡くなりました。二宮金次郎というと殆どの日本人なら知っていると思いますが、生涯にどのようなことをし、どのような教えをしたかを知る人は少ないと思います。

二宮尊徳像

金次郎は天明７年（１７８７年）に小田原市の裕福な農家に生まれ、安政３年（１８５６年）に70歳で亡くなりました。生まれた頃は裕福でしたが、川の氾濫で田畑を失い、お父さんは金次郎が14歳で、お母さんは16歳の時に亡くなりました。そこで叔父さんに預けられるのですが、ある夜、明かりをともして本を読んでいると叔父さんに怒られたのでした。「お前は誰のおかげで飯を食っているのだ。油がもったいない」というのです。

金次郎は、今度は空き地に菜種を植え、出来た菜種と油を交換して本を読むのですが、また叱られるのです。「お前の時間は俺の時間だ。お百姓に学問はいらない」というのです。それから始まったのが、写真にあるように薪を背負い、歩きながら本を読む姿です。

やがて金次郎は叔父さんの家から独立し、実家の再興に取り掛かりました。そして勤勉と倹約に努め、24歳で以前のような裕福な家に再興しました。それを知った小田原藩士の服部家から財政の立て直しを頼まれ、これも成功させました。その噂が広まり、今度は小田原藩の分家にあたる桜町領（栃木県二宮町）の再興を頼まれたり、生涯に615の村々を立て直したといわれています。金次郎は桜町領を再興する時に武士の位を授けられ、二宮尊徳となりました。このことは身分差別の象徴だと言う方もあると聞きますが、金次郎はそういう時代に生きていたということです。それは、彼が生涯にどういう業績を残したかとか、どのようなものの見方、考え方をしたかということとは違うと思います。むしろどのようなことを人々に説いたかということが大事ではないかと思います。

金次郎はまず、「勤労」、「分度（倹）」、「推譲」を人々に勧めました。

勤労とは、徳に報いるために働くこと
分度とは、収入の範囲内で支出を定めること
推譲とは、勤労、分度をして、たまった物を将来のために残したり、人に及ぼしたりすること

また、「積小為大」、「五常講」を人々に説きました。

積小為大とは、小を積んで大と為すということです。

五常講とは、お金の貸し借りの旋回の過程で、「仁」のこころをもってそれの分度を守り、多少余裕のある人から困っている人にお金を推譲し、借りた方は、「義」の心をもって正しく返済し、「礼」の心をもって恩に報いるために冥加金を差し出すなど、心を配って人に接し、「智」の心をもって借りた金を運転し、「信」の心を持って約束を守る、すなわち「仁義礼智信」の「人倫五常の道」を守ろうというのである[1]。

文部科学省は２０１５年、「特別な教科」として格上げする小中学校の道徳について、新たな学習指導要領を告示しました。教科書に基づく授業が行われるのは小学校が２０１８年度、中学校は２０１９年度からとされています。

２０１３年12月26日に道徳教育の充実に関する懇談会から出された報告資料には、次のように書かれています。

> 今後、グローバル化や情報通信技術の進展、そしてかつてないスピードでの少子高齢化の進行、予想困難な自然災害の発生など、与えられた正解のない社会状況に対応しながら、一人ひとりが自らの価値観を形成し、人生を充実させるとともに、国家・社会の持続可能な発展を実現していくことが求められる。そのためには、絶え間なく生じる新たな課題に向き合い、自分の頭でしっかりと考え、また他者と協働しながら、よりよい解決策を生み出していく力が不可欠となる。
>
> （中略）児童生徒については、身に付けた知識を生かして自ら考える力や学ぶ意欲に課題が見られる

こと、また、他国の若者に比べて、自己肯定感や社会参画に対する意識・意欲が低いことなどが指摘されている。情報通信技術の進展に伴い、他者との関わり方の面でも新たな配慮などが求められるようになる一方で、多くの若者が他者とのコミュニケーションや対人関係に悩んでいるとの指摘もある。

特に、昨今大きな社会問題となっているいじめ防止の観点からも、人間の在り方に関する根源的な理解を深めながら、社会性や規範意識、善悪を判断する力、思いやりや弱者へのいたわりなどの豊かな心を育むことが求められている。

さらに、グローバル社会の一員として国際貢献を果たす上でも、また、科学技術が一層急速に進展する中で、今後の社会の各分野で求められるいかなる専門能力の育成に当たっても、その前提として、人間として踏まえるべき倫理観や道徳性が一層重要になると考えられる。(2)

静岡県の取り組み

静岡県では、小・中学校においては、教育活動全体を通じて子どもの道徳性を育むため、道徳教育推進教師等を対象とした研修会を実施し、道徳教育の推進体制の充実を図り、道徳的価値の自覚や自己の生き方についての考えを深める指導の充実を目指しています。また、道徳教育推進地区において、校種間の接続や家庭・地域との連携を意識した道徳教育の在り方について実践研究を行っています。

清水町の道徳教育

～清水中学校区（清水小学校・西小学校・清水中学校）の取り組み～

地域で子どもを育てましょう

清水町では、清水中学校区が平成25・26年度に文部科学省及び静岡県教育委員会から「道徳教育」の研究指定を受けて、校区の教職員が中心となり、三つの部会に分かれて子どもたちの道徳性を養う研究を進めてきました。

道徳教育は、学校での「道徳の時間」だけで行うものではなく、学校生活全般・各家庭や地域での生活全般において行います。

平成26年11月28日（金）
道徳教育研究発表会
（清水小学校・清水中学校）

道徳教育の研究発表会を行い、成果と課題（方向性）を確認しました。当日は、東京学芸大学の永田教授を招き、「道徳の『特別の教科』化とこれからの道徳授業」をテーマとした講演会を行いました。

〈授業参観〉

〈全体会〉

研究テーマ
夢や希望をもって力強く生きようとする子の育成

授業づくり研究部

「道徳の授業づくり」

「教科等の授業における道徳教育」

「道徳教育年間計画の作成及び活用」

などを推進します。


他校の研究授業を教職員が互いに見合い、授業力を高めるなど、研修を深めています。

実践活動研究部

「道徳性を養う教育活動の推進」

「現在の活動の再評価」

「感動を伴う豊かな体験活動」

などを推進します。


縦割り活動やごみ0《ぜろ》運動など、日ごろの教育活動における子どもの姿を道徳的に価値づけています。

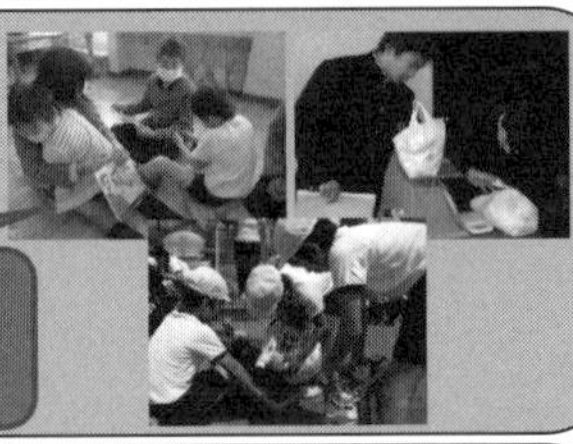

連携研究部

「保護者、地域の皆様への情宣活動」

「地域や家庭での実践を学校教育に生かす活動」

などを推進します。


読み聞かせや交通安全を語る会等、家庭や地域の皆様とのつながりを意識した活動を推進しています。

県の取り組み事例（清水町の道徳教育）

靴のかかとが揃っていると、心の背筋がピンと伸びます。学校だけでなく、家庭でも自然にできる子どもの育成を目指しています。

各校で工夫した**「あいさつ運動」**を進めています。
地域の方々の御協力もたくさんいただいています。

道徳の授業を中心とした**土曜授業参観**を年１回開催しました。

「清水町道徳教育研修会」を開催
町内小中学校の職員を対象に、道徳教育についての研修会を開催し、学校教育における道徳教育の在り方について研修を行いました。

地域の劇団と子どもたちが力を合わせ、小学６年生を対象に道徳劇を披露しました。

「研修主任・道徳教育推進教師合同研修会」を開催

「子どものための道徳講演会」を開催
清水小学校・西小学校では、子どもたちを対象に、道徳についての講演会を開催し、ルールやきまりを守ることや思いやりの大切さを学びました。

「夢講演」を開催
清水中学校では、「はやぶさ」プロジェクトに直接かかわったJAXA（宇宙航空研究開発機構）の研究員を講師に招き、目標を持ち続けることの大切さを学びました。

子どもの成長過程に応じた道徳教育を継続的に計画・実践していくためには、学校及び家庭や地域社会との組織的な連携が必要不可欠です。清水町内のすべての子どもたちの道徳性が高められるよう、保護者の皆様をはじめとする地域の皆様の御理解と御協力を今後ともよろしくお願いいたします。

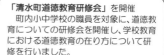

就学前教育の重要性

幼児期は、生涯にわたる人間形成の基礎が培われる極めて重要な時期です。幼児は生活や遊びといった直接的・具体的な体験を通して、情緒的・知的な発達と、人間として、社会の一員として、より良く生きるための基礎を築いていきます。

また幼児期は、知的・感情的な面でも、また人間関係の面でも、日々急速に成長する時期です。この時期に経験しておかなければならないこともあり、その経験を十分に行わせることで、人間として充実した生活を送ることができると考えます。私たち大人は、幼児期における教育が、その後の人間としての生き方を大きく左右する重要なものであることを認識し、子どもの育ちについてつねに関心を払うことが必要です。人生の初めての段階で得た知識は、その後の人生で必ず役に立つ時がきます。恵まれない子どもの幼少期の環境を充実させるための数々の研究でも、家庭環境の強化が子どもの成長ぶりを改善することを示しています。改善の経路として、非認知的スキルの役割が重要であることが示されています。

非認知的スキルとは、肉体的・精神的健康や、忍耐力、やる気、自信、協調性といった社会的・情動的性質のことで、恵まれない家庭の子どもを対象にした最も信頼できるデータは、幼少期の環境を実質的に改善して経過調査をした複数の研究から得られました。中でもペリー就学前プロジェクトの研究は、無作為割り当てを使用し、子どもが成人するまで追跡調査しています。この研究では、幼少期の環境を豊かにすることが認知的スキル（IQテストや学力検査などによって測定される能力）と非認知的スキルの両方に影響を与え、学業や働きぶりや社会的行動に肯定的な結果をもたらすことが示されています。そして、その効果はずっと後まで継続するという結果が出ています。

ペリー就学前プロジェクトの研究は1962年～1967年にミシガン州で、低所得のアフリカ系58世帯の子どもを対象に実施されました。就学前の幼児に対して、午前中に毎日2時間半ずつ教室での授業を受けさせ、さらに週1で教師が各家庭を訪問して90分間の指導を行いました。指導内容は子どもの年齢と能力に応じて調整され、非認知的特質を育てることに重点を置いて、子どもの自発性を大切にする活動を中心として行われました。教師は子どもが自分で考えた遊びを実践し、毎日復習するように促します。復習は集団で行い、子どもたちに重要な社会的スキルを教えます。この就学前教育は30週間続けられました。そして就学前教育の終了後、これを受けた子どもと受けなかった対照グループの子どもを、40歳まで追跡調査しています（図表2・3）。

最終的な追跡調査では、就学前教育を受けた子どもは受けなかった子どもよりも学力検査の成績がよく、学歴が高く、特別支援教育の対象者が少なく、収入が多く、持ち家率が高く、生活保護受給率や逮捕者率が低いという結果となりました。幼少期の教育を上手に実行することは、大きな利益をもたらす可能性があります。スキルがスキルをもたらし、能力が将来の能力を育てるわけです。幼少期に認知力や社会性や情動の各方面の能力を幅広く身に付けることは、その後の学習をより効率的にし、それによって学習することがより簡単になり、継続しやすくなります。

日本では、文部科学省の調査によると、家計が大学卒業までに負担する平均的な教育費は、幼稚園から大学まですべて国公立の場合でも約1000万円に上ります。しかし就学前教育にかかる費用は、学習者やその家庭から支出される授業料などの教育支出（私費負担）と、国や地方公共団体からの教育のための公財政

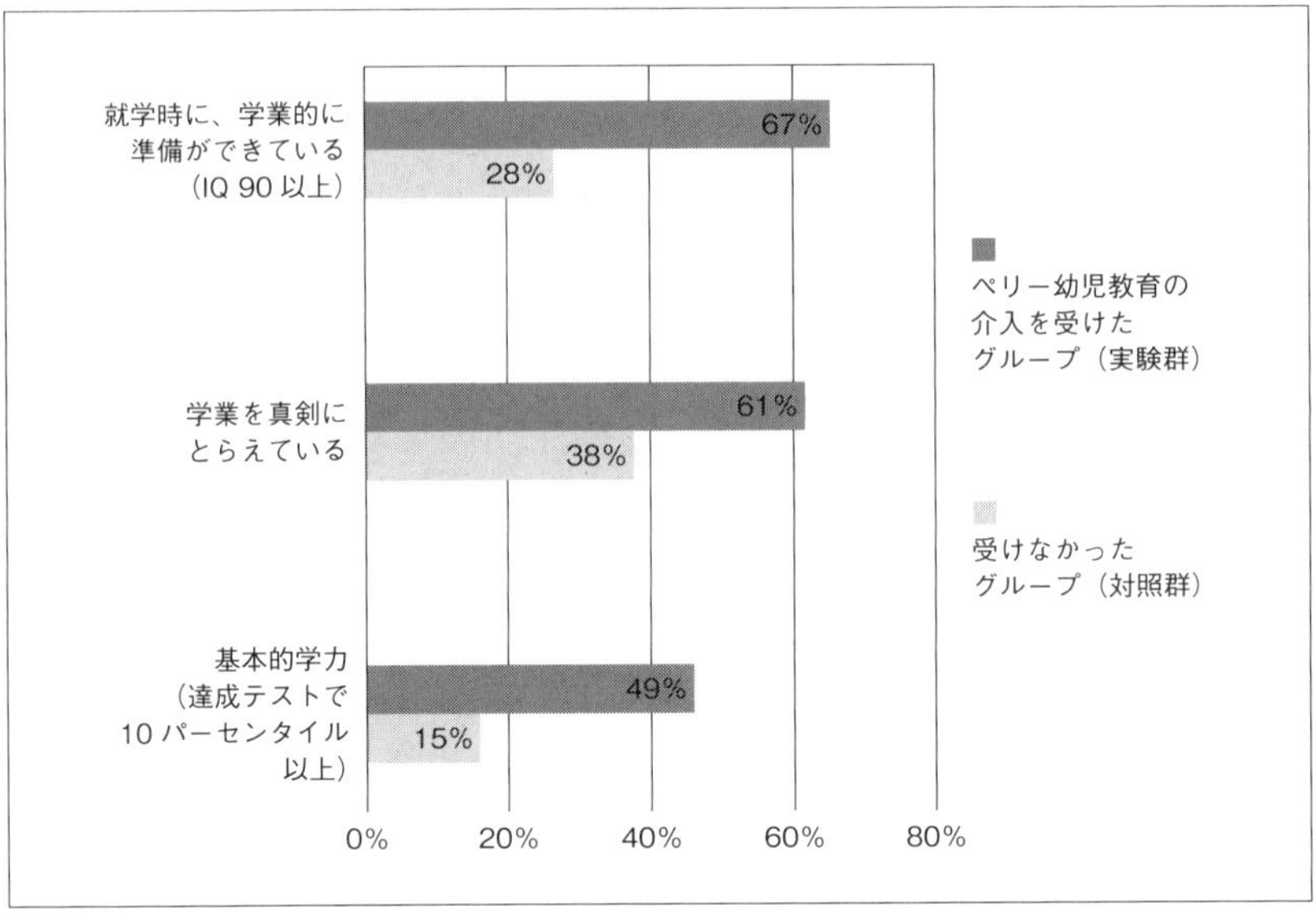

図表２　幼児・児童期の成果

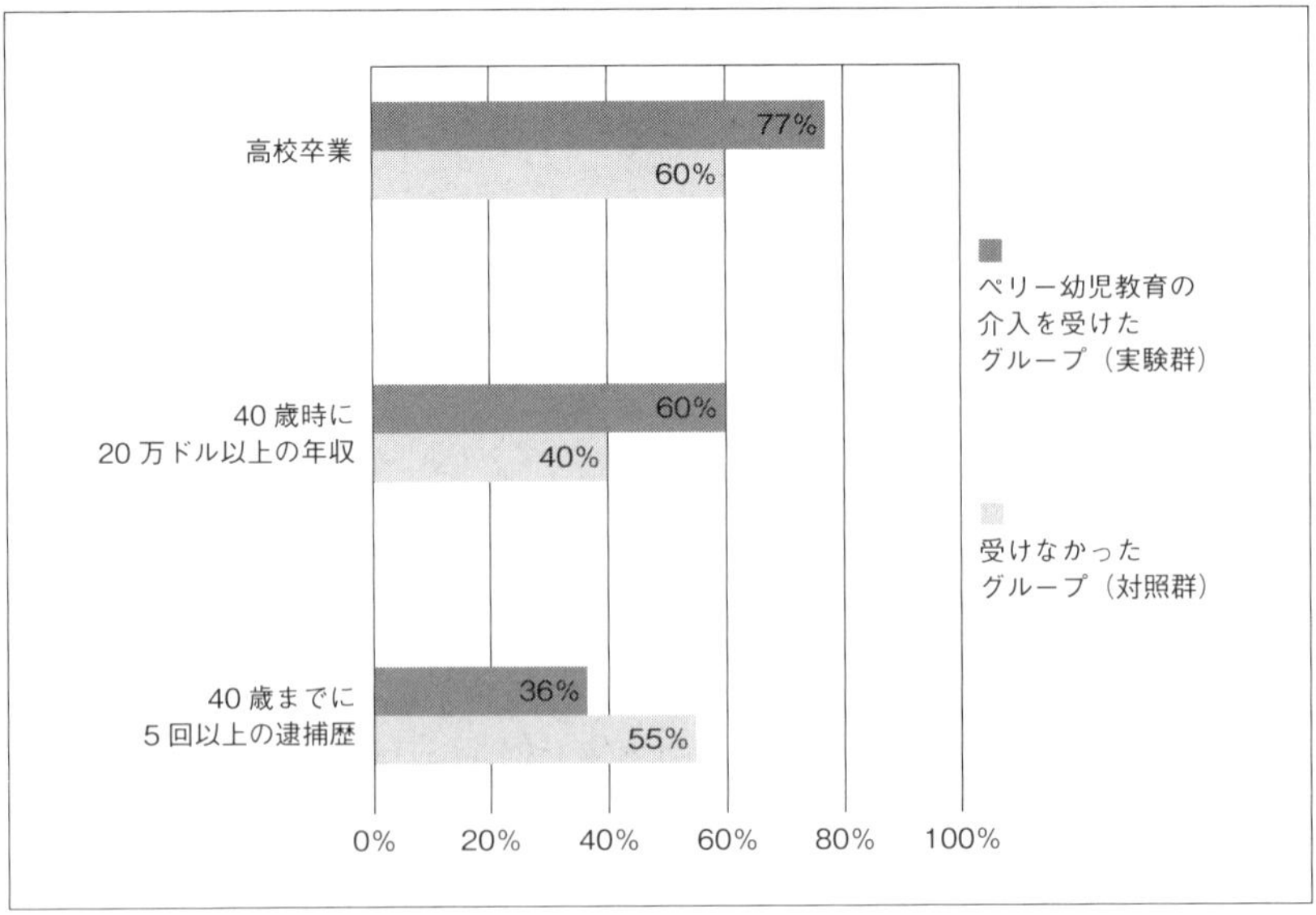

図表３　成人してからの成果

出所：加藤泰彦・平松芳樹「ワイカート・レポートの概要とその意義――幼児教育カリキュラムの追跡比較研究（Ｉ）中国短期大学紀要18号」P35（1987年）

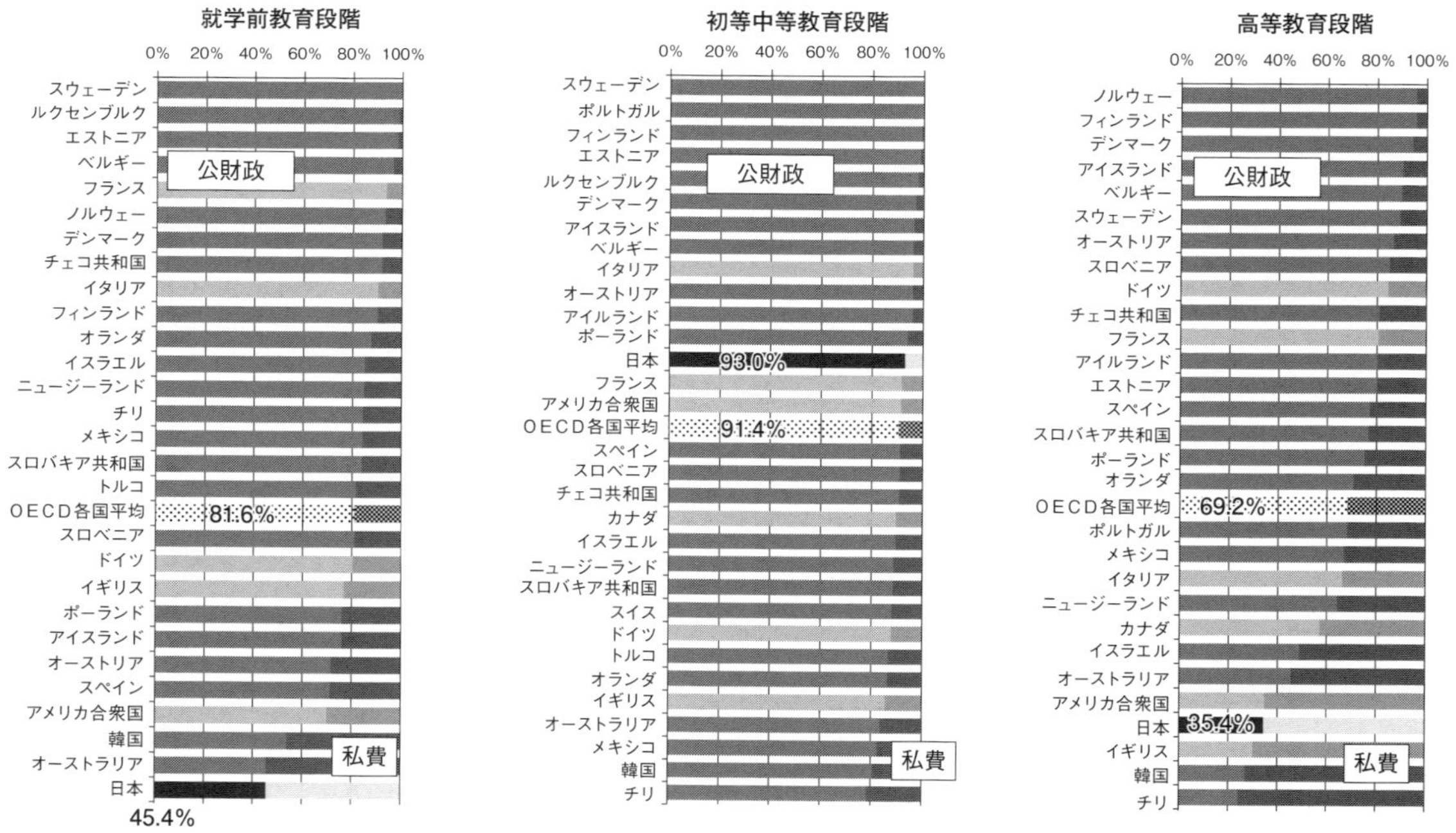

※教育段階別で比較すると、初等中等教育段階では他のＯＥＣＤ加盟国と同様の水準である一方、就学前教育段階と高等教育段階では、ＯＥＣＤ加盟国と比べ公費負担の割合が低い。

図表４　各学校段階別の公私負担割合（2011年）

出所：文部科学省「我が国の教育行財政について」

平成25年度		
静岡県		207カ所
全国		6,233か所
順位	11位	全国比3.3%

◯全国順位（か所）

順位	都道府県	実施箇所数
1	埼玉県	３８５
2	大阪府	３７０
3	北海道	３０５
3	愛知県	３０５
5	兵庫県	２９４

◯地域子育て支援拠点事業（静岡県）
厚生労働省によると、静岡県の地域子育て支援拠点事業実施箇所数は207か所。その内訳は、一般型203か所、地域機能強化型２カ所、連携型２カ所となっている。

図表５　地域子育て支援拠点事業実施箇所数

出所：厚生労働省

支出（公費負担）の合計額の国内総生産（ＧＤＰ）に占める割合を比較した場合、日本はＯＥＣＤ諸国の平均を若干下回っています（図表４）。

就学前教育の重要性を考え、私的負担が軽減できる施策を考えるべきではないでしょうか。

地域からの子育て

核家族や地域のつながりの希薄化、また父親の家事・育児への関わりが十分でないために、母親の子育てが孤立化し、負担感が大きくなっている中で、すべての子育て家庭を支える取り組みが必要となっています。国は平成26年度から地域子育て支援拠点事業を実施し、地域における子育て支援の充実を図る施策を推進しています。地域において子育て親子の交流の促進と、地域の子育て支援機能の充実を図り、子育ての不安感などを緩和し、子どもの健やかな育ちを支援することを目的としたもので、静岡県では２０７カ所が地域子育て支援拠点となっています。35市町中33市町で、乳幼児を抱える子育て親子の交流の促進や子育てなどに関する相談の実施、子育て支援に関する情報の提供などを行っています（図表５）。

社会全体で、未来を担う子どもと子育て家庭を応援する事を主な取り組みとし、

１．県民、地域、企業、行政などが心をひとつにして、子どもと子育てを大切にする社会の実現

２．きめ細かで、子どもの目線に立った子育て環境の実現

を基本目標に掲げ、新規事業も充実させ、安心して子育てができる県を目指しています。

また県では、子育て家庭を地域、企業、行政が一体となって応援するとともに、地域とのふれあいの中で、子育ての孤立感をなくし、子どもと保護者とのふれあいを深めることを目的に、しずおか子育て優待カードを配布しています。平成27年7月15日現在の協賛店舗数４０３９店舗で、社会全体での子育て家庭の応援を目指しています。

しずおか子育て優待カード

子どもの「生きる力」は、多くの人間や自然との交わり、体験を積み重ね、試行錯誤を繰り返す中で育まれます。また、遊ぶことの楽しさのなかで、友だちの存在を意識するようになり、そんな心身の成長を通じて育まれるものではないでしょうか。そのために、自然の中で子どもたちが自ら考えて、工夫し、遊び方を学べるような施設や場所を地域につくること。そして、失敗や試行錯誤を恐れてチャレンジを放棄するのではなく、失敗や試行錯誤の中から学びとる姿勢をもち、目標を持っていきいきと人生にチャレンジしていく、そんな子どもを地域の中から育てていくことが必要です。市

民・町民が一丸となって、地域全体で子育てに対する取り組みを進めることにより、静岡らしい子育てが実現できると考えます。

【引用文献】

1.『二宮金次郎』童門冬二　2001年、集英社文庫
2.「今後の道徳教育の改善・充実方策について（報告）」道徳教育の充実に関する懇談会　文部科学省、2013年12月26日

あとがき

議員が普段どんな仕事をしているか、尋ねられることがあります。それは、議員の仕事が何かということが社会の共通認識に至っていない、ということでもあるだろうと思うのです。どんな仕事にも、目的と意義があるように、政治にもなぜ存在するかという理由があり、それは共有されなくてはなりません。

政治は、国民の生命と財産を守るためにあります。ある日突然、不合理な出来事によって、平穏な日常が失われることがないよう、今日と同じ明日を約束することが、政治の使命だと思うのです。

私たち地方議員の仕事は、第一に公務を誠実に果たすこと、第二に政策を練り上げ、実現に向けて道筋をつけること、第三に住民の皆さんの声を聞くこと、第四に情報を発信して公共の秩序に貢献すること。私は、職業として政治を選び、こうした定義付けをしました。そして議会には、条例を制定する権限、利益を再分配する権限が与えられています。私たちにもまた、セルフマネジメントが必要なのです。

戦後の荒廃期を経て誕生した保守政党・自民党は、常に国民生活の傍らにあり続け、成長と不況を共にして、大きな支持を得ている時も、厳しい声に晒される時も、自由を守り、民主主義を歪めず、結党の理念を追求してきました。私たち青年部・青年局は、自立した国家建設、秩序正しい社会建設のために、発信の最前線にありたいと思っています。

今回の出版も、その挑戦の一つです。書くということに慣れている訳でもなく、決して読みやすい仕上がりではなかったと思いますが、執筆にあたった私たちにとっては、一つのトレーニングにもなりました。静岡県の強さと弱さを検証し、人口や経済の動きと重ね合わせ、足りないものが何かを明らかにしていくという、執筆を通じた過程は、分野ごとにバラバラであった自らの思いを、一連の流れとして結びつけてくれました。なぜ私はその政策を提案するのか。それを自らに改めて認識させることこそ、執筆行為の大きな成果でありました。政治家にとってことばは力です。私たちは、ここに記した一つひとつの政策を実現します。

さて、本書はまず、静岡県の現状をデータで紹介することから始まり、総論として私の都市政策を、次いで各論として、本県の特徴的な題材を取り上げ、現状と先進的な取り組みを紹介するとともに、現役の青年地方議員、青年部役員自らの提言を試みています。党青年部・青年局は、全国の県連にその組織を有していますが、こうした書籍出版という手法で提言を行ったのは、極めて希有な挑戦だと自負しています。

県連職員の杉山氏が示した静岡県の現状データにおいては、人口減少率は全国でもワーストクラスの低さですが、県財政は稀にみる健全さが維持されていることが分かります。これは、職員の不断の努力によって行政改革が一定以上の効果を発揮している証左であり、人件費比率の抑制による投資的経費比率の高水準維持が実現しているのです。しかし一方では、長泉町の杉森議員が紹介したファルマバレー等に代表される新産業の育成等が成功を収めてきた反面、アベノミクスによって次第に経済政策の効果が現れてきたにも関わらず、本県のＧＤＰはほとんど伸びていません。これは、企業誘致や先端産業への投資や支援の効果が、これまで本県経済を支えてきた既存の製造業の新規取引に何ら繋がっていないという政策の遅れだと指摘することができます。

さらに、掛川市の山本市議が触れた障がい者雇用の問題は、今後の法定雇用率の引き上げを背景に、企業における新たな取り組みが始まり、地方における障害者差別解消に関する条例制定等の動きとも連動して、一層の充実が図られていくはずで、これから雇用の現場、地域生活の現場における真の共生が、客観的に評価される時代になるでしょう。

また、焼津市の池谷市議が取り上げた農業分野については、全国一の生産種を誇る本県においても、大量生産に適した作物と少量でも高付加価値を目指す作物とに大別され、それぞれを担いきる土地利用、経営体の改革が進むはずで、目下のＴＰＰ議論にも見られるように、国際的な国の戦略を見失わないよう、必要な施策を先取りする意気込みと財源確保が不可欠です。これは、戦後一貫して続いてきた農地の保全と活用に重きを置いた保護的な政策からの緊急かつ大胆な転換となるに違いありません。

その他、袴田青年部長、酒井常任役員がテーマとした、空港と次世代産業としての航空技術については、地方管理空港としてインバウンド客数全国一位となった本県富士山静岡空港の未来について、提言を試みています。県行政においては、今後の空港の目指す姿として、積極的に民間資本の導入を視野に入れており、ターミナルビルの増改築、格納庫の増設、さらには観光資源の誘致等が具体化してきており、国の目指す外国人観光客の大幅増実現に沿って、東京圏の空港、航空産業を補完する機能を高めつつ、雇用、集客、新産業への挑戦といった、幅広い効果が望まれる分野です。

そして、東日本大震災以降新たな局面を迎えた今後のエネルギー源の確保については、島田市の横田川市議がテーマとしましたが、この分野においては、今まさに新たな技術開発の模索が続いています。再生可能エネルギーの構成割合を引き上げるためには、製品化と同時に商品化が実現しなくてはなりません。全国では地方創生のモデルの一つとして、同一街区におけるエネルギーの共同生産と消費を実現したスマートコミュニティの整備が始まりましたが、これらの取り組みは本県においても、次の時代のコミュニティのあり方を示すためにも、具体的な動きが期待されます。

唯一の女性執筆者であった石田焼津市議の子育て、教育については、本県に限らず、我が国にはまだまだ多くの課題が残されています。私も総論のなかで触れたように、居場所の限られた子どもたち、孤立しがちな母親世代、学校現場には、教員の多忙化と精神的健康の問題に加え、学力低下も課題となっています。少子化が引き起こす最大の課題は、我が国の生産力、労働力の激減です。これから10年は、これをどう補うかの具体的実践が求められます。一つの課題を解決するために、複合的で、多面的なアプローチが必要な時代になりました。政治は、支持層との関係維持ばかりに固執せず、あらゆる主体と、幅広く前向きに政策を練り上げる姿勢を必要としています。

各執筆者の準備にあたり、ご協力とご教示をいただきました皆さまに厚く感謝申し上げます。特に、提言に先立ってご講演くださいました、法政大学の坂本光司教授、出版にあたり、鹿児島県のラグーナ出版の川畑善博社長、内聡子編集部員には、格別のご指導とご支援を賜り、心より御礼申し上げます。本当にありがとうございました。そして、最後に、内閣総理大臣、わが自民党総裁、安倍晋三先生のご理解とご助力に感謝申し上げます。

２０１６年11月

相坂摂治

■自由民主党静岡県支部連合会青年部・青年局員　プロフィル（50音順）

相《あい》坂《さか》摂《せつ》治《じ》

1973年12月15日生まれ。血液型A型。静岡市駿河区在住。静岡県議会議員。平成26・27年度青年局長。座右の銘は「末ついに海となるべき山水も　しばし木の葉の下潜るなり」。

池《いけ》谷《がや》和《かず》正《まさ》

1970年9月24日生まれ。血液型O型。焼津市在住。焼津市議会議員。平成28年度青年局長。好きな言葉は「おかげさま」。

石《いし》田《だ》江《え》利《り》子《こ》

1970年1月21日生まれ。血液型O型。焼津市在住。焼津市議会議員。平成27・28年度青年女性対策部長。好きな言葉は「Keep Smiling」。

酒《さか》井《い》浩《こう》一《いち》

1975年11月16日生まれ。血液型AB型。浜松市浜北区在住。平成25年度青年部長。座右の銘は「Keep on knocking, and it will be opened to you（叩けよ、さらば開かれん）」。

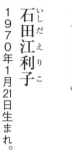

杉《すぎ》森《もり》賢《けん》二《じ》

１９７６年４月５日生まれ。血液型ＡＢ型。駿東郡長泉町在住。長泉町議会議員。平成26・27・28年度青年局次長。好きな言葉は「In ev'ry job that must be done, there is an element of fun（やらなければならない義務的なすべての物事の中には楽しみの要素が含まれている）」。

杉《すぎ》山《やま》康《やす》弘《ひろ》

１９７２年10月11日生まれ。血液型Ｂ型。掛川市在住。自由民主党静岡県支部連合会事務局員。好きな言葉は「noblesse oblige（高貴さは義務を強制する）」。

袴《はかま》田《た》崇《たか》寛《ひろ》

１９８１年１月13日生まれ。血液型Ｂ型。浜松市中区在住。平成28年度青年部長。好きな言葉は「愚痴はこぼしても　酒はこぼすな」。

山《やま》本《もと》裕《ゆう》三《ぞう》

１９８２年12月３日生まれ。血液型Ａ型。掛川市在住。掛川市議会議員。平成27・28年度青年部副部長。好きな言葉は「得意淡然失意泰然」。

横《よこ》田《た》川《がわ》真《まさ》人《と》

１９８３年12月８日生まれ。血液型Ｂ型。島田市在住。島田市議会議員。平成26・27年度青年部長。好きな言葉は「一方を聞いて沙汰するな」。

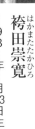

青年は創り続ける

―自民党静岡県連青年部・青年局の挑戦―

二〇一六年十二月十五日　第一刷発行

編　者　自由民主党静岡県支部連合会
　　　　青年部・青年局

発行者　川畑善博

発行所　株式会社 ラグーナ出版
〒八九二―〇八四七
鹿児島市西千石町三―二六―三F
電　話　〇九九―二一九―九七五〇
ＦＡＸ　〇九九―二一九―九七〇一
URL http://lagunapublishing.co.jp
e-mail info@lagunapublishing.co.jp

印刷・製本　シナノ書籍印刷株式会社
定価はカバーに表示しています
乱丁・落丁はお取り替えします
ISBN978-4-904380-60-4 C0031